기부자 로열티

기부자 마음을 사로잡는 법

나남
nanam

나남신서 1600

기부자 로열티

기부자 마음을 사로잡는 법

2011년 11월 10일 발행
2011년 11월 10일 1쇄

지은이_ 애드리언 사전트 · 일레인 제이
옮긴이_ 김세진
발행자_ 趙相浩
편집_ 양정우 · 이은규
발행처_ (주) 나남
주소_ 413-756 경기도 파주시 교하읍
출판도시 518-4
전화_ (031) 955-4600 (代)
FAX_ (031) 955-4555
등록_ 제 1-71호(1979.5.12)
홈페이지_ http://www.nanam.net
전자우편_ post@nanam.net

ISBN 978-89-300-8600-4
ISBN 978-89-300-8001-9 (세트)
책값은 뒤표지에 있습니다.

아름다운재단의 기부문화총서 여섯 번째 책인 〈기부자 로열티〉는
류무종기부문화도서관 기금으로 출간되었습니다.

나남신서 · 1600

기부자 로열티

기부자 마음을 사로잡는 법

애드리언 사전트 · 일레인 제이 지음 | 김세진 옮김

나남
nanam

Building Donor Loyalty: The Fundraiser's Guide to Increasing Lifetime Value by Adrian Sargeant and Elaine Jay

This Korean edition was published by THE BEAUTIFUL FOUNDATION in 2011 by arrangement with John Wiley & Sons International Rights, Inc. through KCC(Korea Copyright Center Inc.), Seoul.

• 머리말 •

"로열티, 기부자의 로열티를 구축해야 한다!" 최근 들어 학술논문과 모금관련 저술들은 기부자 유지, 기부자와의 장기적이고도 생산적 관계 구축에 보다 집중하고 있다. 이 분야 관련 책들은 한결같이 기부자 로열티를 증진시키기 위한 행동을 촉구하고 기부자 로열티를 강화하기 위한 방안에 대해 설명하고 있다. 이렇듯 갑자기 기부자유지에 관심을 갖게 된 이유는 무엇일까? 명백한 답은 바로 비용(*cost*)이다. 저비용으로 다수의 기부자를 확보하던 시대는 지나갔다. 우편을 이용한 프로그램으로는 예전처럼 10~20%의 응답률을 꾸준히 얻기도 힘들다. 모금의 경제성, 특히 직접 마케팅(*Direct Marketing*) 모금의 경제성은 변화하고 있다. 게다가 모금비용에 대한 일반 대중의 관심도 커졌으며 감시의 시선도 따가워졌다. 결과적으로 현명한 모금전문가들은 보다 많은 신규기부자를 모집하려고 노력하기보다는, 기존기부자의 감소율을 줄이는 데 노력과 자원을 집중시키고 있다.

인디애나대학교 기부연구센터(Indian University Center on Philanthropy)에서 실시한 연구에 따르면, 모금전문가들은 모금여건과 자신들의 모금능력을 비교적 낙관적으로 평가하고 있다. 미국 비영리기관에 대한 기부총액은 2002년 2,409억 2천만 달러를 기록했다. 전년도인 2001년에 비해 1% 증가한 셈이다. 미국인의 무려 90%가 소득의 2%를 비영리기관에 기부한다. 이는 비영리기관 총수익의 85%를 차지하는 금액이다〔미국기금모금연합위원회(AAFRC) Trust, 2003〕. 기부 참여도는 사상

최고치이며, 대중은 그 어느 때보다 관용을 베풀고 있다.

이런 통계치는 신규기부자의 확보를 비교적 쉬운 일로 생각하게 만든다. 그러나 이러한 수치는 기부에 관한 모든 통계의 일부에 불과하다. 기부가 활성화되면서 비영리기관의 숫자는 늘어났지만, 자선사업을 후원하려는 기부자의 비율은 오히려 감소하였다. 이러한 현상은 가장의 연령이 30세 이하인 가구에서 두드러지게 나타난다. 이러한 통계치는 실상을 왜곡하는 측면도 있다. 미국인 중 약 90%가 비영리기관에 기부한다고는 하지만 그중 대부분은 소액(*low-value*) 기부와 자원봉사가 차지한다. 실제로 비영리기관 총모금액의 약 80%는 전체 기부자의 20%에서 나온다. 결국 비영리기관에서 기부를 요청할 때, 전체 미국인 중 실질적인 관심을 나타내는 비율은 아주 낮다고 할 수 있다.

이러한 요소들이 복합적으로 작용하면서 갈수록 경쟁적이고 냉담한 모금환경이 조성된다. 많은 기관들은 기부자들의 숫자가 정체하고 있고 심지어는 하락하는 상황에서 전에 없이 열성적으로 기부를 호소하고 있다. 비영리기관을 적극적으로 후원하는 개인기부자들은 전보다 더 많은 숫자의 기관들로부터 다양한 방식으로 빈번하게 기부요청을 받고 있다.

그러므로 비영리기관이 성공하려면 다른 기관과 차별화되어야 하며, 기부자의 진정한 욕구를 반영한 향상된 모금기술을 습득하고 기부자의 기부원인을 규명해서 그들의 로열티를 점진적으로 증대시킬 방안을 강구해야 한다. 이 책은 이론적 연구와 실무경험을 통해 파악한 내용을 토대로, 목표를 달성하는 방법을 구체적으로 제시한다. 본문에서는 기부자가 자신이 후원할 기관을 어떻게 선택하는지, 무엇이 그들로 하여금 자신이 선택한 기관에 애착을 갖게 하는지를 밝히고 기부자의 로열티를 제고시키기 위해 비영리기관이 선택할 수 있는 전략을 제시한다.

이 책은 학술연구의 요약서도, 모금전문가 개인을 위한 종합적인 지침서도 아니다. 그보다는 비영리기관에 대한 기부자의 로열티를 향상시킬 수 있는 다양한 실용적 방안들을 제안하고 있다. 이 책은 여러 계층의 기부자를 대상으로 모금활동을 벌이는 비영리기관의 모금전문가들을 염두에 두고 저술되었다. 책의 내용에는 특정한 전문영역에만 해당되는 것도 있으나, 대부분은 분야에 상관없이 적용할 수 있는 일반적인 것이다.

이 책은 처음부터 끝까지 한꺼번에 다 읽지 않아도 되도록 기획되었다. 만약 기부자 유지에 대해서 잘 모른다면 그 부분만 읽어도 도움을 얻을 수 있을 것이다. 제1, 2장에서는 주제의 개요를 전체적으로 논의한다. 제3장에서는 기부자 로열티의 특별한 측면과 그것의 제고 방안을 다룬다. 제1~3장에는 저자들이 참여한 주요 연구프로젝트의 결과를 요약하여 실었다. 연구는 2만 여 명의 기부자에 대한 우편설문조사와 포커스그룹 인터뷰로 이루어졌다. 연구결과는 기부자들이 기부를 중지하는 원인과 중지 결정에 영향을 미치는 요인들을 규명하였다.

책에서 살펴볼 수 있는 것처럼, 개인기부자가 기부를 중지하는 이유는 다양하다. 각 장은 다양한 중단 원인을 설명하고 있다. 제3장에서는 기부동기에 대한 지식이 어떻게 유지율을 높일 수 있는지를 설명한다. 상당수의 비영리기관들이 성공적으로 모금활동을 벌이고 있기는 하지만 기부심리학과 사회학을 이해하고, 기부자가 그 기관을 후원하기 위해 선택하는 이유를 파악하고 있는 기관은 드물다. 기부자는 특정한 자극과 환경, 사건들에 반응하여 기부하므로, 이러한 변수들을 이해하는 일이 중요하다. 물론, 어떤 기관의 경우에는 모금 호소를 계획하는 과정에서 어쩌다

운이 좋았을 수도 있다. 그러나 개인기부자의 후원동기를 알 경우, 기부자 욕구와 열망을 착실히 반영하여 기부자 로열티를 적극적으로 증진시키는 프로그램을 계획할 수 있다.

많은 기부자가 기부를 중지하는 이유는 모금부서가 그들을 처우하는 방식이 잘못되었기 때문이다. 기부자들은 거래접근식 모금방법을 달가워하지 않는다. 그럼에도 다수의 비영리기관은 이 방식을 고수한다. 많은 경우 기부자들은 점진적으로 성장하고 발전하는 기관과 관계를 맺고 싶어 한다. 기부자들은 자신에게 접촉하고, 자신의 목소리에 귀를 기울이며, 필요에 반응하는 기관을 선호한다. 제 4장에서는 관계모금법(*relationship fundraising*)과 기부자와 장기적인 관계를 증진시키기 위해 전통적인 모금도구와 기법을 활용하는 방법에 대해 논의한다.

관계 모금전략의 발전 여부는 전적으로 기부자의 요구와 선호에 대한 비영리기관의 이해에 달려 있다. 제 5장은 이러한 지식을 얻기 위해 모금전문가가 이용할 수 있는 조사도구와 기법을 개략적으로 설명한다. 그리고 조사 시 저지르기 쉬운 몇 가지 실수, 자료해석에서 발생하는 오류, 효율적인 모금전략의 개발을 저해하는 오류들을 알아본다.

제 6장은 기부자 욕구에 대한 지식을 바탕으로 기부자 시장을 세분화하는 방법을 기술한 뒤 각 세분시장을 적절하게 처우하고 의사소통하는 방안에 대해 논의한다. 그리고 인구통계적 변수와 라이프스타일 변수를 기부자 접근방식 구축에 어떻게 활용할 수 있는지를 알아본다. 또한 직접우편기부자, 고액기부자, 유증기부자 같은 특정한 기부자 집단의 욕구를 통한 세분화전략을 설명한다. 기부자 종류별로 적절한 유지와 개발방법을 사례를 통해 알아보고자 한다.

영국의 모금활동은 일시 기부(*Single-gift*)에서 정기, 또는 약정, 월정 기부에 대한 호소로 변했다. 이러한 변화는 모금경제학의 양상을 급격히 바꾸고 로열티 개발을 통하여 기부자 유지율을 100%까지도 제고시키고 있다. 캐나다는 월정기부를 일찍부터 활용했고, 미국도 이를 도입했다. 제 7장에서는 이러한 형식의 기부에서 알 수 있는 로열티에 대한 지식을 이야기하고, 그로 인해 기부자 유지에 영향을 미친다고 알려진 요인들을 살펴본다. 또한 월정기부자의 욕구, 기부자를 육성하는 가장 좋은 방법, 기부자 로열티 유지방법도 살펴본다.

약정, 또는 정기기부가 늘어나면서 뒤늦게 모금 상품(입양, 후원계획 등) 설계와 개발이 강조되고 있다. 제 8장에서 논의할 것처럼 모금상품은 기부자로열티를 높이는 데 매우 효과적인 도구가 될 수 있다. 성공적인 모금상품이라면 그러한 요구들을 충족하려는 기관의 노력을 효율적으로 반영하고 있어야 한다. 그리고 기관의 목표를 달성하려면 특정 기부자의 기부금이 어떻게 사용되었는지 분명하고 투명하게 밝힐 수 있어야 한다. 이 책에서는 성공적인 모금상품의 예를 몇 가지 소개하고, 이 상품들이 기부자 유지율을 높일 수 있었던 까닭을 설명한다.

제 2장에서 살펴볼 수 있듯, 기부자 로열티를 높이는 주요 요인 두 가지 중 하나는 기관이 제공하는 서비스 질에 대한 기부자의 만족도이다. 수혜집단이 받는 서비스 질에 대한 관심은 물론이거니와 기부자 자신을 대하는 기관들의 태도에도 관심을 보인다. 제 9장에서는 서비스 질이 기부자 유지에 미치는 영향을 알아보고, 비영리기관이 제공하는 서비스 질을 측정하는 방법, 서비스 향상 방안을 이야기한다.

제 10장에서는 기부자 예우와 피드백이 유지에서 중요한 역할을 할 수

있다는 점을 생각해보고, 적합한 예우방법에 대한 지침을 제시한다. 또한 다양한 예우방식을 살펴보고, 성공적 실례 몇 가지를 이야기한다. 뿐만 아니라 기부자를 세분화함에 따라 달라질 수 있고, 달라져야 하는 예우방식을 알아본다.

기부자 로열티는 저절로 얻어지는 게 아니다. 기부자 로열티를 다루고 있는 책이라면 이 분야의 주요한 측정 기준인 '기부자 생애가치'(*Donor lifetime value*, LTV)를 면밀하게 검토해야 한다. 기관과의 관계가 지속되는 기간 동안 기부자의 가치가 실속 있는 경우에만 기부자 유지 전략의 효용성이 있다. 제 11장에서는 생애가치의 의미와 산출방법을 설명하고 모금전략을 알리는 데 어떻게 유용하게 사용할 수 있는지 보여준다.

마지막 장에서는 여러 가지 주제들을 한데 모은다. 제 12장에서는 유지계획의 기틀을 마련해, 기존의 지식을 통합하고 기관에 적합한 유지계획을 발전시키는 과정에 착수할 수 있게 한다. 그리고 계획을 준비하는 데 필요한 단계별 지침은 물론, 모든 단계에서 모금절차를 정하는 데 이용할 수 있는 분석적 가설 몇 가지를 제시한다.

이 책에서는 소개하는 방대한 자료들은 직접마케팅 매체와 관련 있다. 따라서 직접마케팅 분야에서 통용되는 용어를 사용해 개념들을 설명하고 있는데 기부자를 상대하는 모금전문가와 같은 일부 독자에게는 이와 같은 용어가 낯설거나 불쾌하게 들릴 수도 있다. 특히 직접 마케터들은 영리부문에서 사용되는 군대용어를 차용하고 표적마케팅(*targeting*), 인수(*acquisition*)와 같은 용어를 사용하고 있다. 아쉽게도 그러한 용어로는 모금전문가들이 추구하는 바를 제대로 표현할 수 없다. 기부자와 전쟁을 벌이고 있는 게 아니기 때문이다! 그렇더라도 이러한 용어사용이 현재적

전문성을 반영하고 있기 때문에 이 책에서는 단순히 실용적 의미로 그러한 용어를 사용하였다.

머지않아 전문가들이 비영리기관과 기부자 관계에 대해 보다 적합한 용어를 개발하여, 모금분야에서 새로운 용어를 사용할 수 있기를 고대해본다.

이따금 부적절한 용어를 보게 되더라도 너그럽게 이해해 준다면 독자들은 이 책의 가치를 알게 될 것이다. 책에서 말하는 제언들이 모든 기관이나 모금전문가에게 적합한 것은 아닐지라도 책의 내용을 바탕으로 모금전략을 조금만 바꾸면 기부자 로열티가 크게 변하리라는 사실을 알게 될 것이다. 적어도 이 책이 제시하는 몇 가지 의견이 그러한 목표를 달성하는 데 도움이 될 것이라 자부하는 바이다.

2004년 7월

영국 대본에서

애드리언 사전트, 일레인 제이

나남신서 · 1600

기부자 로열티

기부자 마음을 사로잡는 법

차 례

01

기부자 로열티는 왜 중요한가?

실제로도 로열티는 중요한가? 계속해서 신규 기부자를 모집할 수 있다고 해보자. 그렇다면 그중 몇 명이 2차, 그리고 지속적 기부를 할 것인지가 중요한 문제인가? 새로운 후원자를 계속 모을 수 있다면, 어찌됐건 수익 목표를 달성할 것이 아닌가? 그렇더라도 로열티는 중요하다. 기관이 또 다른 고액기부자를 찾으려면 오랜 시간이 소요되기 때문이다. 심지어 고액기부자 육성 활동보다 (기부자 1인당) 비용이 적게 드는 직접 마케팅에서도, 신규기부자를 찾으려면 기존기부자와 성공적으로 소통하는 것보다 10배 많은 비용이 든다. 그러므로 신규기부자 모집이 확실할지라도, 기부자 유지율이 낮은 기관의 모금 비용은 급격하게 증가할 수 있다.

낮은 기부자 유지율은 보다 미묘한 방식으로 영향을 미친다. 이번 장에서는 근소하게나마 유지율이 증가했을 때 모금 성과에 미칠 수 있는 영향을 알아본다. 이를 위해 즉각적인 영향력과 장기적 결과 모두를 살펴보고, 기부자 생애가치(LTV)라는 개념을 소개한다.

앞으로 살펴보겠지만, 생애가치는 모금경제학, 그리고 모금 데이터베이스(*database*)의 가치를 새롭게 조망하므로 알아두어야 할 중요한 개념이다.

유지 문제의 척도

비영리기관이 특히 직접 마케팅 모금법을 이용할 경우, 대개 해마다 후원자 중 상당 비율을 잃는다. 〈그림 1-1〉은 대부분의 비영리기관이 연간 캠페인, 혹은 일시기부자를 상대로 호소했을 때 얻을 수 있는 유지 양상을 나타낸다. 이와 같은 모금방식에서 기관은 시간이 지남에 따라 다수의 일시기부자에게 호소하게 된다. 대부분의 경우에는 1차와 2차 기부 사이에 많은 기부자를 잃는다. 대체로 추가 기부자 중 50%가 2차 기부를 하지 않는다. 그 다음부터 매년 30%씩 기존 기부자가 감소한다.

이러한 양상을 인식한 많은 비영리기관은 최근 정기기부, 혹은 (영국

〈그림 1-1〉 기부자 보유 도표

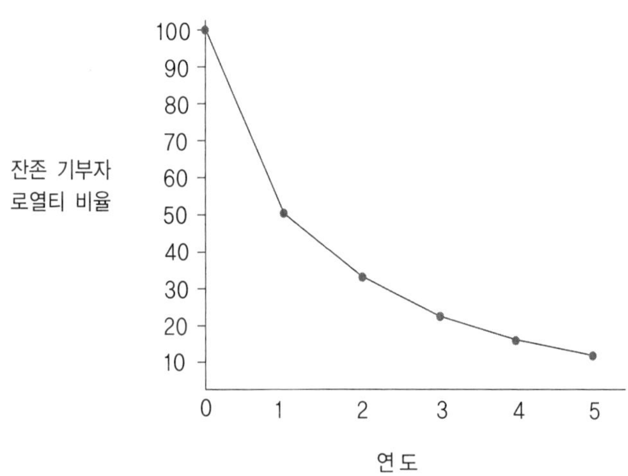

에서 사용하는 모금용어로는) 제휴기부로 눈을 돌리는 추세이다. 기부자에게는 정기적이고 빈도수가 높은 소액기부를 권한다. 소액기부는 대개 매달 (혹은 분기별로) 기부자의 은행계좌를 통해 이루어지거나, 미국에서는 신용카드를 이용한 기부가 보다 일반적이다. 정기기부는 모금경제를 변화시켰는데 정기기부를 선택한 개인 기부자의 후원 중단율은 매우 낮아질 것이며, 기부자 감소율은 매년 20%에 머물 것이다. 그러나 이러한 양상의 성과는 괄목할 만한 발전이기는 해도, 만족스러운 수준은 아니다. 매년 친구 중 20%를 잃는다고 생각해보라!

실제 감손 비용

기준치로 삼은 기존 모금액을 고려할 경우, 기부자 모집에는 많은 비용이 든다. 기관이 고액기부자를 새로 유치하려면 몇 년은 아니더라도 몇 달간의 조사와 장려기간이 필요하다. 범위 내 하한선에 있는 대다수의 직접 마케팅 모금전문가들은 기부자 모집활동을 벌이면서 손해를 본다. 물론, 기부자 성과는 매체마다 다를 수 있다(〈표 1-1〉 참고). 그러나 신규기부자가 낳는 수익으로 기관에서 투자한 모집비용을 충분히 정당화할 수 있는 수준이 되려면 보통 최대 18개월이 걸린다. 이러한 통계치를 이용해 기부자 장려 활동, 즉 추후 기부자 모집활동을 고려해보자. 신규기부자와 소통하는 것이 기존기부자보다 10배 많은 비용이 든다는 점을 알 수 있다. 실제로도 기부자 모집은 고비용 활동이다.

그러므로 기부해지자를 최소화하고, 지속적으로 신규기부자를 찾아야 하는 기관의 수고를 줄이려면 기부자 유지에 주력하는 것이 당연하다. 이를테면 기부자의 사망이나 이사 등으로 생기는 자연 감손을 꾸준히 보충해야 하며, 자원 확보를 위해 후원자 기반을 넓혀야 하는 기관도 있을 것이다. 그러나 여기에서 중요한 점은 불필요한 모집활동을 피해야 한다는

〈표 1-1〉 투자액 1달러로 만드는 초기 자금($)

	평균값	표준편차	중앙값
모집매체			
직접우편 - 예고 없는 모집	0.39	0.21	0.47
TV 모금방송(DRTV)	2.27	0.56	2.77
직접응답 언론 광고	0.61	0.58	0.58
언론, 잡지 삽입	0.87	1.01	0.26
수신인 미지정 우편	0.56	0.46	0.35
면대면 호소-길거리 모집	0.66	0.33	0.71
장려 매체			
직접우편	2.88	1.45	3.00

출처: Sargeant and Lee, 2003.

사실이다.

〈표 1-1〉에 나타난 수치에 의하면, 모집과 장려활동의 경제적 측면이 다르다는 점과, 기부자 감손율을 최소화했을 때의 영향력을 알 수 있다. 기부해지자 수를 줄이면 대체기부자를 찾아야 하는 기관의 수고를 덜 수 있다. 다른 한편으로는 기관 측 후원자 기반의 생애가치도 커질 수 있다. 개인기부자의 기부 시기가 길어질수록, 후원기관과의 관계를 지속하는 기간 동안의 기부 금액도 커진다. 이러한 상관관계는 직관적이고, 어쩌면 별반 새롭지 않을 수 있다. 그러나 많은 모금전문가는 유지율 증가가 점진적으로 미치는 영향을 간과한다. 다시 말해, 해마다 로열티가 소폭 증가하더라도 생애가치와 조직의 모금활동 효율성 증가분은 클 수 있다.

〈그림 1-2〉는 이러한 요인들이 낳는 복합적인 효과를 나타낸다. 여기에서는 비영리기관 두 군데에서 실시한 직접마케팅 성과를 살펴본다. 계산을 간단하게 하기 위해 연간감손율이 각각 10%(즉, 매년 기부자 10%를 잃는 곳), 20%인 기관을 선정했다. 두 기관의 감손율을 제외한 나머지 수치는 동일하다. 출발시점에서 기부자 기반은 두 기관 모두 10만 명이고, 1인당 연평균 기부액은 50달러이다. 〈그림 1-2〉는 두 기관이 모집

〈그림 1-2〉 감손율 하락이 연간 총수익에 미치는 영향

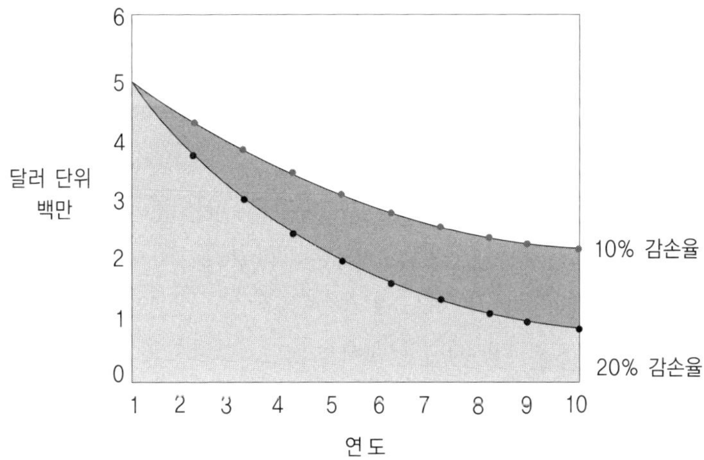

당해를 제외한 다음 해부터 10년 동안 거두어들인 총수익을 보여준다. 첫 해 연말의 총수익은 5백만 달러로, 두 군데 모두 같다. 이후감손율이 총수익에 미치는 영향은 해가 갈수록 커진다. 두 군데의 경우 총수익을 합산했을 때, 감손율 10%인 기관이 10년 뒤 기록할 총수익은 3,300만 달러이다. 반면 감손율 20%인 기관의 예상 총수익은 2,200만 달러에 불과하다. 즉, 감손율 20%를 10%로 줄이면 수익성을 50% 높인 것과 같은 결과를 낳는다.

그래프는 기부자 감손율을 줄일 경우 자연적으로 발생하는 추가 수익을 보여준다. 그러나 여기에서 나타나는 감소 양상은 전체 현상 중 일부일 뿐이다. 후원자의 균형을 유지하기 위해 지속적으로 기부자를 모집하는 기관은 드물다. 두 기관 모두 기부자 기반을 계속해서 유지하거나 확장하고자 한다면, 감손율 20%인 기관은 신규기부자 모집으로 감손율 10%인 기관과의 차이를 극복하고자 두 배로 노력해야 할 것이다. 앞서 말한 것처

럼, 모집활동에는 많은 비용이 필요하다. 이 점을 감안할 때, 일반적인 비영리기관이 감손율 20%를 10%로 줄일 경우 기부자 생애가치가 100% 이상 증가한다는 사실을 알 수 있다. 간단히 말하자면, 이것이야말로 기부자 로열티가 중요한 이유이다.

수익에 인상적인 영향을 미친다고는 하나, 이것만으로는 기부자 로열티 증가로 인한 효과를 충분히 나타낼 수 없다. 로열티가 높은 기부자는 다른 방법으로 기관에 참여할 것이다. 장기기부자는 일시기부자에 비해 비상시의 호소, 자원봉사, 기부금 업그레이드(*upgrade*), 기관을 대신한 적극적인 기부자 탐색, 카탈로그를 통한 기부, 친구와 지인에게 기관 추천과 같은 활동에 참여할 가능성이 매우 높다. 이러한 활동은 경우에 따라 가치가 다를 수 있다. 그러나 경험에 따르면, 이 변인들이 미치는 효과를 합산할 경우 기부자 가치는 총 150~200%까지 상승할 수 있다.

로열티란 무엇인가?

여기에서 로열티(*loyalty*)의 정확한 의미는 무엇일까? 언제나 변함없이 충성하는 기부자들을 말하는가? 간단히 답하자면, 그렇지 않다. 가족, 동료집단이나 고용주에게 받는 부담감 때문에 마지못해 기부를 한다고 생각하는 사람도 있다. 이런 기부자들은 겉보기에는 충성적인 듯해도 강제성이 사라지는 즉시 기부를 중단할 것이다.

로열티에는 수동적(*passive*)인 것과, 적극적(*active*)인 것이 있다. 수동적인 로열티는 경쟁기관의 표적이 되기도, 빼앗기기도 쉽다. 사실 이는 로열티라고 할 수 없다. 마음의 여유가 생긴 기부자가 일시적 호소에 반응하여 기관에 기부한다. 그러나 이때의 기부금액은 상대적으로 적다. 수동적 로열티는 이런 것이다. 어쩌면 그들은 그저 이전에는 자신의 박애정신을 배출할 통로를 찾지 못한 것일 수도 있다. 정기, 월정기부자의 경우에는 타성에 젖은 관계가 될 수도 있다. 스스로 충성적인 기부자라 생각하지 않는 기부자라도 특별한 계기가 없는 한, 구태여 시간을 내어 정기기부약정을 철회하지 않는다. 보다 고무적이거나 자신의 관심사에 맞아떨어지는 다른 기부 기회가 생긴다면, 후원을 중단할 수도 있다. 수동적 기부 때문에 가계비용이 증가하여 부담을 느끼면 기부를 해지할 수도 있다.

반면, 명분을 열성적으로 믿는 기부자, 기관의 가치와 윤리성을 동일시하는 기부자, 후원금이 개인이나 가구 생활비에서 필수 항목이라 여기는 기부자에게서 적극적 로열티가 나타난다. 적극적 로열티는 타성이 아니라, 비영리기관의 의무에 대해 개인이 느끼는 진정한 열정과 참여의식의 결과이다. 경쟁 관계의 비영리기관은 여러분의 기관에 기부자가 느끼는 이러한 종류의 유대감을 깨뜨리기 힘들다는 사실을 알게 된다. 모금전문가는 생애가치를 키우는 데 반드시 필요한 적극적 로열티를 육성해야 한다.

로열티는 항상 효과적인가?

지금까지 유지에 대한 집중도를 높였을 경우의 장점, 그리고 설사 소폭의 유지율 증가라도 기관의 모금 성과에 어떻게 커다란 영향을 미칠 수 있는지 살펴보았다. 대개 로열티의 발생은 언제나 효과적이라는 암묵적인 가정이 있었다. 그러나 앞으로 살펴볼 기부자 가치에 대한 논의를 통해, 반드시 그런 것만은 아니라는 사실을 알 수 있을 것이다.

대부분의 비영리기관에게 가장 간단한 가치 평가법은 기반층에 있는 기부자들의 기부금을 알아내는 것이다. 이 방법은 최신 모금 소프트웨어로 간단히 수행할 수 있고, 여러 단계에서의 총 기부횟수를 알아내는 것도 가능하다. 이 정보를 도표화하는 가장 좋은 방법(〈그림 1-3〉을 예로

〈그림 1-3〉 기부자 가치 피라미드

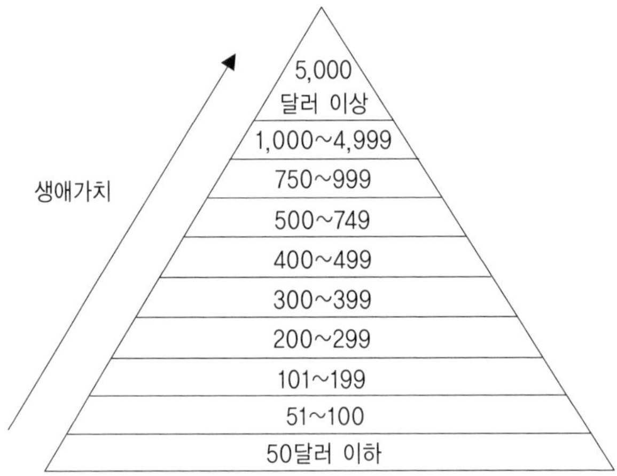

들었다) 은 피라미드식이다. 보통 모금 기반에서 총기부액이 상대적으로 적은 개인기부자(피라미드 하부) 는 매우 많고, 꼭대기로 갈수록 소수의 고액기부자가 있기 때문이다. 이 피라미드는 전형적인 파레토 법칙(역주: '80 : 20 법칙'이라고도 하며, 전체 결과의 80%가 전체 원인의 20%에서 일어나는 현상을 말함) 을 보여주는 것이다. 모금학적 용어로 풀이하자면, 기관의 모금액 중 80%를 기부자의 20%가 냈다는 뜻이다. 고액기부자를 제외하고 생각하더라도 맞는 말이다. 심지어 표준적인 직접 마케팅 기반에서도 언제나 기부자 중 소수가 대부분의 수익을 후원하게 될 것이다.

이 피라미드가 재미있는 까닭은 무엇인가? 책에서 제시하는 간단한 예시는 각 기부자가 낳은 수익을 합산한 것에 불과하나, 이들과의 관계를 유지하는 데 드는 비용과 호소 비용을 감안하면 조금은 다른 모양이 나타난다(〈그림 1-4〉 참고). 이 예시에서는 기부액이 50달러 이하인 기부자의 경우, 기부금보다 이들을 관리하는 데 더 많은 비용이 든다. 비록 가상의 피라미드이긴 해도, 많은 비영리기관에서 비용편익분석을 할 때 전형

〈그림 1-4〉 모금비용을 고려한 기부자 가치 피라미드

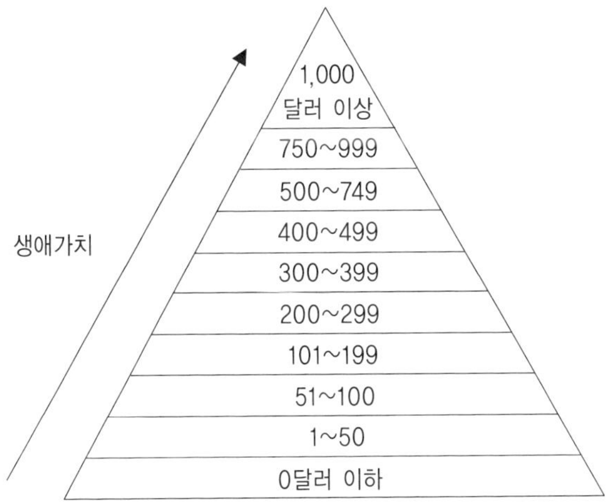

적으로 나타나는 모양이다.

이러한 결과는 윤리적 문제를 제시한다. 즉, 소액기부자의 의도 역시 선할 수 있으나, 실제로 그들의 기부금은 비영리기관의 미션과는 다른 곳에 쓰인다. 이들 집단에 대한 대응을 결정하기는 쉽지 않다. 소통을 아예 중단하여 관리비용을 절약하라고 충고하기도 한다. 그러나 이들 중 일부는 향후에 너그러운 유증기부자가 될 수도 있다. 일부는 기관과의 개인적 유대감을 높여 후원을 확대하는 경우도 있다. 그런 기부자들에게 즐거움을 박탈하는 것은 가혹할 수 있다. 혹은 이를테면 자원봉사, 로비와 지지 활동 같은 다른 방법으로 도움을 주는 기부자들도 있다. 최선책은 은근한 무시 전략을 장려하여 이러한 기부자와의 접촉을 최소화하는 것이다. 그리하여 이따금 편지를 보내 기관이 수행하는 활동을 알려주고, 보다 높은 기부금이나 유증기부를 할 수 있는 기회를 줄 수 있다.

피라미드 상단 표적화

이 책에서 제시하는 피라미드들은 적합할 수도 있는 전략 몇 가지를 추가로 알려준다. 이를테면 피라미드 하단보다는 상단에 있는 기부자 유지에 더 많은 비용을 투자하는 것이다. 하단의 기부자 일부를 잃는 것은 유감스러운 일이지만, 수익에 큰 영향은 없을 것이다. 반면 피라미드 상단의 기부자를 잃으면 모금 가능한 기부액에 커다란 부정적 영향이 미칠 수 있다. 여기에서 알 수 있는 교훈은 기관에서 전체적인 감손율을 연구하기보다, 피라미드의 각 단계별 감손율을 따로따로 살펴보고 수익성이 가장 높은 기부자를 유지하기 위한 장려금에 집중해야 한다는 점이다.

한 예로, 선구적으로 생애가치를 추구한 상업적 기관인 동시에 지금은 마케팅계의 전설이 된 곳을 잠깐 살펴보자. 규모도 크고 다각적인 이 기업은 원양정기선에서 보내는 크루즈 휴가를 통해 처음으로 고객들의 생애가치를 탐색했다. 기업은 고객들의 상대적 가치를 알아보고자 지난 5년, 10년, 15년 동안의 기록을 되짚어보았다. 분석결과 피라미드에서 맨 꼭대기를 차지한 후원자는 엘시 네일러(Elsie Naylor)라는 이름의 여성이었다. 엘시가 15년 동안 기관에서 주최한 선상파티에 참석한 날짜를 따져보면 총 4,100일이었으나, 기관에서는 한 번도 신경을 쓰지 않았기 때문에 이를 인지하지 못했다.

엘시가 기관 서비스에 쓴 돈을 생각한다면, 5년에 한 번 크루즈 휴가에 참석하는 고객에게 하는 것과 똑같은 홍보방식을 사용하면 안 될 일이었다. 특히나 엘시 네일러 같은 모금업계의 또 다른 고액기부자가 이를 깨닫고 다른 기관으로 옮겨가면서 가져갈 수익을 생각한다면 말이다. 기관이 성공을 거두려면 가치가 높은 고객, 혹은 예로 든 기부자들의 존재는 중요하며, 이들의 로열티와 가치를 적절히 보상하기 위해 관심의 정도를 차별화하여 다루어야 한다.

경험상 일부 종교적 기관은 모든 기부자를 똑같이 대하고자 하므로 이 방법을 사용하기는 어렵다. 이러한 기관은 개인기부자가 행하는 소액 기부가 타인을 위한 고액기부보다 더 중요할 수도 있다고 여기므로, 특별 대우해야 하는 기부자를 선별할 때는 도덕적 기준에 근거를 둔다. 이렇듯 기부자를 다루는 두 가지의 다른 방식은 잘못된 것일 수도 있다. 견해를 두고 논의해보지는 않았으나, 대부분의 기관에서는 고액기부자를 특별 대우하는 것이 마땅하다고 생각하리라는 것이 필자들의 의견이다.

물론 이 책에서 다루는 근본적인 주제는 유지 문제이다. 그러나 보다 심화적인 피라미드 이용방법도 마땅히 생각할 만하다. 많은 비영리기관은 신규기부자를 모집하고자 할 때 기부자 유형을 확인하기 위해 그들의 프로필을 작성한다. 그런 다음, 특정 프로필과 맞아 떨어지므로 안정적으로 기부할 것 같은 기부자를 찾을 수 있다. 그러나 피라미드를 잠깐 살펴보면, 소액기부자, 그리고 기관의 투자비를 높이는 기부자가 전 세계를 통틀어 작성한 프로필에서 많은 비중을 차지한다는 사실을 알 수 있다. 그러므로 현명한 방법은 기부자 기반에서 가치 구획별 프로필을 그린 다음, 고액기부자와 소액기부자의 차이를 알아내는 것이다. 그들은 아마 나이가 더 많거나, 남성이거나, 어느 정도의 소득이 있거나, 특정 거주 유형에서 살거나 라이프스타일의 특징이 있는 사람일 수 있다. 이러한 정보들은 접촉을 시도할 잠재적 신규기부자를 선택하는 과정에서 이용할 수 있다. 앞의 예시에서 엘시, 그리고 엘시 같은 다른 고액기부자의 프로필은 크루즈를 이용한 기관에서 향후 고객을 모집할 때 가장 유용한 도구로 삼을 수 있다. 대다수의 기관은 시간이 지나도 로열티를 잃지 않고 많은 금액(합계)을 기부할 기부자를 모집하고자 한다.

예상가치 확인

이제까지는 기부자의 이전 가치만을 고려해왔다. 많은 기관은 이러한 분석방법을 기준으로 삼아 기부자에 대한 관심 수준을 결정한다. 그러나 이는 완벽한 방법은 아니다.

새로이 모집한 기부자를 생각한다면 그 까닭을 알 수 있다. 이들 기부자들은 지금껏 한 차례만 기부했으므로 기부금이 낮을 것이다. 앞서 제시한 것처럼 데이터베이스를 관리한다면 아마 이들은 소액기부자 구획에 배치될 것이고, 이들 목록은 심지어 다른 기관과 맞교환(*swap*) 되기도 한다. 그러나 기관에 대한 그들의 잠재가치를 처음부터 인식했더라면, 어쩌면 관심 수준이 더 높은 구획에 배치될 것이다. 여기서 말하는 잠재가치는 기부자 생애가치의 추정치로, 과거의 가치와는 다르다.

이 관점은 기부자 모집을 장려하는 데도 유용할 수 있다. 고액기부자의 프로필을 이용해 기부자를 모집하는 방법은 이미 이야기했다. 엘시 네일러의 예시를 생각할 때, 기관은 엘시, 혹은 엘시 같은 사람의 프로필에 높은 관심을 보인다. 그러나 예상가치를 생각해본다면 데이터베이스로 돌아가 엘시가 처음 기부했을 당시의 프로필을 알아봐야 한다. 다시 말해, 고액기부자가 후원을 시작했을 때 보이는 유형을 알아내고자 하는 것이다. 이는 기부자 모집 시 이용할 수 있는 최상의 프로필이다. 기관은 시간이 지날수록 높은 로열티와 가치를 나타낼 기부자를 정교하게 모집할 수 있기 때문이다.

이 과정에서 마지막으로 문제가 되는 것은 기부자별 생애가치를 계산할 시간이나 능력을 갖춘 기관, 설사 그리하여 정보를 생산할 수 있더라도 이에 근거를 두고 활동할 수 있는 기관이 소수라는 사실이다. 기관에서는 특정 기부자 구획이나 집단의 향후 행동, 각 구획을 관리하는 방법에 보다 많은 관심을 쏟게 마련이다.

이처럼 다양한 기부자 가치 관리법을 결합하면 〈그림 1-5〉 같은 도표

〈그림 1-5〉 기부자 가치 관리방법

	개인	구획
역사적		
투사적 (미래)		

가 나온다. 여기에서 모금전문가가 선택할 수 있는 안들이 분명해진다. 모금전문가는 기부자의 과거, 또는 예상(즉, 미래를 염두에 두고) 가치 탐색을 선택할 수 있다. 어떤 접근법이 기관에 가장 적합할지 미리 예측하기란 불가능하다. 나중에도 이야기할 것이지만, 접근법마다 비용과 수익은 제각각이다.

요약

이번 장에서는 기부자 로열티가 조금이라도 증가하더라도 모금성과에 막대한 영향을 미치는 까닭을 설명했다. 또한 성과를 최대화하려면 전반적인 로열티를 향상시키는 것만으로는 충분치 않다는 점을 이야기했다. 직접 마케팅을 활용하는 비영리기관이라면 기부자 관리에 일정한 비용이 소요될 것이다.

그러므로 기관에 가장 적합한 유지전략을 고안하려면, 모금 데이터베이스 내 기부자 가치를 분석한 정보를 이용해 기부자 유지에 집중해야 한다. 기부자 가치를 알아내는 방법은 두 가지이다. 첫째, 기부자가 과거에 기부한 금액을 간단히 계산하고 이를 기준으로 삼아 그들이 앞으로 받게 될 관심 수준을 정하는 것이다. 둘째, 다른 사람의 과거 행동에 대한 지식을 이용한 보다 정교한 방법으로 그들과 비슷한 기부자들이 앞으로 어느 정도의 가치가 있을지 예측할 수 있다. 이렇게 얻은 생애가치는 합당한 유지전략을 결정하는 데 이용할 수 있다.

지금까지 가능한 유지전략 방식, 그리고 기부자의 지속적 후원을 장려하는 몇 가지 요인을 살펴보았다. 다음 장에서는 이 두 가지 주제를 좀더 깊이 있게 알아보도록 한다.

02

기부자의 로열티 촉진

제 2장에서는 적극적 기부자와 기부해지자를 주제로 한 주요 연구결과를 논하면서, 기부자가 비영리집단에 대한 기부를 중단하는 주요 원인을 그려본다. 연구는 영국의 애스펜 재단(Aspen Foundation), 인디애나 펀드(Indiana Fund)의 지원을 받은 미국의 인디애나대학교 기부연구센터를 통해 이루어졌다. 연구기간은 4년으로, 기부자 로열티를 주제로 한 연구 중 최대 규모이다. 연구자들은 일련의 표적집단과 대규모 우편 설문조사를 통해 미국과 영국의 기부자 2만 명의 의견을 물었다. 기부자들이 제시한 이유는 다양했다. 기부해지자에게 해지이유를 묻고, 근거가 되는 요인을 알아보기 위해 광범위한 문제에 대한 적극적인 후원자와 기부해지자의 시각을 비교했다.

두 나라에서 얻은 결론이 매우 비슷하므로, 세계 어느 곳에 있는 다른 비영리기관도 마찬가지일 것이라고 추측한다. 결과가 유사하므로, 보나 간단하게 하고자 미국에서 얻은 자료만을 다룰 것이다. 미국과 영국이 큰 차이를 보인 항목은 한 가지뿐이었고, 그에 대한 결과는 구체적으로 알아볼 것이다.

이번 장에서는 미국에서 실시한 연구를 대략적으로 알아보고, 기부자 로열티에 잠재적인 영향력을 미치는 모든 요인을 자세히 나열한다. 다음 장에서는 구체적인 문제를 논하고, 기부자 로열티를 최대화하기 위해 모금전문가가 실행할 수 있는 단계별 기부요청과정을 예를 통해 설명한다. 여기에서 이야기하는 많은 요인들은 모금전문가가 가진 대량의 데이터베이스에서 직접우편으로 고액기부를 요청하거나 소액기부를 요청할 때 똑같이 적용된다.

생각해볼 주제는 각각 다음과 같다. 누가 기부를 해지하는가. 기부해지자의 구체적인 특징은 무엇인가. 해지하는 이유는 무엇인가. 그리고 근본적인 관계 문제, 모금전문가와 기부자 관계가 실패하는 이유는 무엇인가.

누가 기부를 해지하는가

모든 기부자가 충성적일 수 있는가? 간단히 말하자면 그렇다. 적어도, 인구학적 관점에서는 가능한 일이다. 적극적 후원자와 기부해지자의 성별, 직업, 수입, 생활방식 특징을 살펴봐도 차이점은 그리 많지 않다. 그런 까닭에 비영리기관이 이 두 집단 사이의 차이를 한 발 먼저 알아내기란 쉽지 않다.

재미있는 차이점 한 가지는, 적극적 후원자가 기부해지자보다 조금 더 나이가 많다는 사실이다. 적극적 후원자의 평균 연령이 60세인 반면, 기부해지자는 53세였다. 이처럼 차이가 나는 이유는 아마 많은 후원자가 살아가는 동안 다른 흥미로운 명분을 발견하고, 시간이 지남에 따라 우선순위를 바꾸기 때문일 것이다.

그보다 흥미로운 결과는 개인의 신앙심과 해지 행위 사이에 분명한 관계가 있다는 점이다. (교파와 무관하게) 종교적 확신이 강한 이들은 후원기관을 바꿀 확률이 더 높다. 회수한 설문지에 대해 추가적인 의견을 달자면, 이러한 기부자의 경우에는 신앙심이 낮은 이들에 비해 더 광범위한 자선단체로 후원의 폭을 넓히고자 한다. 또한 다니고 있는 종교기관이 후원하기로 한 기관에 특정기간 동안 기부할 것을 권유받는다. 이러한 기관들은 그들의 관심사와 동떨어진 곳일 수 있으므로, 특정한 호소가 끝남과 동시에 후원 역시 중단된다. 비영리기관은 높은 신앙심이 기부 가능성의 척도이며, 그런 사람의 경우 신앙심이 낮은 사람보다 분명 더 큰 금액을 기부한다는 사실을 오래전부터 알고 있었다. 그러므로 직접우편 목록은 언제나 신규 기부자를 만들어낼 수 있지만, 유감스럽게도 그렇게 모집한 기부자는 해지할 확률이 높다.

해지 이유는 무엇인가

기부자 유지를 알아보기 위한 확실한 출발점은 기부해지자에게 곧바로 이유를 물어보는 것이다. 〈표 2-1〉은 이러한 조사를 통해 얻은 결과를 요약한 내용이다. 결과를 해석할 때 총합이 100%가 아니라는 점을 명시해야 한다. 이는 기부자의 복수응답이 가능했으며, 영국의 경우에는 응답자 중 15%가 해지 이유를 기억하지 못했기 때문이다.

예측할 수 있는 것처럼, 많은 기부자가 기부를 해지하는 이유는 여유자금이 부족해졌기 때문이었다. 기부자의 경제상황이 변하면 비영리기관에 대한 후원을 중단하는 것이 마땅하다. 그러나 냉소적인 사람이라면 경제적 무능력을 주장하는 기부자 비율이 너무 높다고 주장할 수도 있다. 물론 자금부족은 가장 쉬운 대답이다.

많은 기부자는 다른 기관의 복지가 '보다' 혹은 (일부 기부자의 경우에는) '같은 정도로' 낫다고 생각하여 기부를 해지한다. 비영리기관으로서는 반가운 소식이나, 어떤 기관에게는 나쁜 소식이다. 기부자와 동등하게 맺을 수 있는 관계에 부정적 영향을 미치기 때문이다. 이들은 다른 비영리기관만큼이나 자금조달 요구가 절박하다는 주장을 계속할 수 없으므로, 결과적으로 관계의 유대성은 약해진다.

많은 기부자는 후원기관이 제공하는 서비스 질이 나쁘다는 이유로 기부를 해지한다. 자료에 따르면 많은 비영리기관들은 기부자에게 충분히 감사를 표하지 않으며, 모금액의 이용내역을 알려주지 않거나, 소통 시 충분한 선택안을 제공하지 않는 것으로 나타났다. 실제 기부자는 어떻게 생각하는지 살펴보자. 기관은 모금활동 시 충분한 서비스를 제공한다고 생각하기 쉽지만, 다수의 기부해지자는 그렇게 생각하지 않는다. 제 9장에서 살펴볼 내용처럼, 이러한 격차는 기관에게 성과에 대한 기부자의 기대와 인식을 측정하고 충족시킬 기대치를 점검하도록 요구한다.

매우 높은 비율의 기부자는 기관을 후원하고 있다는 사실을 잊어버렸

〈표 2-1〉 해지 이유(%)

이 유	미국	영국
더 이상 후원을 지속할 여력이 안 된다.	54.0	22.3
타 기관 대의의 후원 가치가 더 높다고 생각한다.	36.2	26.5
사망/이사	16.0	12.7
X기관은 나의 후원을 인지하지 않는다.	13.2	0.9
후원하고 있다는 사실을 잊었다.	11.1	11.4
X기관은 나의 기부금 사용내역을 알려주지 않는다.	8.1	1.7
X기관은 더 이상 나의 후원이 필요하지 않다.	5.6	1.2
X기관이 제공하는 후원 품질은 좋지 않다.	5.1	0.9
X기관에서 부당한 금액을 요구한다.	4.3	3.1
X기관의 소통이 부당하다는 생각이다.	3.8	3.6
계속해서 다른 방법으로 후원하고 있다.	3.4	6.8
X기관은 나의 요구를 고려하지 않는다.	2.6	0.7
X기관의 직원이 유능하지 않다.	2.1	0.5
재기부 요청을 받지 않았다.	0.0	3.3

기 때문에 기부를 해지한다. 이들 기부자는 적어도 한 번은 현금 기부를 하기 때문에, 생각해보아야 할 중요한 원인이라 할 수 있다. 기부자와 비영리기관의 관계 질이 조악한 나머지, 기부자들이 심지어 기관의 존재조차 기억하지 못하는 것이다. 이 결과는 조사를 시행한 표적집단에서도 볼 수 있었다. 투자자 중 일부는 기부한 기록을 제시할 때까지도 기관에 대한 후원 사실을 강력하게 부인했다. 이들의 잘못된 기억은 대개 명분이 유사한 다른 비영리기관과 혼동했기 때문이지만, 딱히 설명할 방법이 없는 경우도 종종 있다. 단순히 잊어버리는 것이다.

연구자료를 좀더 살펴보면 특정한 기부해지자들 사이의 차이를 알 수 있다. 한 차례 기부한 다음 해지한 기부자들은 재기부하지 않는 주원인으로 경제적 무능력을 꼽을 확률이 높았다. 몇 년간 기부했던 기부자들은 타기관의 대의가 보다, 혹은 동등할 정도로 후원할 만하다는 생각을 했기 때문에 기부를 해지하는 확률이 높았다. 그러므로 많은 기부자의 경우에는 가치가 비슷한 기관을 만날 때까지 후원을 계속한다. 이러한 결과는 교환, 또는 호혜적 메일링 리스트가 가지는 분명한 효과를 암시한다. 즉, 타 비영리기관과 기부자 목록을 공유할 경우, 자선단체는 비록 소액이라도 자사에 대한 후원을 해지하려는 기부자의 로열티를 장려할 수 있다.

관계 문제와 실패

기부자에게 왜 기부를 해지했는지 물어본다는 것은 기부자가 그 이유를 똑똑히 기억할 것이라는 가정을 전제로 한다. 그로부터 기부자의 인식 여부와 상관없이 해지 결정에 영향을 미쳤을지도 모를 다른 많은 요소는 배제된다. 이러한 이유 때문에 우리는 기부자가 모금부서와 맺었던 관계의 여러 가지 측면에 대한 기부자 인식을 살펴보고, 기부를 계속하고 있는 다른 기부자들의 인식과 이를 비교해보았다. 그러자 여러 가지 흥미로운 차이점이 나타났다. 여기에서는 관계의 다양한 측면에 대한 기부해지자의 인식을 점검해본다.

모집: 반응자와 기부자 구분하기

유지의 시작은 기부자 모으기, 또는 '모집'이다. 기관과의 관계에 대해 모든 기부자의 의견이 똑같지는 않다. 실제로 기관을 후원하는 동기가 다양하고 관계를 발전시키려는 사람이 있는 반면, 어떤 관계도 원치 않는 사람도 있다. 한 차례의 기부만을 원하는 사람이 있는가 하면, 기관의 명분이 너무나 인상적인 나머지 오래, 또는 가능하다면 평생 기부하고자 하는 사람도 있다.

이러한 개념을 〈그림 2-1〉에 도표로 나타냈다. 여기에서는 기부자가 후원의 잠재성에 대한 관계의 강점을 어떻게 인식하는지 위치로 표시하고 있다. 좌측 하단은 응답자이다. 응답자는 기관과의 관계를 거의, 또는 전혀 인식하지 못하며 투자 잠재력이 없다. 대다수의 비영리기관은 모든 사람이 기부자가 될 가능성이 있다고 간주하지만, 실제로는 전혀 그렇지 않을 사람도 있다. 많은 사람은 호소의 특성 때문에 응답할 동기를 가진다. 어쩌면 가까운 지인의 부탁으로 기부를 하거나, 호소력 강한 우편물에 자극을 받을 수도 있다. 이들 개인에게는 그저 적합한 메시지를 이용해 적시에, 적절한 방법으로 접근한 것이다. 슬프지만 그런 상황은 똑같이 되풀이되지 않는다. 그러므로 비영리기관의 입장에서 이 집단의 유지율을 유지하기 위해 할 수 있는 일은 거의 없으며, 존속시키고자 하기보다는 자원을 아껴 다른 곳에 투자하는 것이 더 나을 수도 있다.

좌측 상단에는 잠재적 기부자가 있다. 이들은 명분에 대해 평균 정도의 관심을 보이는 응답자들로, 비록 특히 감동적인 호소에만 응답하지만 적절히 대하기만 한다면 동기를 부여받아 재차 기부할 수도 있다. 그렇더라도 가입한 최초 기관에서 제공한 것과 흡사한 호소에만 마음이 움직일 것이다. 면대면 상황에서는 그러한 호소가 더 쉬울 수도 있다. 비슷한 방식

〈그림 2-1〉 로열티 유형

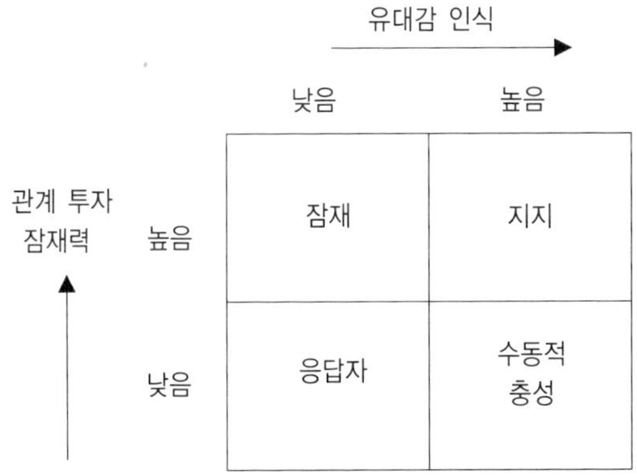

으로 요청하게끔 전과 똑같은 호소 담당자를 배치할 수 있기 때문이다. 메일링처럼 직접 마케팅 매체를 이용할 경우, 상황은 좀더 복잡하겠지만, 관리는 가능하다. 이 상황에서는 개별화한 '환영 주기'(*welcome cycle*)를 개발해 잠재적 기부자를 충성적 기부자로 바꿀 수 있다. 이 전략을 이용해 모집한 신규 기부자와는 처음 12~18개월 동안 연속적으로 소통한다. 기간 동안 일반적인 개발 메일링(*develop mailing*)을 보내기보다는 반응 확률이 가장 높다고 입증된 소통 방식을 취한다. 이를 위해 많은 비영리기관은 최선의 모집 메일링 서너 가지를 이용하며, 환영 주기에 맞춰 패키지로 구성한다. 연구에 따르면 기부자에게 최소 2회(이상적으로는 3~4회) 기부를 호소할 때에, 기부자들은 기관과의 관계를 인식하고 시간이 지날수록 관계를 발전시켜나가고자 한다. 심리학적 연구에 따르면, 기부 횟수가 늘어날수록 외부의 압력을 기부 원인이라 설명하기는 어려워진다. 그 대신 기부자는 기관의 대의에 진심으로 관심을 가지게 되었다고 주장한다. 실제로도 자신의 주장과 행동이 일치하지 않으므로, 스스로도 기관에 관심이 없다고는 생각할 수 없게 된다. (이 문제를 알아보려면

Sargeant and Wymer, 2004를 참고). 환영 주기의 효과가 미심쩍다면, 신규 기부자 표본을 대상으로 시험해보라. 응답률이 상승하고, 그로 인해 기부자 유지율이 증가할 것이다.

도표 우측 하단의 기부자는 수동적 로열티를 보인다. 이들은 비영리기관과의 관계를 심화하는 데는 관심이 없지만, 명분을 열정적으로 지지할 때는 맹렬한 충성 기부자가 될 수 있다. 이러한 기부자를 다수 모집했다면, 비영리기관에서는 잠재적 고액기부자를 주의 깊게 연구하거나, 타깃팅(*targeting*)이 특히 잘 된 메일링 목록을 구입해야 할 것이다. 이러한 범주의 후원자를 많이 낳는 캠페인은 진정한 관심을 보이는 기부자와 기관의 명분을 성공적으로 조화롭게 한다. 이들은 그저 기부행위에 만족할 뿐 기관에 달리 연루될 마음이 없으므로, (도표 우측 상단의) 옹호집단과는 다르다. 이와 대조적으로 옹호집단에게는 시간이 지날수록 다양한 참여 방식을 권유한다. 여기에는 기금마련 후원, 다른 사람에게 기부 권유, 심지어 서비스 제공 후원을 위한 자원봉사도 포함된다.

처음부터 이들 네 집단을 가려낼 수 있다면 더할 나위 없이 좋을 것이다. 그렇게 되면 응답자들을 각각 구분해 잠재적 기부자를 발전시키기 위한 자원을 배분할 수 있고, 적절한 소통을 받는 옹호자들은 기관의 가치를 키워나가기 시작할 것이다. 결정적으로는 기부와 후원의 결과로 기부자가 기관에서 받게 되는 가치 역시 극대화될 것이다. 고액기부자의 경우, 분별 있는 모금전문가라면 이러한 지식을 이용해 기부자의 관심 정도와 참여의식을 인식하고, 향후 세심하고 적절하게 호소할 수 있다. 직접 마케팅에서는 이 방법이 통하지 않는다. 신규 기부자 목록을 접할 때, 모금전문가들은 이 방법으로 기부자들을 분류할 수 없다. 이 경우 유지율을 최대화하려면 신규 기부자 전원을 대상으로 하는 환영 주기를 개발해야 한다. 이를 통해 수동적 충성 기부자와 옹호자의 관심과 책임의식을 지속시키는 동시에, 잠재적 기부자에게 기부 문화를 이해시킬 수 있다. 관련 기부자들은 기관의 명분에 만족하는 것은 물론, 점차 기관활동에 익숙해지고 진정한 가치를 이해하기 시작한다. 결과적으로는 캠페인 자료에 흥미를 느껴서가 아니라, 이러한 이유 때문에 기부를 시작하며 이는 지속가능한 양상을 보인다.

기부자 동기 인지하기

제 3장에서 살펴보겠지만, 기부자가 비영리기관에 기부하고자 마음먹는 이유에는 여러 가지가 있다. 성공적으로 기부를 지속하는 핵심요소 한 가지는 기부자의 동기를 인식하고, 재차 호소하면서 이를 반영하는 것이다. 예를 들어, 암 연구소에 기부하는 이들은 본인이 암에 걸렸거나, 혹은 암 투병 중인 친구나 친척이 있기 때문에 기부를 결심했을 수도 있다. 아니면 언젠가 암에 걸렸을 때 기관 서비스가 필요한 것을 염두에 두고 기부할 수도 있다. 친구나 사랑하는 이에 대한 추억, 혹은 투병으로 인한 고통에 대한 동정심이 기부의 동기가 될 수 있다.

다양한 잠재적 동기들은 많지만, 교훈은 언제나 똑같다. 비영리기관은 기부자를 끌어들이는 동기를 알고, 이러한 동기를 반영하여 소통과 모금활동 방식을 갖춰나가야 한다. 조사에 따르면 많은 비영리기관에서는 이러한 동기를 모금전략에 반영하지 못한다. 이렇게 말하는 기부자도 있었다. "내가 내린 결론은, 그 사람들은 오직 내 돈만 바란다는 것이었습니다. 제 말은 귀담아 듣지 않고 지금껏 받은 것 중 가장 불쾌한 소통만을 전달했습니다. 저는 즉시 마음을 바꿔먹었지요."

기부자가 선택기관을 지지하는 이유는 〈표 2-2〉에 나와 있다. 응답자에게 동기 요인을 서술한 문장에 1(매우 반대)~5(매우 동의)의 범위 내에서 점수를 매겨달라고 요청했다. 결과에 따르면 기부자들은 대개 기관의 평판이 좋다고 생각할 때 기부동기를 부여받는 것으로 나타났다. 또한 명분에 익숙할 때, 그리고 기관의 경영이 전문적이라고 생각할 때의 점수가 높았다. 대체로 기부자들은 자신이 친구나 친척, 기관의 강요 때문에 기관에 후원한다고 생각하지 않는다.

적극적 후원자와 기부해지자 사이에는 몇 가지 눈에 띄는 차이점이 있었다. 기부해지자 중에는 압박감을 느꼈다고 말하는 사람이 많았다. 또한 친구나 사랑하는 사람의 권유 때문에 조금은 의무감 때문에 기부한다고 생각하고 있었다. 이렇듯 압박감(또는 어쩌면 의무감)을 느꼈다는 생각은 다음에 살펴볼 표적집단에서도 나타난다.

> 정말로 의무감을 느꼈다. 친한 친구 하나가 자원봉사를 하고 있는 기관인데, 싫다고 하기는 어려웠다. 기분이 매우 나빴을지도 모르겠지만, 이번 한 번뿐이라는 점을 분명히 했다.

> 〔비영리기관에서〕 활동하고 있는 딸아이가 가족 모두에게 기부를 요청했다. 나는 〔동물복지에는〕 전혀 관심이 없었지만, 어찌됐건 가족은 지지해야 했다. 그렇지 않은가?

〈표 2-2〉 후원기관 선정 이유

동기 설명	전체 평균
X기관의 평판이 좋다고 생각해서	4.18
X기관이 전문적으로 경영한다고 생각해서	3.83
기관의 대의가 매우 매력적이라서	3.76*
X기관이 처음 시도한 방법이 전문적이라 생각해서	3.71
내가 후원하면 지인이 혜택을 받을 수 있을 것이라 생각해서	2.61
세금 혜택 때문에	2.27
나에게 후원을 기대한다는 생각이 들어서	2.16
기부해야 한다는 부담감 때문에	1.76*
친구/친척이 후원을 부탁해서	1.67
가족이 기관의 대의와 깊은 관계가 있어서	1.61
가족/친구가 내가 기부할 것을 기대한다고 생각해서	1.59
사랑하는 사람을 기리며 기부하고 싶어서	1.57

주의: 1=매우 그렇지 않다, 2=그렇지 않다, 3=보통이다, 4=그렇다, 5=매우 그렇다.
*중단 후원자와 적극적 후원자 간에는 뚜렷한 차이가 있다.

〔그 사람들이〕 귀찮게 굴었기 때문에 떼어낼 생각으로 기부를 했다. 재차 요청했을 때는 고의적으로 요구에 응답하지 않았다. 권유 방식이 전문적이지 않았기 때문이었다. 기부 문제로 사람들을 괴롭히면 안 될 노릇이다.

말한 것처럼, 이런 측면에서 의무감이나 압박감을 느끼는 기부자들은 해지확률이 가장 높은 축에 속한다. 의무감이 사라지는 즉시, 이전의 기부나 비후원 상태로 회귀한다. 모금활동이 아무리 창의적이라도 그런 기부자들을 다시 적극적으로 만들 수는 없다.

모금에 대한 교훈은 간단하다. 기부 때문에 압박감을 느끼는 기부자는 즉각적인 성과를 내놓지만, 부차적 감손율은 높을 것이다. 설상가상으로 기부에 좋지 않은 기억이 있는 기부자라면 최대 7명과 그 경험을 공유할 것(Sargeant, 2004)이고, 결과적으로 기관에 대한 대중의 인식이 부정적으로 변할 것이다. 개인 기부자를 압박하는 행위는 또한 모금부서가 장기적으로 창출할 수 있는 수익에 부정적 영향을 미칠 수 있다. 기부자 개발부서에서 오랜 시간을 들여 재기부 의사가 없는 기부자를 가려내는 작업을 하는 중간에 그들과 소통을 시도한다면, 비영리기관은 시간과 자원을 낭비하는 셈이다.

분석에서 알 수 있는 기부자와 기부해지자의 근본적 차이점은 명분에 대해 느끼는 친근감의 정도이다. 기부해지자는 기관의 대의에 대해 보다 낮은 친근감을 표했다. 흔히 말하듯, 많은 기부자가 그저 창의적인 모금 호소에 응답할 뿐 명분에는 별 관심이 없다는 주장을 뒷받침하는 결과이다. 그러므로 낮은 감손율을 위한 비결 하나는 기부자와 기관의 대의를 성공적으로 조화시키는 데 있다. 이때 대의는 기부자가 관심이 있고 진정한 이해관계를 가지는 것이어야 하며, 기부자의 요구와 선호도에 민감해야 한다. 그렇지 않으면 특정한 기부 호소가 실패로 끝나고, 기부자는 자신의 요구에 보다 근접한 기관에 후원하는 경우가 종종 있다. (참여의식

구축에 대한 논의는 이번 장 말미를 참고)

끝으로, 이 연구 일부에서 기부자가 기부의 결과로 받는 혜택을 어떻게 인식하는지 살펴보았다. 본질적으로는 기부해지자 중 후원의 대가로 받는 혜택을 원하는 이들이 많은지 알고자 했다. 결과적으로 기부해지자는 지속적으로 적극성을 보이는 후원자에 비해 기부로 얻게 되는 개인적 혜택이나 보답을 원할 확률이 높았다. 그러므로 시설이나 연구, 친분을 이용하고자 하는 기부자는 기부를 해지할 수도 있다. 자신의 경력을 넓히고자, 혹은 지역이나 국가 차원의 유명인사나 영향력 있는 사람과 친해지려고 기부하는 기부자 역시 마찬가지이다.

이 결과는 고액기부자에 대한 호소에 중요한 영향을 미친다. 이들은 앞서 이야기한 많은 혜택을 요구할 수도 있기 때문이다. 모금전략에 혜택에 대한 계획을 포함하는 것이 잘못되었다는 주장은 아니다. 그러한 접근방식은 수익성이 높은 호소방법일 수도 있고, 실제로도 그러하다. 그러나 말했듯이 기부의 대가로 개인적 혜택을 원하는 기부자의 로열티는 대체로 낮다. 모금전문가는 이러한 현상을 두 가지 측면에서 전략에 반영해야 한다. 첫째, 기대치를 조정해야 한다. 이러한 기부 형태는 보상이 있을 때만 발생하고, 그 이후에는 즉시라도 중단될 수 있다.

둘째, 모금전문가는 '이기적' 관심 때문에 기부하는 사람과 선의의 기관에 관심이 있어 기부하는 사람을 구분해야 한다. 즉, 비본질적(*extrinsic*) 보상과 본질적(*intrinsic*) 보상의 차이를 이해해야 한다. 비본질적 보상은 보상에 대한 로열티를 구축하는 반면, 본질적 보상은 명분에 대한 로열티를 구축한다. 모금전문가는 기부자가 비본질적 보상을 기대하게 만들어서는 안 된다. 이들 보상은 다음과 같이 정의한다. 비본질적 보상은 명분과는 직접적 관계가 없다. 이는 일부 비영리기관에서 제공할 수 있는, 이를테면 영향력 있는 인사나 유명인사와의 만남 같은 보상이다. 많은 비영리기관 역시 그 자체로 지역사회에 알려지거나 영향력을 미칠 수 있다. 비본질적 보상을 바라는 기부자는 최적의 거래조건을 찾아 이리저리 떠돌

다가, 중요한 보상을 더 이상 받지 못하게 되면 기부를 중단하는 경향이 있다. 반대로 본질적 보상은 명분과 밀접한 관계가 있다. 예컨대, 기관은 고액기부자에게 방문 프로그램을 제공하거나 잠재적 수혜자와의 만남을 주선할 수 있다. 예를 들어 유니세프(UNICEF)는, 고액기부자에게 제3세계(Third World)를 방문해 기부금의 용도를 확인하게 한다. 그런 경험을 한 사람 중 기부를 중단하는 이는 드물다. 방문 경험은 말 그대로 돈 주고도 사지 못하는 경험이고, 기부자와 명분 사이의 강한 유대관계를 집중적으로 구축한다.

직접 마케팅에서도 이러한 두 가지 보상을 구분할 수 있다. 기부자의 소통이 가장 효과적이려면 적절하고 마음에 들 만한 참여동기를 포함시키거나, 어디서나 흔히 받을 수 있는 자질구레한 기념품보다는 기관의 명분에 대한 밀접한 유대관계라는 보상을 준다. 한 예로, 마리 퀴리 암센터(Marie Curie Cancer Center)에서는 기부자에게 수선화 구근을 보낸다. 수선화는 임의적으로 선택된 꽃이 아니라, 암센터의 상징이다. 상징을 제공하는 이 방법은 기부자의 관심을 끌고, 유지하는 데 효율적이다.

기부자가 특정 기관을 후원하는 이유와 그들의 요구를 알아내기란 쉽지 않을뿐더러, 발상과 계획이 잘못된 경우에는 비용이 많이 드는 연구가 될 수 있다. 기부자 유지라는 목적을 성공적으로 달성하기 위해 기관은 전반적으로 기부자 요구를 조사하고, 기부자가 명분을 후원할 만한 동기를 모두 알아내야 한다. 필연적으로 광범위한 연구방법을 사용해야 할 것이기에, 모금전문가는 연구과정, 그리고 연구의 종류를 알아야 한다. 이러한 내용은 제5장에서 대략적으로 살펴볼 것이다.

기대치의 역할

표적집단 자료에 따르면 기부자들은 비영리기관과의 관계에서 뚜렷한 구성요소 몇 가지를 인식한다. 이들 요소는 하나같이 기부 요청과 밀접한 관련이 있다. 이를테면 기부 요청방법, 기부 후 기부자에게 보내는

〈표 2-3〉 비영리기관 관계 구성요소의 중요성

구성요소	전체 평균
지나치게 자주 후원을 요청하지 않는다.	4.30
기부액을 자유로이 선택하게 한다.	4.28
모든 소통 시 정중하게 대한다.	4.04
기부금 사용내역을 알려준다.	3.97
기부를 인지한다.	3.77
연락을 했을 때 빨리 답한다.	3.68
적절한 기부금을 요청한다.	3.23
나에 대한 관심을 표명한다.	3.08
내가 중요한 기부자라는 생각이 들게 한다.	2.41

주의: 1=전혀 중요하지 않음, 2=중요하지 않음, 3=보통, 4=중요, 5=매우 중요

감사와 피드백 같은 것들이다. 가장 일반적인 관계 구성요소를 〈표 2-3〉에 제시했다. 기부자에게 각 관계 측면의 중요도를 5점 만점으로 표시해달라고 요구했다. 1점은 '전혀 중요하지 않음', 5점은 '매우 중요함'이다. 다시 한 번 말하지만, 표에 나타난 결과는 단순한 수치에 불과하다.

조사결과 적극적 후원자와 기부해지자 모두 모금기관과의 관계에서 중요하다고 생각하는 구성요소가 똑같았다. 결과적으로 두 집단 사이의 차이는 없었다. 기부자들은 모금기관과의 관계 중 대부분의 측면에 신경을 쓰고 있었으며, '내가 중요한 기부자라고 느끼게 해줄 것' 항목에서만 3점대의 결과(즉, 중간 수치)가 나타났다. 기부자들은 '너무 잦은 후원 요청을 하지 않을 것', '모든 소통에서 예의를 갖출 것', '기부금액을 기부자의 재량에 맡길 것'에 높은 점수를 주었다. 다시 말해, 기부자들은 선택한 후원기관과의 관계에서 선택의 여지를 원하며, 존중받고자 한다.

각 구성요소의 중요도를 아는 것만으로는 유지전략의 기반을 구축하기 위한 풍족한 정보를 얻을 수 없다. 목록 중 상단의 구성요소는 분명 가치가 있으나, 충분한 유지를 보장하려면 모금전문가는 이러한 요소에 대한 기부자의 기대가 충족되었는지를 알아야 한다. 즉, 성과를 측정할 수

〈표 2-4〉 비영리기관의 관계 구성요소 수행성과

구성요소	전체 평균
기부를 인지한다.	3.98*
모든 소통 시 정중하게 대한다.	3.91*
기부액을 자유로이 선택하게 한다.	3.77*
지나치게 자주 후원을 요청하지 않는다.	3.61*
기부금 사용 내역을 알려준다.	3.60*
적절한 기부금을 요청한다.	3.54
연락을 했을 때 빨리 답한다.	3.53*
나에 대한 관심을 표명한다.	3.36*
내가 중요한 기부자라는 생각이 들게 한다.	3.28

주의: 1=전혀 그렇지 않음, 2=그렇지 않음, 3=보통, 4=양호, 5=훌륭함
*중단 후원자와 적극적 후원자 간에는 뚜렷한 차이가 있다.

있어야 한다. 그리하여 기부자에게 각 구성요소에 대한 후원기관의 성과를 1(매우 낮음)~5(훌륭함)로 점수를 매기게 했다. 〈표 2-4〉는 이에 대한 분석 결과이다.

가장 놀라운 결과는 기부자가 구성요소를 평가한 결과 중 4점이 넘는 수치가 없다는 사실이다. 물론 일반적으로 볼 때 성과는 괜찮은 편이나 뛰어나다고는 할 수 없다. 훌륭한 정도에 못 미친다는 점을 알 수 있다. 가장 점수가 높은 항목은 기부에 대한 감사, 예의바른 소통이었다. 기부해지자는 적극적 후원자와 다른 관점에서 성과를 인식했다. 표에서 별표로 표시한 요소들은 기부해지자가 적극적 후원자보다 더욱 부정적으로 인식하는 것들이다. 이러한 차이점은 세 가지 항목에서 특히 분명하게 나타난다. 즉, 기부해지자가 기부 요청 횟수가 너무 잦다고 느낄 때, 기부에 대해 충분한 감사를 못 받았다고 생각할 때, 기부액에 대한 선택의 여지가 충분치 않을 경우였다. 다시 말해, 후원 방식에서 선택의 여지가 충분하지 않고, 기부 후 마땅한 감사를 못 받았다고 생각하는 기부자는 기관의 모금방식과 감사 정도에 보다 만족하는 이들에 비해 기부를 중단할

확률이 높다. 이러한 차이는 기부자 유지율을 높이는 현실적 방법을 제시한다. 즉, 보다 많은 선택안과 감사이다. 비용이 많이 드는 전략이 아니다. 오히려 기관의 비용을 절약시켜준다. 선택안을 제공하고 기부자의 요구에 귀 기울임으로써, 기관은 기부자가 기관을 후원하고 있다는 사실을 기억하게끔 한다. 이 주제는 제 4장에서 다시 이야기할 것이다.

서비스의 질

서비스 질은 앞서 이야기한 관계 구성요소와 관련 있다. 그러나 이는 기관이 기부자와 전반적인 관계를 얼마나 잘 맺고 있는지 보다 넓은 시각에서 바라보게 한다. 우리는 모금부서가 제공하는 서비스 품질에 대한 전반적 인식이 유지율에 큰 영향을 미친다는 사실을 알게 되었다.

이 문제를 알아보고자, 응답자에게 서비스 구성요소를 나타낸 일련의 문장들에 찬성/반대로 만족도를 표시하게 했다. 점수는 1(매우 반대)에서 5(매우 찬성)까지 다양하다. 기부해지자에게도 동일한 문장을 제시했으나, 시제만 과거로 바꾸었다. 표본을 대상으로 실시한 전체 결과는 〈표 2-5〉에서 볼 수 있다.

각 항목에 대한 평균 수치는 중간으로, 기관이 제공하는 서비스 품질에 대한 의견은 좋지도, 나쁘지도 않다는 축이었다. 대부분 3점대를 중심으로 분포되어 있는 것이 눈에 띈다. 결과에 따르면 비영리기관은 합리적 수준의 서비스를 제공하고는 있지만, 앞으로도 발전할 여지는 있다. 이 문제가 한층 중요한 까닭은 표의 모든 구성요소에 대해 기부해지자는 제공받은 서비스 품질을 적극적 후원자보다 더 낮게 평가했기 때문이다.

이 문제를 더 자세히 알아보고자, 제공받은 서비스에 대한 기부자의 전반적 만족도를 분석했다. 이를 위해 응답자가 매긴 모든 점수의 중간치를 계산하고, 1~5점으로 표시한 점수에 따른 응답자 비율을 계산했다(중간치는 최초 집단과 마찬가지로 1~5 사이이다). 〈그림 2-2〉의 결과는 실망스럽다. 거의 모든 기부자가 중간, 또는 만족을 선택했으나 제공한 서비스 품질에 '매우 만족'한다는 기부자는 거의 없었다. 자료를 좀더 살펴보면 '매우 만족'한다는 기부자는 단순히 '만족'한다는 기부자보다 (적극적인 기부자로 남았을 때) 추가 기부를 할 확률이 2배가 넘는다는 사실을 알 수 있다. 제 9장에서 이 문제를 자세히 다룰 것이다.

또한 후원기관에게 받는 감사와 피드백 품질에 대한 인식도 알아보았다. 그 결과, 자신들이 받는 감사가 부적절하다거나 기부금의 특성에 비해 모자란다고 느끼는 기부자는 기부를 중단할 확률이 높았다. 특히 고액기부자의 경우, 모금전문가는 기부자의 기대치에 부합하는 감사 표시를 할 수 있도록 주의를 기울여야 한다. 좋은 방법은 기부 수준에 따라 어느 정도의 감사를 표할지 미리 준비하는 것이다. 기관마다 다양한 기부 수준이

〈표 2-5〉 모금 서비스 구성요소에 대한 만족도

구성요소	전체 평균
X기관은 분명히 나의 기부금을 적절하게 사용한다.	4.07*
X기관은 나의 기부금 사용내역을 지속적으로 알려준다.	3.39*
X기관 직원의 행동은 내게 확신을 심어준다.	3.48*
X기관은 요구하는 정보를 언제나 즉시 알려준다.	3.31*
X기관은 궁금한 점이 있을 경우 언제나 기꺼이 돕고자 하는 것 같다.	3.40*
X기관 직원들은 언제나 나와 이야기할 시간이 있다.	3.36*
X기관에 기부하면 안전하다고 생각이다.	3.84*
X기관의 소통은 언제나 정중하다.	3.88*
X기관의 소통은 언제나 적시에 이루어진다.	3.64*
X기관 직원은 언제나 정중하다.	3.64*
X기관 직원은 나의 질문에 대답할 정도의 지식을 갖추고 있다.	3.50*
X기관은 나에게 개인적으로 관심을 보여준다.	3.24*
X기관에는 나에게 개인적으로 관심을 보여주는 직원이 있다	3.30*
X기관 직원은 나의 구체적인 요구를 아는 것 같다.	3.17*
X기관은 나의 문제를 해결하고자 관심을 보인다.	3.20*

주의: 1=매우 반대, 2=반대, 3=보통, 4=찬성, 5=매우 찬성
*중단 후원자와 적극적 후원자 간에는 뚜렷한 차이가 있다.

〈그림 2-2〉 전반적 기부자의 만족도

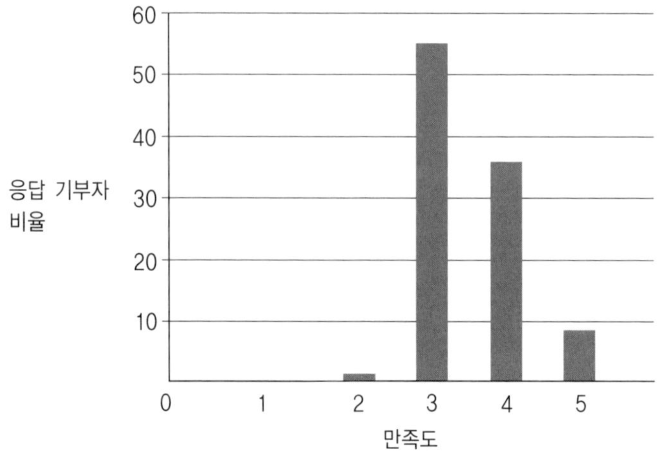

있고, 수준에 따라 기부자에게는 특정한 특권을 부여한다. (제 10장 참고)

앞서 말한 본질적, 비본질적 보상의 차이는 기부에 대한 감사와 인지방식과 관련이 있다. 로열티를 낳는다는 면에서 본질적 보상은 비본질적 보상보다 훨씬 효과적이다. 명분과의 직접적 접촉은 직접우편 기부자에게도 매우 효과적일 수 있고, 이는 활동 현장을 직접 보러 갈 수 없는 직접우편 기부자에게도 마찬가지이다. 모금전문가보다 수혜자가 보내는 편지와 감사표현은 특히 효과적일 수 있으며, 기관에서는 이 점을 이용해 다양한 프로그램을 고안한다. (제 8장 참고)

피드백 역시 중요하다. 19세기 후반 이후 전문 모금전문가들은 기부금 사용내역에 대한 피드백을 제공하는 것이 중요하다고 주장해왔다. 연구에 따르면 그러한 피드백은 경험론적으로도 분명한 효과가 있다. 이전의 기부가 효과가 있었다고 생각한 기부자는 아무런 피드백을 못 받은 기부자에 비해 기부를 중단할 확률이 분명히 낮다. 그러므로 비영리기관은 기부자에게 감사할 때, 또는 추가로 모금액을 요청할 때 충분한 피드백을 제공해야 한다. 연구대로라면 개인별 피드백을 제공하는 것이 이상적이며, 그러한 피드백은 가능한 신속하게 제공하는 것이 효과적이다.

참여의식 구축하기

고품질 서비스를 제공해도 뚜렷한 이유 없이 이탈하는 기부자들이 있다. 영리추구 기업의 고객 역시 마찬가지이다. 왜일까? 간단히 말하자면, 기관에 대한 현실적인 참여의식이 없기 때문이다. 한두 번, 혹은 그보다 더 자주 기부했더라도 명분에 대한 특별한 열정은 없다. 참여의식은 복합적 결과이며, 부분적으로는 서비스 품질과 같은 영향력을 가진다. 다음의 요소들 역시 참여의식을 촉구한다.

- 명분에 대한 개인적 관계. (특정 질병을 겪은 경험, 특정 대학을 졸업한 경험)
- 기관이 부여하는 개인적 권한 정도. 기부자는 스스로 선의의 집단을 변화시킬 수 있고, 변화시키고 있다고 생각할 때 참여의식을 높인다.
- 로비활동이나 자원봉사 같은 다양한 방식으로 집단과 맺는 관계.
- 비영리기관과 기부자가 진정한 관계를 맺고 있다고 생각할 때. (제 4장 참고)

그러므로 기부자를 유지하려는 기관은 서비스 품질 향상과 참여의식 구축에 충분한 주의를 기울여야 한다.

요약

연구결과, 비영리기관은 다양한 기부자 유지방법을 제시했다. 비록 실제로 경제적 여건이 바뀐 기부자에 대해서는 기관이 할 수 있는 일이 거의 없지만, 그 밖의 일반적 이유로 기부를 중단한 다수 기부자를 유지하기 위해서는 많은 일을 할 수 있다.

기부를 해지하는 가장 흔한 이유는 다른 명분이 보다, 혹은 동일한 기부 가치가 있다는 생각 때문이다. 자선단체가 이런 기부자를 유지하려면 그들의 만족도를 높이고, 기관과 후원자 사이의 유대를 강화할 방법을 모색해야 한다. 책에서 피드백의 중요성과 인식의 효율성을 강조한 것처럼, 비영리기관이 이러한 목적을 달성하려면 기부금의 사용내역, 특히 선의의 집단에서 기부금을 사용한 성과를 지속적이고도 구체적으로 기부자에게 알려줘야 한다. 명분에 대한 자신의 영향력을 보다 잘 알게 될수록, 기부자가 기부할 만한 다른 명분을 찾을 확률은 감소한다. 특정 명분에 대한 동질감이나 관계는 일반적으로 고려해야 하는 중요한 원인이다. 비영리기관과 기부자와의 관계가 미약한 나머지, 기부해지자 10명 중 1명이 기관을 후원한 사실조차 기억하지 못한다는 사실은 특히나 혼란스럽다.

기관이 제공하는 서비스의 질 역시 중요한 문제로 드러났다. 이는 영리추구 부문과 마찬가지로, 비영리 부문에서도 고객을 유지하는 데 매우 중요한 필수조건으로 보인다. 기부해지자는 적극적 기부자에 비해 서비스 품질을 낮게 평가했고, 기관이 기부금 이용내역을 충분히 알려주지 않는다고 생각하는 경향이 있다. 또한 자신들에게 전달되는 소통이 유익하고, 예의바르고, 적절한 시기에 이루어지며, 호소력 있고, 편의성이 있다고 생각하는 기부자들은 소통 품질을 높이 평가하지 않는 이들에 비해 훨씬 오랜 기간 동안 로열티를 유지한다는 사실이 드러났다.

앞으로는 연구에서 제기한 주요 문제를 차례로 살펴본다. 이에 대한 설명과 더불어, 가장 적합한 실무 사례를 근거로 한 권장사항을 이야기할 계획이다. 이는 유럽과 북미 양쪽에서 시행한 성공적 유지 사례 연구결과 밝혀진 내용이다. 그리고 기부자 행동에 대해 이미 알고 있는 것을 점검해보고 기부원인, 후원기관 선택 이유를 대략적으로 살펴보고자 한다. 이러한 정보는 근본적으로는 기부자 모집과 관련이 있으나, 또한 기부자의 관심을 끌고 로열티를 장려하는 방법을 개발하는 과정에 기부자 동기를 반영하는 방법을 제시한다.

03

기부행동의 이해

기부자 유지를 위해 모금전문가는 기부원인을 자세히 알아야 한다. 기부자들은 기관이 기부자가 원하는 분명한 정서적 혜택을 지속적으로 제공할 때만 로열티를 유지한다. 많은 모금전문가는 모금방법의 효과에 대한 이해 없이, 기술에만 집중한다. 기부를 근본적으로 이해하지 않은 상태에서 최선의 모금전략을 개발하면 유지율을 최적화하기보다는 도리어 하락시키는 결과가 나타나기도 한다.

이번 장에서는 기부행동에 대한 보고서를 살펴보고 광범위한 세 가지 주제를 중심으로 논의를 조직화한다. 첫째, 기부자가 비영리기관을 후원하고자 선택한 원인을 생각해본다. 지난 몇 년 동안 몇 군데의 학교가 이 문제를 연구했다. 덧붙여, 후원 이유는 기부자마다 모두 달랐다. 그럼에도 여러 가지 근본적 이유들은 박애정신을 실천하도록 동기를 부여하므로, 기부자 개발 소통방식과 내용에 반영해야 한다.

둘째, 이러한 소통의 역할을 살펴본다. 특히 다양한 모금매체에 대한 기부자들의 반응을 점검하고, 2차적이고 연속적 기부를 담보하는 가장 효과적인 소통 메시지를 제시한다.

셋째, 기부자가 후원할 비영리기관을 선택하는 방법을 알아본다. 기부자가 선택할 수 있는 비영리기관은 갈수록 지나치다 싶을 정도로 늘어나고 있다. 감정적이고 이성적인 여러 요인들은 필연적으로 결정에 영향을 미친다. 모금전문가는 기부를 요청할 때마다, 기부자의 결정을 인식해야 한다. 비슷한 정도로 호소하는 기관들 중에서도, 기부자는 지속적으로 가치를 평가할 수 있는 곳과 관계를 맺는다. 기부자가 후원하기 전 결정을 검토하는 경우도 빈번하므로, 영향을 미치는 요인들은 반드시 알아야 한다.

이번 장에서는 모금 사례라는 맥락에서 가능한 연구들을 요약하고, 그 의미를 해석한다. 단순히 연구를 요약하는 것에 그치지 않고자 했으며, 언급한 요점 일부에 독자들이 관심을 보인다면 고마울 따름이다. 그런 까닭에서 모금 양상들에 대한 지식에 기여한 주요 연구자들을 거론하여, 흥미가 있다면 출처를 찾아볼 수 있게 하였다.

왜 기부하는가

다양한 기부동기에는 자신의 이익, 동정심, 공감, 사회정의에 대한 신념, 사회적 규범에 따르고자 하는 욕구가 포함된다. 성공적 유지전략을 개발하려면 기부자 동기를 반드시 알아야 하지만, 기관을 후원하는 기부자의 동기를 연구하는 비영리기관은 상대적으로 소수이다. 연구보다는 추측에 힘입어 전략을 구축하는 편이다. 다음의 주요 동기들은 항상 고려해야 한다.

자신의 이익

기부자가 실제로 이타적 이유 때문에 기부하는지를 두고 몇 년 동안 논쟁이 끊이지 않았다. 경제학자들은 예로부터 기부자들은 자신에게 생길

이익을 계산하여 논리적으로 후원기관을 선택한다고 주장한다. 이러한 주장은 그 어떤 혜택도 없이 기부하는 이들을 보아왔던 모금전문가에게 빈번하게 비판의 대상이 되었다. 극단적으로 단순한 이 이론에 따르면, 기부자가 누구인지조차 모르는 익명기부를 설명할 수 없다.

최근 들어 경제학자들은 기부에서 비롯되는 실익이 물질적인 것은 물론, 감정적 방식을 취할 수 있으며, 기부자들은 실제로 물질적 · 감정적 · 영적 행복을 키우고자 하는 욕구에 기초하여 논리적인 결정을 내린다고 주장했다. 이 문제에서 여러분이 개인적으로 어느 쪽을 지지하든, 기부의 결과로 기부자에게 다양한 혜택을 줄 수 있다는 점, 연구 프로그램을 통해 기부자가 바라는 혜택을 알아야 한다. 일반적인 혜택으로는 자존감 향상, '속죄', 인정, 서비스 이용, 호혜, 친구나 사랑하는 이에 대한 추억과 기념, 세금 혜택 등이 있다.

자존감을 향상시킨다는 이유로 기부하는 사람도 있다. 기부행위는 스스로를 더 나은 사람으로 생각하게 한다(Piliavin, Piliavin, and Robin, 1975). 이것은 전반적으로 내면적 자아감이 될 수도 있고, 기관의 인정을 통해 기부자에게 제공되는 가시성은 효과를 높일 수도 있다.

전에 저지른 죄를 참회하고자 기부하는 이들도 있다. 예를 들어, 일부 기부자들은 예배에 참석하지 않았던 것 때문에 교회를 후원하기도 한다(Shwartz, 1967).

또한 기관이나 가족, 동료, 지역사회에게 인정받기 위해 기부하는 사람도 있다. 고액기부자들이 특히 그러하므로, 이들에 대한 기부 요청과정은 주의 깊게 진행해야 한다(Dowd, 1975).

수혜자에게 제공하는 서비스 때문에 비영리기관을 지지하고자 마음먹는 기부자도 있다. 이 서비스에서 자신 역시 혜택을 받거나, 활동을 계속하여 필요할 때 서비스를 받기 위해 기관이 계속 존속하기를 바라는 기부자도 있다. 다양한 의료연구 후원은 이러한 원인이 동기가 된다.

과거에 받은 도움이나 서비스의 보답으로 기부하는 사람도 있다. 기관에게 도움을 받아 살아왔다면 어떤 면에서 보답해야 한다는 의무감을 느낄 수도 있다.

친구나 사랑하는 사람을 기억하거나 기리기 위해 기부하는 일도 흔하다. 이 경우 기부는 개인의 인생을 기리는 행위, 또는 뒤에 남은 이의 상실감과 고립감의 표현일 수 있다. 그러한 기부는 대체로 매우 개인적이며 사랑하는 사람을 잃은 것에서 의미를 찾을 수 있다.

다양한 저자(예: Auten, Sieg, Clotfelter, 2002)들은 비영리기관에 기부하는 이유로 세금 혜택의 중요성을 강조했다. 상당히 많은 경험론적 근거에 따르면, 기부에 드는 비용이 적을수록 기부 확률은 높아진다(Clotfelter, 1985). 그럼에도 불구하고 세금법의 혜택을 지나치게 강조하지 말아야 한다. 세율이 얼마가 되었든, 기부보다는 돈을 안 쓰는 편이 기부자에게는 항상 더 낫기 때문이다. 그래도 세금 문제는 모금전문가에게 기부자와 대화를 시도할 수 있는 근거를 제공한다. 특히 고액기부자의 경우, 창의적인 모금전문가는 기부자가 생각하기에 가능한 한 액수가 낮은 모금부터 시도하게 할 방법을 궁리한다. 그렇기 때문에 기부와 세금의 관계에 대한 현실적 지식은 중요하다.

설령 소액기부자라 할지라도 세금 문제는 기부자와 대화를 시도할 수 있는 기회, 제공하는 서비스 품질을 향상시킬 기회를 만든다. 정기기부자의 전년도 기부금 연간보고서를 이용하면 아주 간단하게 소득신고서를 작성할 수 있다. 영국에서도 현재 고액세납자는 기부에 대한 세금 경감을 주장할 수 있다. 이 서비스를 제공하려면 추가 비용이 들 수도 있으나, 예전과 달리 이메일이 대중적 매체가 되었고 전보다 많은 모금기관의 데이터베이스가 온라인상으로 연동되어 있으므로 정보제공 비용은 감소하는 추세이다. 실제로 이미 일부 웹사이트에는 온라인을 통해 기부자가 자선기부 공제액을 알아볼 수 있도록 하고 있다.

공감

많은 모금 캠페인은 기부자에게 공감, 또는 '인지 전망 수용'(*cognitive perspective taking*)을 이끌어내게끔 고안되었다. 셸튼과 로저스(Shelton and Rogers, 1981)는 공감이란, 타인의 감정 표현으로 인해 촉발된 개인의 정서적 각성이라고 정의했다. 그러므로 기부자는 타인이 감내하는 고통 때문에 괴로워질 때 기부한다. 숱한 연구에 따르면 공감도가 높을수록 기부 가능성은 어느 한도까지 높아진다(Eisenberg and Miller, 1987; Mount and Quirion, 1988; Davis, Hull, Young, and Warren, 1987). 공감 각성이 실제 효과를 거두려면 무관심을 극복하는 한편, 기부자가 스트레스를 받지 않을 정도의 자극이 있어야 한다. 그런 상황에서 메시지는 간과될 수 있다(Fultz and others, 1986). 그러므로 모금활동 소통에서 이미지는 적절한 균형을 유지해야 한다.

〈예시 3-1〉은 공감을 촉구하고자 고안한 소통의 실례이다. 메일링은

〈예시 3-1〉 헬프 디 에이지드(Help the Aged)의 호소

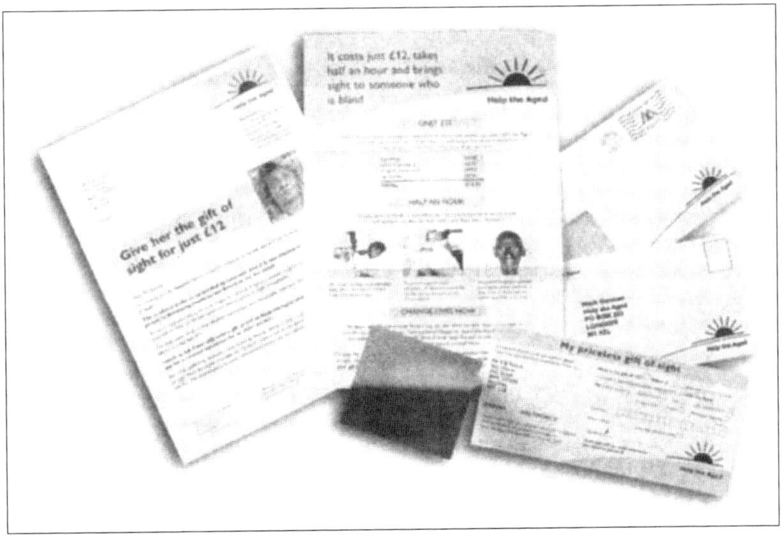

출처: Help the Aged의 허가를 받아 복사.

백내장 치료 기금마련을 위해 준비한 것이었다. 내용은 평범하다. 호소 편지, 답장, 환자의 사진, 기부용 선불 봉투. 인상적인 부분은 불투명 플라스틱 카드를 함께 넣은 것이다. 잠재적 기부자는 이 카드를 눈에 대고 백내장 환자의 '시야'를 직접 경험할 수 있다.

동정심

동기 차원에서의 동정심 역시 모금전문가에게 관심의 대상이다. 동정심은 기부자가 개인적으로 규범을 따르게끔 해주는 '가치표현 기능'(*value expressive function*)이다(Clary and Snyder, 1991). 즉, 기부 요청을 받은 기부자는 수혜자의 고통이 부당하다고 생각할 때 동정심을 느낀다. 동정심의 정도, 선택하는 기부와 후원 정도 사이에는 상관관계가 있다. 동정심이 높을수록 기부동기도 높아지고 로열티도 높아진다(Batson, 1990; Fultz and others, 1986).

사회정의

많은 심리학자(예: Miller, 1977)들은 기부하는 이유 중 일부는 정의로운 사회에 대한 신념이 위협받기 때문이라 말한다. 이렇듯 사회정의 이론을 옹호하는 이들은 기부자가 정의로운 사회에 대한 신념을 회복하고자 기부한다고 주장한다. 그런 기부자는 높은 공정심을 가지며 매사에는 그럴 만한 이유가 있다고 생각할 것이다. 그런 까닭에 흡연자일 가능성이 높아 자신의 건강에 일부분 책임이 있는 폐암 환자를 위한 기금 마련 캠페인보다 유방암 환자를 위한 캠페인에 더 높은 응답률을 보인다.

사회적 규범에 대한 순응

비영리기관에 대한 기부는 기부자가 자신과 비슷한 다른 사람 역시 그 기관을 후원한다고 생각하기 때문에 이뤄지기도 한다. 이러한 기부를 촉구하는 것은 사회규범에 따르고자 하는 욕구이다. 지속적 연구에 따르면 사람들은 다른 사람의 기부에 지대한 관심을 보인다. 이제는 잘 알려진 실험에서 라이넨(Reingen, 1978)은 잠재적 기부자에게 가상의 다른 기부자 명단을 보여줬을 때, 그렇지 않을 때보다 기부횟수와 금액이 더 높다는 결과를 알아냈다. 여기에서 목록의 길이도 중요하다. 길이가 짧을 때보다 길 때 좋은 성과를 낳는다. 그러므로 어떤 기부자는 집단 내 규범적인 것에 대한 신념에 기반을 두고 기부를 결정한다는 결론을 내릴 수 있다(역시 Clark and Word, 1972 참고).

위와 같은 지식을 활용하려면, 모금전문가는 기부자가 자신이 어느 집단에 속한다고 생각하는지 알아야 한다. 기부자 스스로는 특정 집단에 속한다고 믿지만, 다른 집단에는 그렇지 않다고 생각할 수 있다(Hogg and Abrams, 1988). 여기에서 중요한 것은 모금연구를 이용해 언제, 그리고 어떤 환경에서 특정 집단에 대한 소속의식이 나타나는지 알아내는 것이다. 이 정보는 기관과 기부자 간의 강한 유대감을 촉진시키는 의사소통 방법을 고안할 때 이용될 수 있다.

자선행위가 사회규범의 인식에 영향을 미치는 일도 있다. 용인될 수 있는 행동을 정의하는 과정에서 선구적인 역할모델을 채택하기 때문이다. 이를테면 이러한 전략에는 유명인이나 지역사회를 이끄는 사람에게 인정을 받는 행위가 수반된다. 역할모델은 (대중의 이목을 끄는 기부자가 참여하는) 행사를 통해, 직접우편 같은 간접 소통 방식으로 제시될 수 있다. 역할 모델을 이용하면 특히 상대적으로 모집이 어려운 기부행위를 촉구할 때 유용하다. 기관은 새로운 대상자들에게 자금을 호소하거나, 이를테면 현금기부자에게 정기기부를 권하거나 처음으로 유증, 또는 계획기부 개념을 소개하는 등의 새로운 방식을 시도할 수 있다. 이 경우 기부자는 어느 정도의 '사회적 모호성'(*social ambiguity*) (Festinger, 1954)과 불확실한 행동을 보인다. 그러므로 역할 모델을 통해 적절한 행동을 보여주면 도움이 될 수 있다.

기부 호소의 영향력 강화하기

그러므로 기부자 동기는 모금전략을 결정할 때 많은 면에서 이용될 수 있다. 뿐만 아니라 이를테면 호소하는 사람의 유형, 수혜자 집단을 설명하는 방식, 메시지의 강도 같은 다른 캠페인에 관련된 변인 역시 기부에 영향을 미친다. 여기에서는 이와 같은 세 가지 영역에 대한 실제 연구를 검토한다.

요청방식

자선단체는 여러 방식과 매체를 통해 기부를 호소한다. 모금전문가는 일시기부, 정기나 제휴기부, 유증기부, 계획기부, 고액기부를 요청할 수 있으며, 요청방식에는 면대면, 우편, TV 모금방송(DRTV) 등이 있다. 우리는 이론적 연구와 실무 경험을 바탕으로, 요청하는 기부금액과 이용하는 매체에 따라 기부자의 인구학적, 라이프스타일, 행동학적 특징이 다양하게 나타난다는 점을 알고 있다(예: Sargeant and Mckenzie, 1998 참고). 간단히 말해, 특정한 유형의 사람들은 특정 유형의 요청에 반응한다. 한 예로, 일시기부를 요청하는 TV 모금방송은 상대적으로 다수의 젊은 기부자를 끌어당길 것이고, 응답자 중 남성과 여성의 비율은 비교적 조화를 이룰 것이다. 이러한 기부자들은 처음에는 높은 기부금을 내지만, 전화를 이용해 곧바로 독촉하지 않으면 우편을 이용할 때보다 재기부할 확률이 낮다.

이러한 점을 감안할 때, 성공적인 유지에 중요한 점은 매체별 회원 모집 방법, 각각의 기부방식이 어떤 효과를 가지는지 신중하게 연구하는 것이다. 경험상 어떤 집단의 감손율을 얕잡아보면 문제가 생긴다. 언론 광고와 TV 모금방송에 반응을 보이는 기부자는 최초 기부 이후 재활성화시키기 어렵고, 이들 집단에서는 보통 첫해에 60%의 감손율이 나타난다. 대조적으로 직접우편 기부자는 높은 로열티를 보인다. 설사 평균 기부액은 TV 모금방송 기부자보다 낮을지라도, 생애가치는 대체로 더 높다.

이러한 결과들은 매우 직관적이다. 주요 기부자 개발 매체인 우편을 이용해 모집한 기부자들에게 재차 우편수단으로 접근했을 때 가장 높은 로열티가 나타난다는 사실은 당연하다. 어쨌거나 우편에 반응한 기부자들이 아닌가. 비영리기관이 풀어야 할 문제는 다른 매체로 모집한 기부자를 유지하는 방법을 알아내는 것이다. 이제껏 성공을 거둔 전략 두 가지는 우편보다는 전화나 이메일 같은 매체를 이용한 차후 요구, 그리고 정기기부나 제휴기부에 대한 인식을 심어주는 것이었다.

수혜자에 대한 묘사

모금 소통을 설계할 때 특히 수혜자 집단에 대한 설명 여부와 그 방법을 신중하게 결정해야 한다. 이 결정은 기부행위, 수혜자 집단에 대한 기부자의 향후 태도에 커다란 영향을 미친다. 가장 효과적인 모금 메시지가 기부금을 받는 이들에 대한 사회적 인식에 부정적 영향을 미치는 경우가 많다. 이 문제는 최상의 소통 전략을 주제로 실시했던 수많은 심리학적 연구만큼이나 모금학 분야에서는 숱한 연구로 이어졌다.

연구맥락을 요약하자면, 기부자들은 용인 가능한 방법으로 빈곤층을 묘사하는 자선단체를 후원하는 경향이 있다(Eayrs and Ellis, 1990). 한 예로, 한 눈에 봐도 장애가 있는 아이의 사진은 모금 호소에 대한 반응률을 감소시키는 것으로 밝혀졌다. 기부자들은 그런 이미지가 불쾌하거나 조작된 것이라 생각할 수도 있고, 그렇기에 선뜻 기부하기보다는 소통 자체를 무시한다.

다른 연구에서 브렘(Brehm, 1966)은 기부자에게 고유한 행동과 태도의 자유가 있다고 주장한다. 실제로 기부자들은 스스로 기부 여부를 선택할 수 있는 존재라 생각한다. 그렇기에 기부자가 다른 목적으로 돈을 쓸 자유를 위협하는 직설적인 캠페인은 실패로 돌아갈 수 있다. 실제로 도움을 받는 수혜자의 사진이 고통스러워하는 잠재적 수혜자의 사진보다 효과적일 수 있다. 그로 인해 기부자는 기부하지 않을 자유가 있다고 느낄 수 있으며, 결과적으로 기부 확률은 더 높아지기 때문이다(Bendapudi and Singh, 1996).

이와 비슷하게 장애를 내세워 기부를 호소할 경우, 대개 기관활동에 대한 장애인의 의존도를 강조하게 된다. 많은 근거에 따르면 그러한 호소는 동정심(Brolley and Anderson, 1986), 죄책감과 애석함(Feldman and Feldman, 1985)을 느끼게 하는 데 효과적이다. 그러나 모금전문가에게 중요한 문제는 노출해야 하는 의존도의 범위이다. 물론 기관에 대한 의존도를 가능한 한 많이 보여주는 편이 타당할 것이라는 의견도 있지만, 실제로 그러한 캠페인이 효과를 거두려면 의존도가 일시적이냐, 영구적이냐의 여부에 따라 달려있다. 와그너와 휠러(Wagner and Wheeler, 1969)는 의존도가 영구적일 경우, 의존도의 정도는 기부액에 아무런 영향을 미치지 않는다는 사실을 알아냈다. 그러나 잠재적 수혜자의 요구가 일시적이고, 모금 소통 과정에서 의존도가 높다고 설명한다면 기부자도, 고액 기부자도 늘어난다.

밀러(Miller, 1977)는 다소 다른 동기를 찾았다. 요구가 광범위하지 않고 요구가 지속되는 기간이 짧다고 느꼈을 때 기부행위가 증가한다는 것이다. 그러나 자선단체에서 실시하는 소통 중 일부는 이와 정반대의 입장에 근거를 두고, 호소 과정에서 지속적인 후원을 요구하고, 병이나 그 밖에 관심을 가져야 하는 문제가 있는 많은 이들을 강조한다. 이와 같은 일반적 호소로는 기부자 로열티를 낳을 수 없다. 캠페인이 효과를 거두려면 모든 요구 중 일정 부분을 다루는 동시에, 기부자가 쉽게 해결할 수 있는 문제를 제시해야 한다. 실제로 현재 많은 기관에서는 자신들이 벌이는 캠페인이 어떤 기부방식을 취하게 될지 설명하고, 기부자에게 각각의 문제에 대한 쉽고 단기적 해결방안을 알려준다.

아들러, 라이트 그리고 율리츠니(Adler, Wright, and Ulicny, 1991)는 (환경을 극복하기보다는) 그에 굴복한 수혜자에 대해 설명할 경우, 기부양상에 아무런 영향이 없다는 사실을 알았다. 그러나 수혜자 집단에 대한 기부자의 태도는 크게 변할 수 있다. 실제로 많은 저자는 불구자의 의존성을 설명할 경우 부정적 전형과 태도를 강화하게 되므로, 장기적으로는 수익자 집단에 악영향을 미칠 수 있다고 주장한다(Elliot and Byrd, 1982). 반면 긍정적 묘사는 긍정적 태도를 낳는 듯하다(Harris, 1975; Shurka, Siller, and Dvonch, 1982). 그러므로 모금전문가들은 봉사의 대상인 지역사회의 이익을 최대한 보존하기 위해 적절한 단계를 밟아야 하며, 잠재적으로 논란의 여지가 있는 캠페인을 수행하기 전에는 가능한 두루두루 상의를 거쳐야 한다. 종종 모금 효과가 클 것 같은 메시지가 명분의 성격과 수혜자 집단의 보다 광범위한 요구와는 완전히 동떨어진 것일 수도 있다.

마지막으로, 수혜자 집단 설명을 다룬 또 다른 연구에서는 기부자들은 상대적으로 호감이 가는 사람을 더 가치 있는 후원 대상으로 인식한다고 주장한다(Latane and Nida, 1981). 또한 여성 수혜자는 남성보다 더 가치 있는 후원 대상으로 인식한다고 한다(Feinman, 1978; Gruder and Cook, 1971). 자신이 처한 환경에 대한 수혜자의 책임을 설명하는 것 역시 기부 의사에 영향을 미칠 수 있다. 필리아번, 필리아번, 로댕(Piliavin, Piliavin, Rodin, 1975)은 곤궁한 환경에 대한 자기 책임의 정도는 후원금액과 정도에 직접적 영향을 미친다는 사실을 발견했다. 때때로 기부자들은 '그럴 만한 이유가 있겠거니' 생각한다.

자극의 강도

매년 기부 호소는 너무나 많고, 다양한 기관들이 타기관에 충성적인 기부자를 빼앗고자 경쟁을 벌인다. 모금전문가가 '잡음'(*noise*)을 이용해 관계를 단절시키는 방법, 이를 통해 자신들만의 메시지를 분명히 전달하는 방법을 알게 되면 상황은 갈수록 다급해진다. 이는 여러 가지 방법으로 가능하다. 첫째, 모금전문가는 요구의 절박함을 강조할 수 있다. 대개 절박할수록 후원 수준은 높아진다(예: Chierco, Rosa, and Kayson, 1982 참고). 둘째, 기부자의 참여의식을 강조할 경우, 기부자는 그렇지 않을 때의 모금 호소보다 더 효과적으로 반응한다(예: Geer and Jermecky, 1973 참고). 이러한 상관관계는 오래전부터 모금현장에서 알고 있던 바이다. 〈예시 3-2〉는 제 1차 세계대전 당시 그런 식의 호소를 시도했던 모금광고이다.

셋째, 모금전문가는 소통 시 개별화 정도를 높일 수 있다. 가장 효과적인 모금편지는 직접 쓰고 개개인의 이름을 적은 것이다. 이는 예전만큼 효율적이진 않지만, 고액기부자들에게는 더 높은 개별화가 가능하다. 예를 들어, 이제 기부자의 이름을 쓰는 일은 상투적이지만, 그중 돋보이려는 모금전문가는 기부자의 관심사, 기부금액, 혹은 그들의 기부가 거둔 효과를 언급할 수 있다.

넷째, 모금 메시지는 분명하고 애매하지 않아야 한다. 비영리기관은 자금 요구 사실을 솔직히 밝혀야 한다. 대개 기부자들은 기관에는 돈이 필요하고, 기부내역이 남아있는 한 향후 다시금 돈을 요구하리라는 사실을 알고 있다. 발전 소통에서 성공을 거두려면 곧바로 본론으로 들어가야 한다. 기부자들은 기대하거나 요구하는 기부 정도에 대한 지침을 필요로 한다. 그러므로 "올해 서비스 프로그램, 데이터, 훈련에 필요한 비용은 X입니다. 30달러를 기부해주신다면 큰 도움이…" 같은 말로 대화를 마무리하게 되었다고 당황할 필요는 없다.

선택 기준

앞서 비영리기관을 후원하는 기부자의 다양한 동기를 살펴보고, 캠페인의 다른 변인들이 모금전문가에 대한 반응에 미칠 영향을 명시하였다. 이번에는 기부자가 후원기관을 선택할 때 기준으로 삼는 것, 기부자가

〈예시 3-2〉 초기 모금광고

"내가 줄 수 있는 것은 다 준 것 같군요."

당신은 지극히 정상적이고 혈기왕성하며, 믿을 만한 미국인입니다. 조국을 사랑하고요. 펄럭이며 나부끼는 낡은 국기도 사랑합니다. 행군하는 군대가 애써 올린 승전보 소리가 들립니다. 당신의 로열티는 100%입니다!

당신은 한시라도 바삐 전쟁의 승리에 도움을 주려는, 그렇게 하고자 하는 바람입니다.

"희생요? 당연하죠." 이렇게 생각해왔을 것입니다. "정말로 희생이 필요해질 때까지 기다리세요." 당신 역시 그 말의 의미를 곧이곧대로 받아들입니다.

하지만 지금, 자신의 눈을 바라보십시오. 마음 한 구석을 샅샅이 살펴보십시오. 그렇게 생각하십니까? 정말로 '희생'이라고 생각하십니까?

생각해보세요. 당신은 동정심을 느낍니다. 제 3자유차관(Liberty Loan), 많은 기부액, 소득세. 할 도리를 다 했습니다. 줄 수 있는 것을 모두 주었다는 생각입니다.

뭐라고요? 정말 그렇게 생각하나요? 조국을 사랑한다는 말은 어떻게 된 건가요? '희생'이라는 말이 뭐라고 생각하는 건가요?

당연히 그런 뜻이 아니겠지요, 그러니까 줄 수 있는 것만을 주는 것이 희생이라고 생각하는 것은 아니겠지요?

전쟁이 할퀴고 간 허물어져가는 마을에서 살아가는 어머니와 어린 '아이들'은 어떻게 하나요? 누더기를 걸치고 굶주린 채 홀로 흐느껴 우는 아이들은요? 그들에게는 집도, 남편도, 아버지도 없습니다.

이쪽 편에 있는 우리는 무언가를 주었다는 이유로 당당하고 애국심에 고취된 채 즐거움과 위안을 얻습니다. 그런데? 별 생각 없이 돈을 쓰는 사람도 있습니다. 그러면서 이렇게 말하지요. "내가 줄 수 있는 것은 다 준 것 같군요!"

자, 자. 스스로를 속이지 맙시다. '희생'이 무슨 뜻인지 알아봅시다. 자신이 할 수 있는 것 이상의 것을 베푸세요. '마음속에서 그만하라고 말할 때까지' 베풉시다.

적십자에서 모금한 돈은 모두 전쟁 구호에 쓰입니다.

- 미국 적십자사(The American Red Cross)는 세계적으로 규모가 크고 유능한 전쟁 구호 단체이다.
- 거의 모든 직원이 자원봉사자이며, 고위 경영진이라면 예외 없이 중대한 일을 다룬 경험이 있다. 보수를 받지 않고 일하는 일이 다반사이다.
- 회비와 자원봉사 활동만으로 100% 운영되고 있다.
- 오늘날에는 군과 민간을 가리지 않고 동맹 국가에서 전쟁으로 인해 괴로움에 처한 개인을 돕는다.
- 향후 전세계에서 복구작업에 힘을 보탤 계획을 하고 있다.
- 대재앙이 닥치면 모두에게 식량과 의복을 제공한다.
- 필요할 때는 도움을 줄 군인도 있다.
- 수천 명에 이르는 직원, 수많은 지점, 원활한 운송수단과 더불어 미국 적십자사는 미국에서 가장 선두적인 지킴이 역할을 하고 있다. 그리하여 전쟁에서 이기게끔 도움을 준다.
- 미국 적십자사는 의회의 인가를 받았다.
- 총재는 윌슨(Wilson)이다.
- 전쟁 부서는 자체 계좌를 감사한다.
- 미국의 육군, 해군, 연합군은 미국 적십자사에 열렬한 지지를 보낸다.
- 미국인 2,200만 명이 적십자사의 회원이다.

자신에게 주어진 기부 선택안을 평가하는 방식을 생각해본다. 이제까지와 마찬가지로, 먼저 모금전략과의 관계를 살펴본다.

기부자가 여러 기관 중 한 군데를 선택할 때, 중요한 기준은 기관이 달성할 수 있는 성과이다. 기부자들은 대개 효율적(기관에서 공언한 바를 수행)이고, 유능한(기관에서 이용 가능한 자원을 최대한 이용) 기관을 선호한다. 글레이서(Glaser, 1994, p. 178)는 '프로그램당 적절한 비용 소요' 변인이야말로 특정한 자선단체에 기부하도록 결정하는 데 가장 중요한 요인이라는 점을 알아냈다.

기부자들은 경영과 모금 비용에서 '낭비되는' 비용과, 명분에 이용되는 수익에 대해 나름대로 받아들일 수 있는 한도를 정한다. 워윅(Warwick, 1994)은 기부자가 생각하는 경영·모금비용 대 이른바 자선비용의 비율이 20 : 80 정도일 것으로 예측했다. 예상과 달리, 대부분의 기부자들이 생각하는 실제 비율은 50 : 50에 가깝다. 하비와 맥크로헌(Harvey and McCrohan, 1988)은 기부금 중 적어도 60%를 자선프로그램에 사용하는 기관이 자선 프로그램에 60% 이하의 비용을 사용하는 기관보다 훨씬 많은 기부금을 모을 수 있다는 점을 발견했다. 자선 프로그램의 기부금 중 최소 60%를 기관은 사용하며, 60% 이하를 투자했을 때에 비해 더 많은 기부금을 모을 수 있다고 밝혔다.

셰버쉬와 헤이븐스(Schervish and Havens, 1997)의 연구에서는 기부자들이 비영리기관을 후원하고자 선택할 때 기준으로 삼는 다른 요소들을 제시한다.

참여 공동체 기부자들은 대개 공식적, 또는 비공식적 인맥을 통해, 그리고 어떤 면에서든 관계가 있는 기관을 지지하고자 한다. 저자들은 기부자가 특정 종류의 요구와 접촉하는 것이 선택에 의한 것이든 환경에 의한 것이든, 다양한 인맥의 일부라고 주장한다. 이 경우에는 특정 학교, 대학교, 스포츠팀, 종교단체, 지역 공동체 집단과 관련이 있을 것이다. 기부자의 인맥과 관계가 있는 특정 기관을 후원하기 쉽다.

의식의 틀 필자들은 기부자가 고유한 정체성에서 발현한 사고와 감정을 가진다고 주장한다. 기부자의 특정한 사상, 종교적 신념, 사회적 관심사가 사고양상을 이루고, 특정한 기관을 지지하고자 하는 확신을 심어주는 데 도움을 준다.

젊은 시절의 본보기와 경험 또한 기부자는 특정한 종류의 기관에 가족적 연대감을 느낄 수 있다. 인간은 성장하면서 특정 기관을 지지하는 부모와 친척의 태도를 보고 배우게 된다. 이러한 태도는 기관의 후원 가치에 대한 기부자의 생각을 궁극적으로 형성한다. 또한 필자들은 지금의 참여 공동체 내의 역할 모델 역시 후원하고자 하는 기관에 대한 태도에 영향을 미칠 수 있다고 밝히고 있다.

기부자가 이전에 기부한 적이 있을 경우, 기부 지속 여부는 상당 부분 기관과의 관계 지속 가능성 여부에 달려 있다. 직접우편 기부자와 고액기부자 모두에게 제공하는 서비스 품질은 중요하다. 비영리기관은 기부자의 사생활과 앞으로 받게 될 소통 양상을 선택할 권리를 존중해야 한다. 또한 기관은 정보 요구에 응해야 하며, 효율적이고 합리적인 시간 내에 소통을 처리해야 한다. 이 모든 요소는 앞으로 기관 후원 여부를 결정할 때 잠재적으로 영향을 미친다. 기관과의 관계를 평가한 기부자가 그 기관의 모금부서의 가치를 높이 평가할 경우 앞으로의 기부 가능성은 높아진다. 그러나 기부자에게 제공하는 서비스 품질을 측정하고, 관계에서 기부자가 얻을 수 있는 개인적 혜택을 최대화하는 방향으로 기부자에게 도움이 되는 방안을 적절하고 상세하게 탐색하려는 기관은 매우 드물다. 효율적인 기부자 관리는 매우 중요하다.

선택 기관에 대한 기부자의 지속적 지지 여부를 확인할 수 있는 또 다른 방법은 모집 당시 기관이 기부자에게 보낸 메시지와 그 이후에 보낸 메시지를 비교해보는 것이다. 기부자가 회원가입을 한 다음, 놀라울 정도로 많은 기관이 태도를 바꾼다. 재앙을 담보하는 셈이다. 특정 유형의 사람들은 특정 유형의 메시지를 선호한다. 이 선호도는 기부자가 된다고 해서 바뀌지 않는다. 모집과 발전의 차이는 신중하게 다루어야 한다. 지혜로운 충고가 미덥지 못하다면, 직접 간단한 실험을 해보자. 기부해지자를 재활성화시키기 위해 일반적인 발전 요청을 시도해보고, 기관이 처음 모집할 때 보낸 것과 유사한 메시지를 이용해 얻은 결과를 비교해보자. 모집 당시의 메시지를 이용했을 때의 결과가 언제나 더 좋을 것이다.

요약

이번 장에서는 기본적 교훈 세 가지를 알아보았다. 첫째, 이제 기관들은 기부자 행동과 특정한 종류의 사람이 어떤 메시지와 소통방식에 호감을 느끼는지에 대해 많은 정보를 가지고 있다. 비영리기관은 이러한 지식을 활용해 수익성 있는 캠페인을 점검하면서, 공개된 연구결과를 통해 알게 된 사실과 일치하는지 여부를 알 수 있다.

둘째, 비영리기관은 구체적 동기, 이익, 기부 회원의 관심사를 명시해야 한다. 이 중에는 이번 장에서 살펴본 내용과 유사하고, 평범한 것도 있을 것이다. 반면, 명분과 수행하는 활동의 특성과 관계가 있고, 구체적인 것도 있다. 모든 유지전략은 이들 요소를 감안하여 기부자가 원하는 혜택을 제공하는 소통을 구성해야 한다. 이는 기부자에게도, 수혜자에게도 이로운 일이다. 혜택을 제공하지 못하면 기부자들은 다른 비영리기관으로 향하는 문을 열 수밖에 없다. 앞 장에서 확인한 것과 같이, 높은 비율의 기부자가 타 비영리기관으로 옮겨가는 것은 매우 심각한 문제이다.

셋째, 기부자가 기관에 기부하기 시작했다고 해서 자동으로 충성적 기부자가 되지는 않는다. 기부횟수가 늘어날수록 기관의 구성원이 되었다는 느낌이 강해지면서, 감손 가능성이 줄어든다. 그렇더라도 처음으로 연속적 기부가 이루어졌다면 두 가지 방법으로 목표를 달성할 수 있다. 기부자와의 관계를 다지고, 발전 자료를 만들 때 모집 때만큼이나 신중하고자 노력하는 것이다.

04

관계 혁명의 발전

거래 VS 관계

1980년대 초반까지 기업 마케터들은 고객과의 거래 관계에 많은 비중을 두었다. 마케팅의 목표는 당연히 고객 요구를 알아내고, 요구를 충족시키는 제품을 고안하고, 제품구매를 촉진하는 소통 프로그램을 개발하는 것이었다. 마케터들은 대다수 잠재고객을 파악하고, 가능한 한 많은 사람의 마음을 움직여 제품을 구입하기 위해 열과 성을 쏟았다. 순환적이고 지속적인 과정이었다. 고객이 한 차례 구매를 한 다음, 마케터들은 다시금 똑같은 과정을 시작한다. 다음 번 구매에 관심이 있을 법한 고객을 추려내고, 그들에게 맞는 소통 프로그램 개발에 착수한다. 연속적으로 이루어지는 각 캠페인의 설계 목적은 가능한 한 높은 판매량이었다. 일반적으로 이전에 구매한 내력이 있는지 여부는 묵과된 채, 모든 잠재구매자는 엇비슷한 대우를 받았다.

이들 기업이 저지른 실수는 관계보다 거래를 중시한 것이었다. 그들의 거래 접근방식에는 실제 시장행동이 반영되지 않았다. 많은 고객이 기관과의 상호작용이 일련의 거래라고 생각하지 않았기 때문이다. 많은 고객은 기업이 제공하는 제품이나 서비스에 만족해야 했고, 기업의 제품을 지속적으로 구매하게끔 스스로 동기를 부여해야 했다.

1980년대 초반, 일부 기업은 이 사실을 인지하고 단발성 거래보다는 마케팅 전략을 개발하고, 고객과의 관계를 발전시키기 시작했다. 마케팅 활동은 고객의 이전 구매를 인식하고 이를 반영하여, 고객과 기업 간의 연대감을 키우고 심화시키도록 설계되었다. 이러한 변화는 특히 실제 시장행동을 반영한다. 즉, 완전한 기반에 근거를 두고 이루어지는 구매는 드물다. 그보다는 정직하게 고객을 존중할 경우, 대부분의 고객은 재구매 양상을 보인다.

이와 같은 시장행동은 모금 상황에서도 마찬가지이다. 동기를 부여받고 최초 기부를 한 대다수 기부자들을 대상으로 2차, 연이은 기부를 촉구할 수 있으나, 상당수의 기관은 모금활동을 벌이면서 이 사실을 적절하게 고려하지 못한다. 연간 캠페인을 구상할 때마다 기관은 가능한 한 많은 모금액을 위해, 시사하는 바가 많고 인상적인 소통을 계획한다. 그들은 최신식 심리학적 방법, 설계기법을 총동원해 기부자 응답률을 최적화하고자 노력한다. 신규 기부자와 기부내역이 있는 대상으로 개발해야 하는 소통은 비록 다르더라도 응답률과 평균 기부액 모두 중요하며 본질적 메시지는 동일하다. "지금 기부하십시오. 기부해야 하는 이유는 다음과 같습니다. …"

특히나 기부 경험이 오래된 이들에게 이런 메시지는 기이하고 헛된 느낌을 안겨준다. 사전트(Sargeant, 2000)는 이렇게 쓰고 있다.

> 파티에서 만난 손님 한 명에게 자신을 소개하게 되었다고 생각해보자. 처음 보는 사람과 형식적 인사치레를 나눈다. 그 사람이 당신에게 자신의 인생, 직업, 관심사를 이야기한다. 짧은 대화가 끝나고 둘 다 자리를 떠난다. 조금 뒤 저녁에 둘은 다시 만나게 되었지만 남자는 당신

> 을 알아보는 눈치가 아니다. 그는 아랑곳하지 않고 다시금 형식적 인사치레를 교환하고 자신의 인생, 직업, 관심사를 이야기한다. 5분 뒤 당신은 다시 자리를 뜬다. 저녁이 끝나갈 무렵, 세 번째로 남자와 마주하게 되었다. 여전히 남자는 당신을 못 알아보는 것 같다. 세 번째 인사를 나눈 그는 자신의 인생, 직업, 관심사를 이야기하기 시작한다.

이런 경험을 서너 번 한다고 생각해보자. 이 사람이 어딘가 이상하다는 생각이 들 뿐 아니라, 참을성이 어마어마한 사람이라도 조금쯤은 짜증이 나기 시작할 것이다. 어째서 아까 만난 것을 기억하지 못할까? 많은 비영리기관이 이와 흡사하게 기부자와 소통하고 있다. 그들은 기부자에게 기관을 후원해야 하는 가장 효과적인 이유를 제시하고, 기관 활동에 대해 기부자가 알아두어야 할 점을 모두 이야기한다. 그리고 즉각적인 행동을 요구한다. 다음 번 캠페인을 벌일 때는 다시 이 모든 과정을 반복한다.

그보다는 기부자의 이름을 기억하고, 기부내역을 알고, 기부자가 말한 관심사에 맞춰 소통을 조정하고, 기부자가 받게 될 소통, 기부방식과 시기를 재량껏 선택하게끔 맡기는 편이 더 낫지 않을까? 대다수가 친구나 지인과 이야기를 나누는 것 같은 이러한 접근방식에 더 높은 응답률을 보이지 않을까?

모금방식이 거래 접근법에서 관계 접근법으로 바뀌면서, 다소 의미론적 이야기처럼 들리겠지만 모금활동의 성과와 기부자의 태도, 참여의식은 크게 변화한다. 기부자들은 거래, 상호작용, 진심 어린 선택이라는 지속적 과정을 통해 자신들이 기관에게 중요한 인물이며, 그 대가로 기관의 프로그램을 지지하는 데서 중요한 역할을 맡고 있다고 생각하기 시작한다.

이 두 가지 접근 방식이 모금전략과 예산관리에 미치는 영향 역시 차이가 크다. 거래 접근법에서 모금전략은 자선단체가 진행하는 각각의 캠페인으로부터 예상되는 최초수익을 기준으로 수입된다. 이때 인지도, 참여도, 교육 같은 다른 목적으로 공동 기획된 캠페인은 제외된다. 기부자를 모집하고 차후 기부자를 발전시키는 과정에서 모금전문가는 특정 캠페인에 필요한 비용과 그로 인한 수익을 계산할 때 ROI(투자수익률)를 최대화하고자 노력한다. 거래 접근법을 추구하는 모금전문가에게는 기부자에게 많은 선택안을 제공할 여력이 없다. 기부자를 구분하는 일은 거의 없다. 그렇기에 기부자는 대개 일반적인 메일이나 그 외의 방법으로 연락을 받게 된다. 이러한 호소는 보통 즉시성을 강조한다. 기부자에게는 상황이 절박하므로 '지금' 기부할 것을 권한다. 몇 달 뒤에는 후원이 필요한 또 다른 절박한 문제를 들어 기부를 요청한다. 결국 기부자들은 비슷한 종류의 소통을 연속적으로 받게 된다. 이때, 각각의 소통은 ROI를 최대화하고자 고안한 것들이다.

이와 대조적으로, 관계 접근법에서는 기부자와의 최초, 또는 두세 번째 소통에서 ROI를 최대화하는 것이 중요하지 않다. 모금전문가가 이 방법을 이용할 때 기부자를 존중한다면 그들은 다시 기부할 것이다. 그러므로 관계 초반에 수익률이 다소 낮더라도 만족할 수 있다. 모금전문가는 결국에는 상당한 ROI를 얻으리라는 사실을 알지만, 당연히 오랜 시간이 걸릴 것이라 예상한다. 비록 모집과 개발에 드는 비용은 여전히 엄격하게 통제되지만, 거래 접근법에 비해 최초 모집비용은 크게 문제 삼지 않는다. 관계가 지속되는 한 ROI를 얻을 수 있음을 알고 있기 때문이다. 그런 까닭에 관계 접근법을 이용한 모금전문가는 거래 접근법을 기준으로 삼는 방법보다 다소 모집비용이 더 들더라도 걱정하지 않는다. 설령 상대적으로 모집비용이 많이 들더라도 기부자와의 관계를 통해 시간이 지날수록 만족할 만한 수익을 낳을 것이기 때문이다. 관계 접근법의 장기적 관점 덕분에 많은 자선단체는 월별 기부액이 비교적 낮은 기부자들을 모집하려 한다. 표면상, 매달 기부액이 5~6달러 남짓한 기부자의 모집 비용은 지나치게 많이 드는 듯하다. 그러나 이들 회원과 관계를 지속하여 얻을 수 있는 자선수익은 기존 모금방식을 이용했을 때보다 높을 확률이 크다.

〈표 4-1〉 거래 모금법과 관계 모금법의 비교

차이점	거래 모금법	관계 모금법
중점	일시기부 호소	기부자 보유
주요 측정 기준	즉각적 ROI, 기부금액, 응답률	생애가치
방향	대의의 긴급성	기부자 관계
기간	단기간	장기간
고객 서비스	강조도 낮음	강조도 높음

관계 모금법의 핵심은 생애가치(*lifetime value*, LTV)라는 개념으로, 이는 제 11장에서 더 자세히 알아볼 것이다. 모금전문가가 관계를 지속하는 기간 동안 받게 될 기부금을 알 수 있다면 이 가치를 반영한 소통 프로그램을 개발할 수 있다. 그리고 개인의 요구와 선호도에 따라 기부를 조정할 수 있으며, 동시에 평생에 걸친 ROI를 보장할 수 있다.

마지막으로 거래와 관계 모금법 간의 중요한 차이점은 기관이 기부자에게 제공하는 서비스 수준이다. 모든 관계 모금 프로그램의 목표는 매년 가능한 한 많은 기부자를 유지하는 것이다. 이로부터 소통방식의 유효성, 일반적 문의사항과 불만을 처리하는 방식이 무엇보다 중요함을 알 수 있다. 즉, 비영리기관은 수혜자 집단은 물론, 기부자에게도 1등급 서비스를 제공하여 기부자들에게 깊은 인상을 심어주어야 한다. 기관은 관계 모금법을 통해 기부자와의 관계를 발전시키면서 기부자의 다양한 요구와 기관에 대한 기대를 충족시킬 수 있다. 최근 들어 데이터베이스 기술이 크게 향상되었기 때문에 기부자 개인마다 소통 비용을 크게 들이지 않고도 이를 실현할 수 있다.

모금활동 시 거래와 관계 접근법 간의 차이점들은 〈표 4-1〉에 요약되어 있다.

관계 모금법의 정의

버넷(Burnett)은 1990년대 초반에 출간한 《관계 모금법》(*relationship fundraising*) 초판에서 처음으로 '관계 모금법'이라는 말을 사용했다. 버넷은 관계 모금법에 대해 이렇게 말한다. "관계 모금법이란, 비영리집단과 후원자 개인 사이의 고유하고 특별한 관계에 중점을 둔 기관의 마케팅 방법이다. 가장 중요하게 고려해야 할 점은 그러한 연대감에 대한 관심과 발전, 그리고 그것에 해를 끼치거나 위태롭게 하는 행동을 하지 않는 것이다. 그러므로 각 행동들은 기부자에게 그들이 중요하고 가치 있으며, 장기적으로는 기부금을 최대화하는 데 영향을 미친다는 사실을 확신시키기 위해 이뤄진다"(Burnett, 2002, p. 38). 기부자 입장에서 볼 때 이러한 접근 방식은 다음과 같은 기관의 태도를 나타낸다.

- 기관이 당신을 어떻게 생각하는가
- 기관이 당신을 어떻게 알게 되었는가
- 기관이 당신과 어떻게 연락을 유지하는가
- 기관이 당신을 대우할 때 당신이 원하는 바를 어떻게 보장하는가
- 기관이 당신과의 약속과 그 실천 여부를 어떻게 점검하는가
- 기관이 당신의 충고와 정보를 어떻게 탐색하는가
- 기관이 당신을 귀중하게 여긴다는 것을 어떻게 보여주는가

기관의 입장에서 기부자와의 관계 발전 여부는 그러한 노력을 들일 만한 가치가 있는지에 달려 있다. 미국과 영국의 비영리기관 두 군데는 생애가치를 계산한 후, 일부 기부자의 경우에는 더 많은 비용이 든다는 사실을 알아냈다. 그 결과 비영리기관은 기부자 관계를 구축할 때 종종 힘든 결정을 내려야 한다. 비영리기관은 기부자와의 유대감이란 맥락을 제외하고는 기부자의 혜택을 위해 존재하는 곳이 아니다. 위탁자, 경영자,

모금전문가들에게는 기관의 비용을 후원하는 이들에게 자금이 헛되이 쓰이지 않고 있다는 점을 확인시켜줘야 하는 의무가 있다. 대중의 관심이 점차 높아지고 모금 비율을 고려하게 되면서, 이는 비영리기관에게 중요한 문제가 되고 있다. 물론 기부자를 잃는 것을 좋아할 기관은 없다. 그렇더라도 어떤 기부자의 경우에는 차라리 없는 편이 나을 수도 있다. 자유자재로 쓸 수 있게 된 자원을 활동에 도움을 주는 다른 기부자와의 관계를 구축하는 데 쓸 수 있기 때문이다. 또한 이들 기부자에게 기부의 대가로 제공할 수 있는 혜택을 크게 향상시킬 수 있다.

실제로, 관계 당사자 양측이 얻게 될 혜택은 관계 모금법에서 중요하다. 기부자는 자선단체가 자신들을 대우하는 방식, 기부행위를 인지한 대가로 받게 될 혜택에 대한 기대치를 가진다. 비록 그러한 요구들을 반영할 수 없는 상황에 있더라도 이는 사실이다. 서비스 분야의 관계 문제를 언급하면서 레빗(Levitt, 1981: 100)이 한 말은 유명하다. "무형 상품에 대해 알아두어야 할 가장 중요한 점은, 대개 고객들은 그것을 받았다는 사실을 알려줄 때까지도 이를 모른다는 사실이다. 그리하여 자신의 요구만을 인식하고, 불만족한 상태로 살게 된다." 비영리기관이 모든 잠재 기부자의 요구에 부응하기 위해 노력해야 한다는 주장은 어리석게 들릴 수도 있다. 그렇더라도 기본적 요구들은 대부분 충족시켜야 하기 때문에, 특정 기부집단이 흥미를 보일 법한 상세한 혜택을 개발하는 데 집중해야 한다.

적절한 서비스의 기준선을 구축하는 것 역시 관계 모금법에서 필수적이다. 버넷이 말한 것처럼, 모든 기부자를 귀하게 여기고 존중해야 하며 긍정적 감정에 위해가 될 만한 행동을 하지 말아야 한다. 그럼에도 불구하고 많은 비영리기관은 이를 잘못 알고 있다. 톰슨(Thompson)은 〈자선모금관리자협회저널〉(*Institute of Charity Fundraising Managers journal*) 1998년 5월호에서 자신이 후원하는 많은 자선단체가 제공하는 서비스 품질에 유감을 표했다. "나를 '톰슨부인'(Mrs. Thompson)이 아니라 '톰슨

씨'(Mr. Thompson)라고 불렀고, 두 차례의 기부에 대해 감사하다는 표시를 하지 않았다. 한 군데에서는 〔작년〕 12월에 보낸 수표를 확인조차 하지 않았다"(p. 4). 자료입력 과정을 철저히 통제하면 기부내역을 정확히 저장할 수 있고, 주로 기부자에 관심을 가지면서 기부금을 보존할 수 있다. 그리고 즉각적인 감사를 보장하는 적절한 내부 체제를 확인할 수 있다. 그러한 서비스는 기부금과 관계없이 모든 기부자가 기관에 기대할 수 있는 최소한의 권리이다.

관계 모금전문가는 서비스의 적절한 기준선을 정하여 기부 기반을 세분화하고, 맞춤형 서비스를 개발한다. 그리하여 자신들이 구분한 구획에 걸맞은 양질의 서비스를 구성하고, 기부자가 위치한 구획을 한 단계 업그레이드하는 데 노력을 집중할 수 있다. 기부자와 맺은 관계의 특징은 기부자를 구분하는 가치로 기능해야 한다. 고액기부자의 경우에는 특히 보유율이 중요하므로 이들과의 관계가 좋아야 한다.

관계 모금법에 대한 비판

관계 모금법을 비난하는 이들은 많은 기부자가 관계를 원치 않거나, 특정 기부자 구획에 맞춘 소통에 어마어마한 비용이 들 것이라 주장한다. 그러나 이러한 주장 중 면밀한 검토를 거친 것은 없다. 분명 일시기부를 제공하는 기부자 중에는 더 이상 기관과의 접촉을 기대하지 않는 이들도 있을 것이다. 그렇지만 경험상 이는 드문 현상이며, 어떤 경우에든 기관은 모집 당시 기부자에게 비영리기관과의 추가적 접촉을 원하는지, 그렇다면 어떤 방식을 취해야 할지 물을 수 있다. 기관의 활동과 기부금 사용내역을 더 이상 알고 싶지 않은 개인이라면 추가적 소통 대상에서 제외할 수 있다.

비용이 많이 들 것이라는 두 번째 비판은 관계 모금방식으로 인해 기부자 그룹이 늘어나면서, 그룹마다 각기 다른 소통방식을 혼합해야 한다는 점을 전제로 한다. 결과적으로 기관은 캠페인 자료를 만드는 과정에서 규모의 경제(*economics of scale*)를 모조리 잃게 되리라는 것이다. 이는 사실이 아니다. 관계 접근법으로 선회하여 소통할 때 기부자에게 추가적 선택안을 제공하는 기관은 점점 늘어나고 있다. 그러므로 처음부터 구획수가 많을 필요는 없고, 추가로 생성되는 기부자 그룹의 수명은 오랜 시간을 두고 검증할 수 있다. 많은 기관은 이 방법을 이용하면 기부자 전원에게 소통을 보낼 필요가 없으므로, 비용을 절감시킨다고 생각한다. 일반적으로 기부자는 보다 적은 소통을 원하거나, 기관이 생성하는 한 가지 또는 몇 가지 소통에만 관심이 있다.

관계 요소

이제는 관계를 정의하고, 관계 구성요소를 설명하는 쪽으로 화제를 전환하고자 한다. 관계는 서로를 아는 당사자 사이에서 반복되는 개인적 교환으로, 맥락적 상황에서 발생하는 상호교류와 변화에 대한 반응을 낳게 된다. 여기에서 중요한 점은 발생하는 교환이다. 시간이 지날수록 기관에 대한 기부자의 지식은 늘어나지만, 동시에 그들의 관심사도 바뀌고 생애주기 중 저마다 다른 지점에 도달한다. 발전시키는 요구와 우선순위도 제각각이다. 라이히 헬트(Reichheld)는 영리적 맥락에서 다음과 같이 명시하였다. "처음에는 기업 제품군에 만족하는 듯했던 고객조차 5년 뒤에는 비록 이름과 주민번호는 같을지라도 마케팅의 관점에서는 동일인이 아니다."(1994: 20)

그러므로 비영리기관의 변화 인식 여부와 상관없이 관계 동인은 변할 수 있다. 똑똑한 기관은 이 변화를 인식하고, 기부자와의 유대를 강화하기 위해 변화에 발맞추어 이해관계를 조정한다. 예를 들어, 그린피스

(Greenpeace)는 회원과 후원자를 대상으로 기관을 도울 수 있는 다양한 방법을 제공한다. 그들은 기관의 입장에서 캠페인을 지지하고 싶지만 경제적 후원능력이 없는 사람이 있다는 사실을 인식했다. 반면, 선선히 기부를 하지만 시간이 없거나 특정 문제에 열정적이지 않으므로 개인적 참여를 원치 않는 개인도 있다. 기부는 하지 않고 그린피스를 지지하는 사람들은 '사이버 액티비스트 커뮤니티'(*cyber activist community*)의 일원이 되어 다양한 행동을 취하고 다른 구성원과 만나거나, 액티비스트(*activist*) 소통에 등록하지 않고도 기부를 통해 소식을 들을 수 있다. 모든 후원자들은 지속적으로 메인 홈페이지를 방문하도록 권장되는데, 홈페이지에서는 선호하는 활동이나 후원 방식을 온라인으로 등록할 수 있다.

모든 관계의 핵심은 참여의식으로, 이는 개인이 타인과 맺을 수 있는 진정한 유대감의 정도, 그리고 시간이 지나도 관계를 지속시키고 이에 투자하고자 하는 마음가짐의 정도이다. 모금 상황에서는 비영리기관에 대해 참여의식을 키워나갈 만한 잠재력이 있는 기부자를 항상 만나게 된다. 이 경우 참여의식이 강할수록 기부를 중단하거나 '이탈'할 가능성은 낮아진다. 참여의식을 가진 기부자는 서비스 품질이 최적화되지 않았거나, 기관의 활동 중 어떤 부분에 대한 대중의 인식이 부정적일 때도 로열티를 유지하는 경향이 있다. 다시 말해, 참여의식이 있는 기부자의 경우, 후원 양상에는 기복이 나타나지 않는다.

참여의식은 신뢰, 관심, 선택안의 행사, 관계성, 혜택 제공, 존중을 통해 구축할 수 있다. 여기에서는 참여의식을 구축하는 이러한 방법들을 차례대로 이야기한다.

참여의식을 키우려면 기부자가 비영리기관의 정직성과 선의를 신뢰해야 한다. 정직성은 비영리기관이 고수하는 활동, 약속 이행, 성실성에 대한 믿음과 관계가 있다. 선의에는 비영리기관이 기부자와 수혜자 집단 모두의 복지에 관심이 있으며, 양측에 예기치 않게 해를 끼치지 않으리라는 믿음이 반영되어 있다. 특히, 기부자는 비영리기관에 대해 다음과 같은 점들을 신뢰해야 한다.

- 기부자에게 약속한 모든 혜택을 제공한다.
- 수혜자 집단에게 약속한 모든 혜택을 제공한다.
- 기부금을 적절하게 사용한다.
- 적절한 서비스 품질을 지킨다.
- 윤리적이고, 기관의 의무에 걸맞은 행동을 한다.

신뢰는 동적 요인이다. 즉, 기부자가 이러한 요구조건들이 충족되는 근거를 알면서부터 발전한다. 비영리기관은 신뢰를 얻기 위해 약속을 준수해야 하며, 기부자가 직접적으로 결과를 평가할 방법이 없다면 기관에서 기부자와 소통할 때 피드백을 주어야 한다.

또한 참여의식은 기관이 특정 기부자의 복지를 진심으로 염려하고 있다는 느낌을 줄 때 발현된다. 기부자는 자신이 귀한 존재이고 기관이 자신들의 복지를 중요시한다고 생각할 경우 참여의식을 가질 것이다. 일부 비영리기관의 경우 타기관에 비해 이러한 관심(*concern*)을 입증하기가 더 쉽다. 예를 들어 의료 연구 관련 기관이나 장애인에게 후원 서비스를 제공하는 기관의 경우, 기부자들의 후원 이유는 당사자, 혹은 지인이 병이나 장애로 괴로워하기 때문일 수도 있다. 이러한 비영리기관은 적시에 맞춤형 정보를 제공하는 방식으로 실제로 개인 기부자의 이익을 중시한다는 점을 비교적 쉽게 증명할 수 있다.

모금전문가와의 개인적 관계가 두드러지는 고액기부자 모금활동에서도 그러한 관심을 증명하기가 비교적 쉽다. 어떤 모금전문가는 익히 알던 기부자의 관심사를 이용해, 관심 있어 할 것 같은 책이나 잡지 기사를 보내기도 한다. 이는 다른 곳에서 기부자를 찾을 수 없을 때 종종 개인의 참여를 독려하는 좋은 방법이다. 모금부서로서는 진심어린 관심을 보여주는 방법이기도 하다.

어떤 모금 상황에서는 관심을 입증하기가 상대적으로 더 어려울 수도 있으나, 경험상 기관에서 기부자의 요구와 선호도에 지속적인 관심을 보인다면 이는 자연스럽게 달성할 수 있는 목표이다. 기관이 기부자의 요구를 알고 충족시키고자 충분히 노력한다는 것은 기부자를 실제로 배려하고 있음을 증명한다. 예를 들어보자. 아이슬란드는 13년 만에 처음으로 고래를 사냥하기로 결정하면서, 동물보호협회의 많은 기부자들을 염두에 두었다. 관련 자선단체들은 이러한 문제를 밝히고, 기부자에게 문제를 알렸다. 그리고 기부자들이 취해야 할 바람직한 행동을 대략적으로나마 알려줌으로써 참여의식을 구축했다. 기부자의 관심을 최대한 끌어야 할 때는, 이러한 정보들을 알려주어야 한다.

참여의식은 또한 선택권의 행사(*exercise of choice*)를 통해 구축된다. 비영리기관에게 받는 소통의 빈도와 내용을 선택할 수 있는 기회를 가진 기부자의 참여의식은 선택권이 없는 기부자에 비해 더욱 고취된다. 자선단체 보튼빌리지(Botton Village)의 기부자 로열티는 같은 분야의 타기관의 성과에 비해 높은 편인데, 이는 기부자에게 다양한 선택안을 제시하기 때문이다. 기부자가 보튼빌리지에 기부를 시작하면, 기관은 기부자에게 향후 취해야 할 관계 방식을 세세하게 일러달라고 요구한다. 그리하여 기부자는 소통의 빈도, 시기, 내용을 선택하거나, 심지어 다시는 소통하고 싶지 않다는 의사를 밝힐 수 있다. 이러한 선택안은 소통할 때마다 지속적으로 제시되므로 기부자는 관계 지속기간 중 언제라도 마음을 바꿀 수 있다. 〈예시 4-1〉에 선택안이 제시되어 있다. 이 전략으로 성공한 기관은 크리스마스 메일링에 대해 정기적으로 50% 이상의 응답률을 얻었다! 연중 다양한 시기의 응답률은 구획 평균치보다 두 배 정도 높았고, 생애가치와 기부 기간 역시 평균치를 상회했다. 이러한 결과를 낳을 수 있었던 까닭은 '강제적'(*intrusion*) 모금활동을 벌이던 보튼빌리지가 기부자에게 선택권을 부여하는 '권유'(*invitation*) 방식으로 전환했기 때문이다.

참여의식에서 나아가 중요한 것은 관여도(*involvement*)이다. 물론 선택

〈예시 4-1〉 보튼빌리지(Botton Village)의 응답 형태

Let The Camphill Family help you

Your support means a great deal to us and we want to help you in return.
Please let us know your preferences by ticking the relevant boxes below.

Choose when you want to hear from us

1. If you receive four issues of our newsletter each year:
   I would prefer to hear from you just once a year, at Christmas.
2. If you only receive a newsletter once a year, you may like us to contact you more often:
   I would like to receive Camphill Family Life four times a year.
3. If you would rather not receive appeals:
   I would like you to keep me up to date with news through Camphill Family Life but I do not wish to receive appeals.
4. If you would rather not receive any further information from The Camphill Family:
   I would prefer you not to write to me again.

To set up or change a regular gift

Giving The Camphill Family your regular financial support helps us to plan for the future. By setting up or amending a Banker's Order you'll continue giving our communities regular help, but your bank will be doing all the paperwork.

5. If you would like to set up a regular gift:
   I would like to give to The Camphill Family on a regular basis – please send me a Banker's Order form.
6. If you would like to amend your existing regular gift:
   I already give regularly by Banker's Order and would like to amend it – please send me a form.

Thank you.

Your guide to The Camphill Family

You can be sure of a warm welcome at any of the eleven communities supported by The Camphill Family. This guide gives you all the information you need to plan a visit, including our opening times.

Please send me a free copy of the guide.

Do you want a word with someone?

Our office team of Kelly, Fran, Sue, Jackie and Joanne is here to help you. **Just ring our helpline 01287 661294 or our switchboard 01287 660871, 9am to 4pm weekdays,** and one of us will be pleased to talk to you. Do let us know if you have moved to a new address, if we are sending you more than one copy of our newsletter by mistake, or if there is anything else you would like to tell us.

Find out more about what life is like in The Camphill Family at Botton Village

7. Our video of life in Botton
   Botton Village: This is our home is set against the changing seasons in the rural beauty of Danby Dale and will help you to get to know us better. It tells the story of our community through the lives of our villagers and is a charming portrait of special people and the challenges they meet in sharing life together.
   Please send me a complimentary copy of the video. Botton Village: This is our home
8. The *Botton Village photo book*
   Featuring wonderful images of the people and places that make Botton special. Photographer Keith Allardyce used to live in the village and his close relationship with our community shines through.
   Please send me a free copy of the Botton Village photo book.
9. Our *Sounds of Botton* audio tape
   Our tape follows villager Jane Hill as she tours the village and meets her friends. It gives you a unique insight into life at Botton.
   Please send me a free copy of the Sounds of Botton tape
10. Visiting Botton Village
    Visitors are always welcome at Botton. If you can, please ring us in advance on 01287 660871 and we can give you details of workshop opening times as well as directions.
11. Sending you past issues of our newsletter
    Interesting stories from the village's history feature in past issues of our newsletter, *Botton Village Life*. You may ask for any of the past issues you would like, or another copy of ones you may have mislaid.
    Please send me issue no. (most issues are available)

The Camphill Family supports eleven communities which help adults in need of special care and understanding, and which are registered as the Camphill Village Trust Limited, a non-profit-making company limited by guarantee 539694 England and registered as a Charity 232402.

출처: 보튼빌리지의 허가를 받아 복사.

을 통해 기부자가 당연히 관여한다고 말할 수도 있지만, 관여도에는 기관과 기부자의 상호작용도 포함된다. 아주 가끔 기부하는 후원자처럼, 관여도가 극히 적은 경우도 있다. 반면, 지역공동체를 위해 자원봉사활동을 하고, 모금활동을 돕고, 비영리집단의 서비스를 이용하고, 특정 사안에 대한 로비나 지지활동을 벌이거나, 유증기부를 약속하는 후원자도 있다. 연구결과, 기부자가 비영리기관에 참여할 수 있는 방법이 다양할수록 기부자가 느끼는 참여의식의 정도는 커진다(Sargeant, 2001). 그러므로 모금전문가는 주기적으로 기부자들에게 다양한 방법으로 기관과 상호교류할 수 있도록 기부를 권유해야 한다. 관여도에서 더 중요한 것은 새로운 경험이다. 신선하고도 적절한 아이디어는 대개 새로운 관심사를 자극한다. 〈예시 4-2〉는 ETV(역주: Educational Television, 캐나다의 교육방송) 사례연구로, 이 점을 잘 보여준다.

참여의식은 혜택제공(*provision of benefits*)을 통해서도 구축할 수 있다. 앞 장에서 강조한 것처럼 많은 기부자는 사회적·정서적·물질적 보상을 바라고 기부한다. 비영리기관은 이러한 요구가 있다는 사실을 알고, 요구에 대한 충족을 보장하기 위해 일련의 혜택을 고안해야 한다. 수혜자 집단이 도움을 받으리라는 사실을 아는 것만으로도 느낄 수 있는 뿌듯한 감정을 원하는 기부자도 있다. 반면, 서비스나 정보, 사교적 만남과 인맥 활용을 원하거나, 특정 동료나 사회집단에게 인정받고자 하는 기부자도 있다. 관계 모금법은 기부자 요구에 대한 근본적 이해가 필요하므로, 제5장에서 주로 다룰 내용은 요구조사 기술이다. 뉴욕 현대미술관(Museum of Modern Art, 이하 MoMA)에서 제공한 혜택은 후원자의 관심사에 본질적으로 관련된 좋은 예시이다. MoMA 회원은 교육청에서 파견한 강사와 함께 진행 중인 전시회의 가이드 투어를 즐길 수 있다. 또한 전시회를 무료로 관람할 수 있으며, 특정 날짜에 MoMA Store에서 20% 할인된 가격으로 상품을 구입할 수 있다. 사전 전시회에 초대받아 미술품을 감상하며 사교활동을 즐길 수도 있다.

〈예시 4-2〉 사례연구: 사우스캐롤라이나(South Carolina)의 ETV 기부

사우스캐롤라이나의 ETV(교육 TV) 기부는 주정부의 TV와 라디오 방송국을 위한 기금을 마련한다. 이는 Masterpiece Theatre, NOVA, All Things Considered 같은 프로그램들이 유명하다.

세금으로 조달하는 외국의 교육방송과 달리, 미국의 공영방송은 대부분 시청자가 자발적으로 기부하는 금액으로 운영된다. 전국적으로, 매년 420만 명이 약 5억 달러를 모금한다. 더 독특한 것은 300개 이상의 개별 방송국이, 각각 자체 기부 프로그램을 운영한다는 점이다.

사우스캐롤라이나와 미국 내 다른 주에서 회원의 기부금은 비영리적 라디오와 TV 프로그램 제작에 쓰인다. 호소는 대부분 방송 중의 캠페인과 직접우편으로 이루어진다. 방송국의 주요 문제는 방송 중 모금활동에 얼마만큼의 시간을 합리적으로 할당할 것이냐, 그리고 신선하고 새로운 직접우편 캠페인을 지속적으로 개발해야 한다는 점이다. 지난 30년 동안 '앞으로 이러한 양질의 프로그램을 듣고 보고자 한다면, 지금 기부하십시오' 라는 모금 테마는 변함이 없었다. 회원에게 새로운 기부 기회를 제공하고 기부관계를 강화하는 것은 어려운 일이었다.

연말 호소와 3월 말 방송을 통한 호소 사이에 사우스캐롤라이나에서 지금까지 어떤 캠페인도 시행된 적이 없다. 그러므로 대행업체는 공영방송 휴일을 밸런타인데이로 정했다. 애정이 넘치는 카드(적극적 기부자와 기부해지자에게 별도로 마련한 문구로 완성한), 이어지는 설명은 적극적 기부자에게 효과가 있었고 기부해지자를 재활성화시켰다.

결과

이 프로젝트는 기부자들의 마음을 한 번에 사로잡았다. 1차로 실시한 밸런타인데이 당시 호소로 인한 순수익은 53,045달러였다.

출처: 이 사례는 DMW(www.dmwdirect.com)에서 자유로이 볼 수 있다. 사례와 관련 자료의 저작권은 DMW, 사우스캐롤라이나 ETV 기부에 있다. 허가를 받아 복사

마지막으로 중요한 결정 요인은 존중(*respect*)이다. 비영리기관은 기부자에게 신경을 쓸 뿐 아니라, 그들을 존중한다는 사실을 증명해야 한다. 기부자 데이터베이스를 지속적으로 갱신하고 있으며, 데이터를 정확히 입력하고 있다는 점을 확신시키려면 많은 노력이 필요하다. 몇 년 동안 후원하던 기관에서 소통할 때 기부자의 주소를 잘못 명시한다면 불쾌한 일이다. 주소와 인사말을 잘못 적는 것 같은 사소한 실수로 오랜 후원자를 잃게 되는 결과를 초래할 수도 있다. 기부자를 존중하는 기관이라면 사생활보호에 주의할 것이며, 개인정보를 취합하는 과정에서 전문성을 보인다. 비영리기관은 그러한 문제들을 고려할 때 주(州)의 법률에 정보보호와 사생활에 대한 내용이 포함되어 있는지 여부와 상관없이 최상의 기준을 택해야 한다. 더군다나 요즘의 기부자는 수많은 기부요청을 받는다. 기부자 목록 공유와 교환 등의 사례가 합법적이라 하더라도, 그로 인해 기부자에게는 호소가 홍수처럼 쏟아진다. 이런 방법이 적절하고, 기부자의 관심사를 최대한 반영한 것일까? 흔히 친구들과 이야기하는 방식이 이런 것인가? 일반적으로 기부자는 모금 활동가에게 기대한 만큼의 존중을 원한다.

관계 마케팅 실행을 위한 요구조건

관계 모금법은 하룻밤 사이에 완료할 수 없다. 이 방법을 성공시키려면 기관에서는 완전한 기관을 위해 필요한 새로운 전망, 과정을 수용할 만반의 준비를 확실히 해야 한다. 동떨어져 활동하는 모금전문가는 관계 모금법을 실행할 수 없다. 다음과 같은 전제조건은 관계 모금법에 필수적이다.

서로 돕는 문화

필수불가결한 요구조건은 기관 내 조직문화가 서로 돕는 분위기여야 한다는 점이다. 모두가 기부자와의 관계를 모색하고자 노력해야 하고, 기부자가 조직의 필수요소라는 점을 알아야 한다. 관계 모금법은 돈을 벌기 위한 수단이 아니다. 그보다는 비영리기관과 후원자의 유대를 강화하는 수단이다. 이사회 위원, 경영진, 모금전문가는 처음부터 진심어린 마음으로 이러한 유대를 원해야 한다. 경력 직원은 그러한 생각에 찬성할 뿐 아니라, 그러한 접근법에 대한 지지자가 되어야 한다.

비영리기관의 모든 직원은 기부자의 가치를 개인적·경제적 양측에서 이해해야 한다. 예를 들어 불만을 무시하고픈 상담원, 기부자가 원하는 정보를 알아내고자 웹 검색에 시간을 들이고 싶지 않은 웹마스터가 후원자의 생애가치를 알게 되면 각성하는 계기가 될 수 있다. 각 부서, 또는 과에서는 기부자에 대한 관심에서 중요한 특징을 이해하고, 기부자가 던지는 질문에 성실하고 친숙하면서도 적시에 답할 준비를 해야 한다. 기부자의 요구를 충족하는 것은 수혜자 집단의 요구를 충족하는 것만큼이나 중시되어야 한다.

이러한 문화는 또한 서로 다른 부서원이 규칙적으로 의사소통하게끔 장려해야 한다. 그리하여 이를테면 정보처리 문제, 예산 시비, 기술 시스템의 부조화처럼 일반적으로 기부자에 대한 관심을 방해하는 문제를 가능한 신속하게 해결할 수 있다. 부서, 직원 간 내부 관계 강화를 촉진하고, 이러한 관계가 가능한 결실을 맺을 수 있게끔 기부자와의 관계에 영향을 미치는 내부 시스템을 고안해야 한다.

라이히 헬트와 새서(Reichheld and Sasser, 1990)는 조직이 진심으로 관계전략을 이용해 고객 유지를 향상시키고자 할 의도라면, '무결점 문화'(*zero defections culture*)를 받아들여야 한다고 주장한다. 그들의 주장을 모금 상황에 놓고 본다면, 조직 전체는 기부자의 사망이나 이사로 인해 비영리기관 내 기부자 손실이 매년 일반적으로 5~8%에 이른다는 점을 감안하여 기부 감손율을 0으로 만들거나, 적어도 최소화시키고자 노력해야 한다는 뜻으로 해석할 수 있다. 그러나 설사 가장 창의적인 관계 전략이라 해도 기부 감손율을 없앨 수는 없을 것이다!

감손이 발생하는 많은 이유 중에는 조직에서 손 쓸 도리가 있는 것도 있을 것이다. 경영진, 직원, 위탁자, 자원봉사자들은 기부해지 이유, 손실을 최소화할 수 있는 방법을 알아야 한다. 각 부서는 감손 대처방안과 각각의 원인에 대한 해결책을 마련하고, 통합적 계획을 개발하기 위해 모금전문가와 협력해야 한다. 이러한 전략에는 경력이 있는 경영진, 부서간 정보공유가 필요한 경우가 많다. 모금전문가와 기관 임원진은 감손율 변화에 따른 모금활동 수익성의 변화 역시 알아야 한다. 그런 까닭에 감손에 대한 내부적 연구도 일부 필요하나, 이러한 자료들은 유지 노력을 정당화하며 직원의 자발적 노력을 강화하는 데 초점을 맞춰야 한다.

마지막으로 모금전문가, 그리고 관련 경영진을 대상으로 한 내부 보상체계는 감손율과 관계가 있어야 한다. 이러한 변화 역시 모금전문가가 로열티를 촉진하는 요소에 집중하고, 데이터베이스를 단순히 확장하는 데만 열중하던 기존의 구태의연한 방식을 멀리하는 데 도움이 된다. 거래 접근법을 중심으로 생각하는 관점은 지금도 많은 기관에서 볼 수 있다.

투자 의지

기부자 요구와 선호도에 대한 흔들림 없는 집중도를 높이려면 조사가 필요하다. 소통 시 기부자에게 선택안을 제공하면 단기적으로는 비용이 높아지며, 심지어는 비영리기관의 데이터베이스를 새로 구축하거나 업데이트해야 할 수도 있다. 직원훈련과 내부소통에도 상당한 투자가 필요하다. 그러므로 관계 접근법으로 전환하려면 불가피하게 막대한 비용이 필요하다. 이를 달성하기 위해 기관 임원진과 위탁자는 진행과정에 냉철하게 집중해야 할 뿐 아니라, 직원에게 꼭 필요한 시간과 경제적 자원을 기꺼이 투자해야 한다. 이를 실행하지 않고 관계 모금법을 채택하려 한다면, 그 시도는 처음부터 실패할 운명이다.

충분한 데이터베이스

관계 접근법을 완전히 실행하기 위해 비영리기관에는 모금 데이터베이스가 필요하다. 규모가 작은 비영리기관이라면 비교적 적은 후원자의 정보를 저장할 수 있으면 된다. 반면 기부자 데이터베이스를 구축하려면 상당한 경제적 투자와 특허 소프트웨어, 엄청나게 많은 기부자 기록을 처리하는 능력이 필요한 기관도 있다. 기부자 기반이 크더라도 기본적 분석이 가능한 시스템을 선택하는 것이 바람직하다. 이 시스템은 (제6장에서 더 자세히 이야기하게 될) 기부자 기반(*donor base*) 세분화에 유용하며, 모금전문가로 하여금 전략의 성공을 가늠할 수 있게 한다.

어떤 데이터베이스를 선택할 것인지는 이 책의 범위를 벗어난 내용이나, 데이터베이스가 관계 모금법에서 맡은 중요한 역할은 알아두어야 한다. 지금의 데이터베이스의 기능이 제한적이고 저장한 데이터의 품질이 조악한 탓에, 컴퓨터 하드웨어와 소프트웨어에 상당한 투자를 한 다음에야 비로소 관계 모금법을 시행할 수 있는 기관도 있을 것이다.

기부중단 이유 파악

앞서 기부자 손실을 최소화하려면 '무결점 문화'를 받아들여야 한다고 강조했다. 그러나 그러한 분위기를 조성하기에 앞서 기관은 기부자의 기부해지 이유, 기부방법이나 기부 정도에 따라 다른 행동을 보이는지 여부를 명확히 알아야 한다. 그런 까닭에 모든 비영리기관은 '예의 주시'하며 떠나는 기부자가 누구인지, 이유가 무엇인지 알아야 한다. 실제로 (고액기부자의 경우에는 반드시) 기부해지자에게는 개인적으로 접촉하여 해지 이유, 기관과의 관계에서 파악한 약점을 물어볼 필요가 있다. 이탈자가 많을 경우에는 메일링 프로그램 같은 방법으로 조사 연구를 하는 편이 바람직할 수도 있다. 이러한 정보는 지속적으로 파악해야 하며 비영리기관 내 부서 모두가 결과적으로 조치를 취해야 한다고 동의한 것들을 요인으로 삼아야 한다.

로열티를 최대화하기 위한 관계 모금법 이용

이번 장에서는 모금전문가가 기부자 이탈을 최소화하기 위한 목적으로 관계 모금 프로그램을 설계하는 과정에서 거칠 수 있는 현실적 단계를 살펴보고 결론을 내리고자 한다. 다음에 제시하는 많은 요점들은 앞서 언급한 것들이나, 여기에서는 행동 계획을 제시한다.

모금 프로그램을 기부자 요구에 맞추어라

모금전문가는 기부자 요구를 조사한 다음 기부자 선호도를 한데 결합하여 모든 기부자로 하여금 자신들의 요구가 충족되었다고 느끼게 하는 동시에, 요구들을 수익성 있게 충족시켜야 한다. 세분화(*segmentation*)가 주제인 제 6장에서 이 문제를 다시 다룰 예정이다. 기부자 요구를 충족시키는 모금 제안을 설계하는 것은 기관이 이미 개발해놓은 제안에 흥미를 보일 법한 기부자를 찾는 것과는 정반대의 접근법이다. 레빗(Levitt)의 말을 다시 빌리자면, 관계 모금법은 기부자 요구에 중점을 두는 것이다. 반면, 거래 모금법은 기본적으로 기관의 요구에 중점을 둔다.

기부자 가치의 지속적 강화

비영리기관이 대단한 모금 메시지나 방법을 고안한다고 해서 기부자가 로열티를 보이는 것은 아니다. 기부자는 기관이 자신들의 기부금에 대하여 최고의 가치를 제시할 경우에 충성심을 보인다. 이때 가치는 일반적으로 기부가 기관에 미칠 영향이나 개인적으로 받게 될 혜택, 혹은 이 두 가지를 합친 결과이다. 로열티에서 얻을 수 있는 교훈은, 비영리기관이 이러한 가치의 근원을 알고 로열티를 지속적으로 강화할 방법을 모색해야 한다는 점이다.

신규 기부자 소통 개발과 피드백 요구

많은 비영리기관은 최초 기부자를 대상으로 한 환영인사가 얼마나 값진 것인지 실감하지만, 그러한 환영인사에는 단순한 감사의 말 이상의 것이 들어가야 한다. 기관 중에는 신규 기부자에게 전화를 걸어 기부금의 향후 용도를 알려주고 궁금한 점이 있는지 물어보는 곳도 있다. 그런가 하면 우편을 통해 신규 기부자에게 환영인사를 하고, 특별한 환영절차를 거쳐 기관과 활동을 소개하는 곳도 있다. 어떤 방법이든 중요한 점은 최초 소통 시 기부금을 요구하지 말아야 한다는 사실이다. 그렇게 함으로써 기관은 여러 기관 중에서도 돋보이게 된다. 또한 (아직 시행 전이라면) 신규 가입자들에게 유쾌한 모집과정을 보장하고, 기관과 맺게 될 관계 속성에 대한 선택안을 제공하고자, 그들의 기대를 알아봐야 한다. 기부자는 환영인사에 만족도를 표할 수 있고, 때로는 그 정도가 너무 높은 나머지 기관의 지지자가 되어 사람들에게 기관을 적극적으로 홍보할 수도 있다.

기부자에게 전체 서비스를 설명하라

비영리기관과 기부자가 함께 하는 참여활동은 대부분 로열티를 촉진하므로, 기관에서는 기부자가 기관을 돕거나 도움을 받을 수 있는 모든 방법을 알릴 기회를 포착해야 한다. 기부나 자원봉사, 그리고 가능하다면 서비스 부서를 이용할 수 있는 모든 기회를 자주 알려야 한다. 이 모든 활동은 기관 홈페이지를 통해서도 알려져야 한다. 면대면 호소에서는 기부자에게 가장 적합할 법한 방법을 알려줄 수 있다. 직접우편을 통해 특정 종류의 후원자를 대상으로 하던 요청이 모든 소통에서 통용될 수도 있다. 반면 발전 기간 중 어느 시점에서는 보다 복합적인 기부방식이 다뤄질 수 있다.

기부자 인지 프로그램을 개발하라

보다 높은 수준에서 기부를 권장하고 그것에 보상하는 프로그램은 이제 보편적이다. 기관에서는 보통 기부금액에 따라 기부자에게 후원자(*supporter*), 기부자(*donor*), 지지자(*advocate*) 같은 다양한 호칭을 붙인다. 제 10장에서 다룰 것처럼, 비영리기관 중에는 '클럽'(*club*)에 소속된 회원에게 단계별로 높아지는 혜택을 제공하는 곳이 있다. 그러한 혜택으로는 연례 정찬 파티에 초대하거나, 정찬 자리에서 회장의 옆자리에 배정하는 등의 것이 있다. 이와 같은 계획은 기부자에게 기대하는 바를 알려줄 수 있으므로 효과적이다. 회원들은 일정한 자격에 따라 주어지는 동료의 호칭을 알 수 있고, 사교집단의 회원 수준을 알 수 있다. 또한 해마다 회원등급을 높임으로써 참여의식을 높이도록 촉구할 수도 있다.

만족도와 유지율을 측정하라

기부자 선호도를 만족시키는 소통 프로그램을 고안하는 과정에서, 모금 전문가는 프로그램이 기대했던 대로 실행되는지, 기부자가 적절한 혜택을 받는지 점검해야 한다. 기부자가 기관과의 모든 관계에 대해 느끼는 만족도를 알아보려면 끊임없는 연구가 필요하다. 제 9장에서 서비스품질 인식이라는 주제를 좀더 깊이 있게 이야기하겠지만, 여기서는 만족도가 높지 않은 서비스 중 재설계해야 하는 측면을 언급할 만한 가치가 없다. 서비스 품질인식은 로열티에 지대한 영향을 미칠 것이다.

또한 기관은 가능하다면 여러 가지 방법으로 기부자 감손이나 이탈을 측정할 수 있는 시스템을 구축해야 한다. 이탈을 측정하려면 가치, 모집 방법, 기부자가 받은 발전 소통 양상, 기초 인구학적 통계자료를 근거로 삼아야 한다. 기관은 기부해지자가 누구인지, 그리고 그 원인이 무엇인지 알고, 유지율을 최적화하기 위한 계획을 수립하고 실행할 수 있어야 한다.

불만 자료를 분석하라

1년 동안 단 한 건의 불만도 접수되지 않을 정도로 운 좋은 모금부서는 드물다. 비단 비영리기관의 경우만이 아니라, 특히 민감한 사안을 다루는 경우에는 캠페인을 운영하거나 언론에 활동 내용을 공개할 때마다 빗발치듯 불만이 쏟아진다. 그렇다고 이를 대수롭지 않게 무시하면 안 될 일이다. 그보다 불만의 양상을 알아보고자 이를 분석해야 한다. 다른 활동에 비해 유독 불만이 많이 접수되는 활동은 무엇인가? 그렇다는 증거는 무엇인가? 기관의 의무나 모금 능력에 위해가 되지 않는 불만도 있는가?

비영리기관에는 불만 처리방침 역시 필요하다. 대처방법은 접수된 불만 데이터베이스의 규모와 양에 따라 다를 것이다. 기부자 중 특히 고액기부자의 불만에 높은 우선순위를 두어 처리해야 한다. 물론 그 밖의 이해당사자와 일반 구성원의 불만 역시 중요할 수 있다. 그것이 타당하고 비용 대비 효율이 높다면 우선적으로 응답할 수 있다. 모든 질문과 불만에 답하지 않더라도, 개별화된 응답을 보장하는 소통 시스템은 개발해야 한다. 또한 시스템은 기관의 응답 시점을 자세히 알 수 있도록 구축해야 한다. 기준치에서 벗어난 결과를 유심히 살피고, 필요하다면 대책을 강구해야 한다. 기관이 제때, 그리고 적절하게 불만에 응답할 때, 불만을 기회의 발판으로 삼을 때, 기부자가 로열티를 유지할 가능성이 높다는 점이 입증되었다(Jones and Sasser, 1995).

관계 문제와 실패를 명시하라

서비스 품질과 불만을 지속적으로 관찰하여 얻은 정보는 관계 문제와 실패 목록을 만들 때 활용할 수 있다. 이 중 많은 자료는 개인적인 것일 수도 있고, 해결이 어렵거나 불가능한 것일 수도 있다. 그러나 그보다 많은 경우에는 관계 전략이 실패하는 경우에 지침이 될 수 있는 양상을 알아낼 수 있다. 이 정보는 (비용 대비 효율적일 경우에만) 행동 계획으로 삼아 실행할 수 있다. 일반적인 관계 실패는 다음과 같다.

- 기부자 무시
- 기부자에게 거짓말을 함
- 응답 전화나 답장을 하지 않음
- 약속 불이행
- 무례한 대접
- 적절한 시기에 응답하지 않음
- 연락을 하지 않음
- 충분히 귀 기울여 듣지 않음
- 특별한 날을 잊어버림
- 불합리한 요구

유지율을 최대화하려면 기관에서는 위와 같은 실패를 최소화하기 위해 노력해야 한다.

수익성을 평가하라

끝으로, 관계 기반 접근법을 발전시키려면 그러한 관계에 수익성이 있으며, 장기적 관점에서 거래 접근법의 경우보다 높은 ROI를 얻을 수 있다는 점을 분명히 해야 한다. 관계 모금전문가는 전략이 낳은 수익을 측정하고, 처음 예상했던 수치와 비교해가며 점검해야 한다. 오늘날 현명한 비영리기관은 기관에 대한 기부자의 로열티와 생애가치 상승 정도를 척도로 삼아 새로운 전략의 성과를 평가한다. 단기적 성과를 평가하던 기관은 장기적 관점에서 전략을 궁극적으로 변화시킬 수 있는 평가방식으로 전환해야 한다. 성취에 따른 직원 보상과 기회는 이와 같은 평가와 밀접한 관계가 있으므로, 모금부서 전 직원이 유지 문제의 중요성을 인지하도록 해야 한다.

요약

이번 장에서는 관계 모금법의 개념을 알아보고, 이를 거래 모금법과 비교해보았다. 유지율을 높이기 위해 기관은 기부자에게 완성도가 높은 일회성 요구를 하기보다는, 후원자와의 진심 어린 대화를 점진적으로 구축해야 한다. 두 가지 접근법에는 근본적인 차이가 있다. 관계 모금법은 기부자 요구, 그리고 요구에 따라 발전시킨 소통 프로그램을 이용해 비용 대비 효율적으로 요구를 충족시키는 방법에 대한 이해에서 시작된다. 반면, 거래 모금법은 단순히 수혜자의 요구만을 홍보하고 일련의 소통 자료를 이용해 가능한 높은 ROI를 얻기 위한 방법을 모색하는 활동이다.

새로운 매체는 이미 관계 모금법에 영향을 미치는 중이다. 인터넷과 이메일을 이용해 개인의 요구에 따라 소통을 조정하기가 한결 쉬워졌고, 그에 따른 비용 역시 줄었다. 비영리기관에서 웹 기반 모금방법을 이용하는 경우가 많아지고, 기부자 역시 갈수록 이들 매체에 익숙해지고 있다. 그런 이유에서 관계 모금법은 표준적인 실례가 될 것이다.

05

기부자 요구 조사

앞 장에서 살펴본 것처럼 기부자는 기관과의 관계가 쌍방향적이고, 기관에서 자신의 요구와 선호도를 고려한다고 느낄 경우, 점차 충성적인 기부자가 될 확률이 높다. 그러나 실제로 이러한 관계를 구축하기란 쉽지 않다. 비영리기관은 대개 기부자 요구와 기대를 충족하는 모금 프로그램을 설계하느라 애를 먹으며, 개발 과정에도 상당한 비용을 투자한다.

이번 장에서는 모금 연구가 유지전략 개발을 촉진하면서 담당하는 역할에 초점을 둔다. 그러한 전략에 필요한 주요 정보를 대략적으로 설명하고, 정보수집 방법을 생각해본다. 그러나 이 책은 연구원문이 아니다. 그러므로 관심 있게 다루는 주제는 그러한 연구가 기부자 로열티 배양에서 수행하는 역할, 연구결과 해석 시 모금전문가가 저지를 수 있는 실수로 제한한다. 보다 일반적 연구주제에 관심이 있다면 처칠(Churchill, 2000)이나 치스널(Chisnall, 1996) 등 이 주제를 다룬 숱한 훌륭한 연구원문을 찾아볼 것을 권한다.

필자들의 생각에 연구만한 것은 없다. 최적화된 유지전략을 개발하는 것은 기부자 정보, 의사결정에 영향을 미치는 요인에 달려있다. 이들 요인의 양상을 그저 추측하기만 하는 것으로는 충분치 않다. 운이 좋아 우연히 적절한 전략을 선택할 수도 있다. 그러나 대개 양질의 모금 관련 연구가 부족하면 불충분한 전략을 이용하게 된다. 심지어 연구를 수행한 기관조차 유지전략 개발에서 실수하는 경우가 있다. 이는 수행한 연구의 장점과 약점을 제대로 이해하지 못했거나, 잘못된 해석 때문일 수 있다. 혹은 두 가지 모두에 해당할 수도 있다.

조사 대행기관에서 유지 연구를 수행하더라도, 모금전문가는 이를테면 양적, 질적 자료의 장・단점과 같은 자세한 정보에 기준을 두고 생각해야 한다. 이를 파악하지 못할 경우에는 잘못된 결론에 도달해 부적절한 전략을 개발할 수 있다. 여기에서는 이러한 요점들을 이야기하고 전문용어들의 정의를 내린다.

기부자에 대해 알아야 하는 것

기부자 로열티는 (종종 복합적인) 요인들이 결합하면서 촉진된다. 모금기관이 선택안을 주고 기부자 요구와 선호도에 개별적으로 응답하면서 쌍방향적 관계를 구축할 경우, 기부횟수와 지속기간이 높아진다는 점을 알 수 있었다. 관계를 성공적으로 발전시키려면 신뢰할 만하고 가장 최근의 기부자 정보를 지속적으로 수집해야 한다. 정보는 현실적으로 수집, 기록할 수 있고, 해석이 용이해야 한다. 기부자 정보를 기록해두었더라도, 유지 전략을 정하고 기부자들을 적절한 집단으로 손쉽게 세분화하고자 보다 일반적인 정보를 수집하는 경우도 있다. 그렇다면 기부자와 가장 적절한 관계를 발전시키기 위해 알아두어야 하는 기부자 특징은 무엇인가? 다음은 기부자에 대한 주요 질문 10가지를 명시한 내용이다.

1. 기관에 기부하기 시작한 이유는 무엇입니까?

최초 기부 동기를 밝히는 것은 기부자와 발전시켜나갈 수 있는 관계를 알아내는 데 반드시 필요하다. 기관과 개인적 관계가 있다는 이유로 기부한 사람도 있을 것이다. 기부자(또는 가족이나 친구)가 기관이 제공하는 서비스를 이용하고 있거나, 전에 그로 인해 혜택을 입었을 수도 있다.

이들의 최초 기부는 보답이나 보상의 성격을 띤다. 이미 비영리기관의 활동과 수혜자에 대해 알고 있을 수도 있다. 그러므로 그들이 보낸 의사소통의 어조와 내용을 통해 그러한 정보를 알고 있는지 판단하는 것이 논리적으로 타당하다. 기관에 대한 지식이나 경험이 거의 전무한 기부자도 있을 것이다. 이러한 기부자들은 감정적, 또는 절박한 호소에 응하여 충동적으로 최초 기부를 했을지도 모른다. 기관에 대한 지식은 정확할 수도, 예전의 것이거나 불완전한 것일 수도 있다. 장기적 관계를 쌓은 적이 없고, 스스로 확신을 가지려면 훨씬 더 많은 정보와 관계 구축이 필요할 수도 있다. 최초 모집 시 기부자 정보, 기부 결정을 촉구할 때 중요한 역할을 했던 접근법의 메시지와 요인에 대한 자료를 기록해두어야 한다. 모집 소통 시 메시지와 이후(유지) 메시지의 차이에 불만을 표하는 경우가 흔하며, 결과적으로 많은 기부자가 재기부를 하지 않기 때문이다.

2. 기관에 기대하는 바는 무엇인가?

기부자에게 그들이 후원하는 기관의 행동과 성과에 대한 기대치를 묻는 것은 중요하다. 기부자는 기관이 입법 조항의 일부를 개정하거나, 구체적 자금조달 계획을 달성하는 등의 단기적 목표를 가진다고 생각할 수도 있다. 또는 기관의 의무가 장기적인 것이므로 장기적으로 참여하는 것이 타당하다고 생각할 수도 있다. 즉각적이면서 가시적인 결과를 기대하는 이도 있을 것이고, 단기적으로 보이는 변화가 미비하리라 예상하는 기부자도 있을 것이다. 기부자의 기대를 미리 아는 것만으로도 기부자를 실망시키지 않을 수 있다.

3. (만약 있다면) 기관에 요구하는 서비스는 무엇인가?

또한 기부자들은 정보나 도움을 원하는 서비스 사용자일 수도 있고, 혹은 자신의 친구나 가족이 그런 처지에 있을 수도 있다. 기부자인 동시에 수혜자인 이들은 일반적으로 기관을 강력히 지지한다. 이런 기부자를 대할 때는 모든 과정을 통틀어 기부자이자 수혜자라는 이중적 입장을 파악하고 인식해야 한다.

4. 어떤 소통을 받고자 하는가?

살펴본 것처럼, 기부자와 비영리기관 사이의 쌍방향적 관계를 구축할 때 가장 중요한 것은 소통방법과 횟수를 선택하도록 하는 것이다. 데이터베이스 내의 모든 기부자를 대상으로 일대일로 개별화된 소통 프로그램을 실행하는 것은 비현실적이다. 그렇지만 비영리기관은 기부자에게 운영과 실행이 가능한 여러 가지 선택안을 제시할 수 있다. 이러한 대화를 통해 기부자에게 기관에 참여하고 개인의 선호도를 밝힐 기회를 줄 뿐 아니라, 기관의 유능함, 명성, 자원을 다루는 신중한 태도를 증명할 수 있다. 소통 선호도는 대개 시간이 흐르면서 변하기 마련이므로 지속적으로 대화를 시도하거나, 최소한 기부자가 향후의 변화를 쉽게 기록할 수 있도록 해야 한다.

5. 어떤 기부방식을 선호하는가?

소통 선호도에 대한 대화 중 적합한 기부 선택안을 제시하는 것이 중요하다. 예를 들어 정기기부, 후원을 통한 기부, 회원제 기부에 대한 선호도를 알아보고 이를 기록하여, 일련의 소통 과정에서 참고로 삼아야 한다. 많은 기부자가 기부를 중단하는 까닭은 기부 요청 수준이나 빈도가 적절하지 않거나, 기관 측에서 일정한 기부금액을 권하지 말아야 한다는 인식이 강하기 때문이다. 그런가 하면 제시한 금액을 선뜻 기부하는 이도 있다. 로열티를 장려할 목적이라면 기부자의 선호도를 존중해야 한다.

6. 어떻게 기부할 것인가?

기부자가 향후 선택할 수 있는 다른 기부방법을 알아보는 것도 중요하다. 기부자의 계획 기부나 고액기부 능력에 대한 자료는 수집이 가능하며, 이 자료는 적절한 기부자 집단을 대상으로 기부유지와 개발연구에 활용할 수 있다.

7. 다른 방법(비금전적)으로 기관을 후원하는 일에 관심이 있는가?

기부자들은 그저 기부금을 내는 것 외의 다른 방법으로 기관을 후원(혹은 이미 그렇게 하고 있겠지만) 할 수도 있다. 그들이 자원봉사 활동에 관심이 있는지, 지역 공동체 행사에 참여할 의사가 있는지 등에 대한 정보를 수집해야 한다.

8. 기관이 벌이는 활동 중 어떤 것에 관심이 있는가?

논의한 것과 같이, 기관활동에 대한 기부자 지식은 매우 다양할 수 있다. 기부자 발전과 유지를 위한 소통은 적어도 활동의 일부 혹은 어떠한 측면이라도 다룰 수 있으므로, 기부자의 흥미, 몰입도, 촉진도가 가장 높은 분야를 알아내는 것은 중요하다. 기부자가 가장 매력적이고 중요하다고 여기는 활동이 분명해지면, 이후의 호소에서 그러한 선호도에 중점을 둘 수 있다. 많은 비영리기관의 기부자 관심도에는 분명한 양상과 대립이 나타난다. 그러므로 선호도를 중심으로 구축한 세분화 전략은 유지를 위한 현명한 토대이다.

9. 기부자는 어떤 사람인가?

기부자의 거주지역, 연령, 직장과 직장 외의 장소에서 하는 일, 가족 같은 인구통계학적, 라이프스타일 정보는 대개 모집과정에서 저절로 수집된다. 이 모든 정보는 유지연구, 정확한 소통촉진과 소통에 적합한 어조와 분위기를 알아내는 데 필수적이다. 물론 기본적인 내용과 자극 요인은 같을지라도, 21~35세 기부자를 대상으로 하는 뉴스레터는 60세 이상을 대상으로 한 것과 그 내용과 어조에서 차이가 있어야 한다.

10. 기부에 영향을 미친 인물과 그 계기는 무엇인가?

기부는 개인이나 가족의 결정에 따라 시작되기도, 중단되기도 한다. 기부금액 역시 줄어들거나 늘어날 수 있다. 공동체집단, 예배장소, 고용주 등은 기부 정도에 영향을 미치며, 기부 선호도에 지침을 제시하기도 한다. 이러한 영향력을 가지는 요소를 가능한 한 많이 알아둠으로써 기부자 행동을 이해하고, 기부 결정에 영향을 미치는 개인이나 집단, 기관에 접근할 수 있어야 한다.

연구과정

위와 같은 10가지 주요 질문에 대한 답은 모금 연구를 통해 밝힐 수 있다. 〈그림 5-1〉은 연구과정의 기틀을 제시한다.

연구목적 명시하기

1단계는 연구목적을 명시하는 것이다. 특히 외부 대행업체에 연구를 의뢰할 경우에는 집중적 연구를 위해 목적을 분명하게 밝혀야 한다. 대행업체에서 문제를 완전히 이해하지 못한 채 고객을 상대하고, 목적이 분명하지 않다면, 마지막 단계에서 얻게 될 정보는 부적합한 것이 될 수 있다. 예를 들어 TV 모금방송(DRTV)으로 모집한 기부자가 차후 호소에 응답하지 않는다면 다음과 같이 연구목적을 세울 수 있다.

- TV 모금방송으로 모집한 기부자 중 중단한 사람의 숫자를 세고, 기부자 사이의 유지율을 알아낸다.

- 유지 경향이 그 집단에만 해당되는 것인지, 전체적으로 보편적인 현상인지 알아본다.
- TV 모금방송으로 모집한 기부자의 동기를 알아낸다.
- TV 모금방송으로 모집한 기부자의 기대치를 측정한다.
- TV 모금방송으로 모집한 기부자의 프로필을 얻는다.
- TV 모금방송을 이용한 모집과정에 대한 기부자의 생각을 알아본다.
- TV 모금방송으로 모집한 다음, 소통에 대한 기부자의 인식을 알아본다.

앞과 같은 목록은 완전한 것이 아니다. 비영리기관에서 연구를 의뢰하는 상황에 따라 내용은 달라질 수 있다. 중요한 점은 다음과 같다. 기부자 집단이 보인 낮은 응답률에 영향을 미쳤을 각 요인을 반영한 질문들로 문

〈그림 5-1〉 모금 조사과정

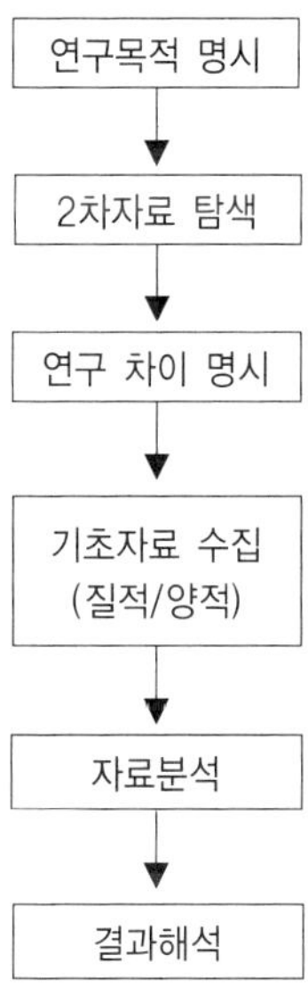

제를 잘게 나누어야 한다는 점이다. 자료를 수집하기 위해 대행업체를 고용해야 한다면 연구목적을 구상할 때 긴밀하게 협동해야 한다. 업체 직원 중 그 문제에 대한 높은 식견을 가진 사람이 있을 수도 있고, 각 문제들에 해당하는 합리적 근거를 이해해야 하기 때문이다.

2차자료 탐색하기

비영리기관이나 연구 대행업체, 전문업체 같은 제 3기관에서 수행한 연구결과에서 2차자료를 수집할 수 있다. 연구목적을 정한 다음에는 기존 정보를 알아보는 것이 일반적이다. 2차자료는 쉽게 얻을 수 있으므로 비용이 많이 드는 새로운 연구를 시작하기 전에 활용해야 한다. 예를 들어, 비영리기관에서는 정기적으로 기부자와 직접 대화를 시도할 수 있다. 한 예로, (환영인사 프로그램의 일환으로 실시하는) 설문조사는 기부자에게 향후 소통에 대한 선택안을 제시하고, 다른 방법으로 기관에 참여할 수 있는 기회에 대해 관심을 표할 기회를 준다. 기존 기부자 데이터베이스에 있는 정보를 분석해도 현재 기부자의 기부성향과 선호도, 기부해지자의 응답/무응답 양상을 알 수 있다. 이를테면 항의서한 같은 식으로 기부자가 보내는 신호, 연장 직원의 의견과 경험 역시 중요하다. 인구통계학, 라이프스타일 자료는 대체로 모집과정 중 목록 중개업자가 제공하거나, (제 6장에서 이야기하게 될) 데이터 프로파일링(*data profiling*)을 거쳐 얻거나 보완할 수 있다. TV 모금방송 기부자 예시에서 2차자료로 적절한 것에는 데이터베이스 응답기록, 인구통계학적 또는 데이터 프로파일링 자료, 업계 신문에 실린 자료, 연구 보고서, 전문저널 등이 있다. 기부자 유지와 관련이 있는 2차자료의 주요 출처는 〈예시 5-1〉에 열거해 놓았다.

〈예시 5-1〉 2차자료의 주요 출처

내부출처

데이터베이스 기록
데이터베이스 품질 분석
경영진의 평가
내부 보고서

분야저널

FundRaising Management
Nonprofit Times
Chronicle of Philanthropy
Nonprofit Management and Leadership
Nonprofit and Voluntary Sector Quarterly
International Journal of Nonprofit and Voluntary Sector Marketing

학술/연구기관

Indiana Center on Philanthropy
http://www.philanthropy.iupui.edu/

The Urban Institute
http://www.urbaninstitute.org

Mandel Center for Nonprofit Organizations, Case Western Reserve University
http://www.cwru.edu/mandencenter

Hauser Center for Nonprofit Organizations, Harvard University
http://www.ksghauser.harvard.edu/

Social Welfare Research Institute, Boston College
http://www.bc.edu/research/swri

The Aspen Institute
http://www.aspeninstitute.org/

Independent Sector
http://www.independentsector.org

〈예시 5-1〉 계속

모금 정보 웹사이트

www.Charityfundraising.org
www.givingcampaign.org.uk
www.charitynet.org
www.fundraising.co.uk
www.guidestar.org
www.caritas.co.uk

싱크탱크

The Future Foundation
http://www.futurefoundation.net/

Social Market Foundation
www.smf.co.uk

전문가 협회

Association of Fundrasing Professionals(AFP)
www.afpnet.org

Institute of Fundrasing
http://www.institute-of-fundrasing.org.uk/

Association for Research on Nonprofit Organizations(ARNOVA)
www.arnova.org

International Society for Third Sector Research(ISTR)
www.istr.org

Council for Advancement and Support of Education(CASE)
www.case.org

기타

American Association of Fundrasing Counsel(AAFRC), Trust for Philanthropy
http://www.aafrc.org/philanthropy/

Directory of Social Change
www.dsc.org.uk

Better Business Bureau
www.bbb.org

기초자료 수집하기

많은 경우 기존 정보에는 대표성이 충분치 않고, 데이터는 유지 프로그램을 설계하고 투자할 때 자신 있게 활용할 수 있을 만큼 최신의 것이나 적절한 것이 아니다. 기부자 태도와 감정에 대한 정보는 특히나 구하기 어렵다. 특정 단체에 대한 기부, 특정 비영리기관과의 관계가 가지는 가치를 알아볼 때 늘 전적으로 합리적인 근거를 기준으로 삼는다면, 연구를 할 필요는 거의 없다. 모금전문가는 기부자 동기를 통해 합리적 예측을 할 수 있을 것이고, 대개는 옳은 것으로 증명될 것이기 때문이다. 그러나 인간은 비합리적으로 행동하고, 감정적이고 주관적 근거에 따라 반응하는 경우가 많다. 이런 경우, 연구 프로그램 개발은 기부 여부에 대한 기부자 동기를 알아낼 수 있는 유일한 방법이다.

2차자료를 탐색한 다음에도 정보마다 차이가 있다면, 모금전문가는 연구목적을 달성하고 새로운 자료를 얻고자 기초적 연구를 실시해야 한다. 이 연구에는 대체로 비용이 많이 들기 때문에 정보의 충분한 가치를 확신할 수 없다면 시작하지 말아야 한다. 기관은 기초연구의 두 가지 넓은 범주인 질적, 양적연구를 의뢰할 수 있다. 실행 가능한 연구유형과 방법은 다음 내용에서 알아볼 것이다.

질적연구

질적연구(*Qualitative Research*)는 감정, 의견, 동기를 통찰할 수 있게 한다. 그러므로 기관에 대한 기부자의 인식, 기부자가 받는 소통에 대한 느낌, 또는 특정한 모금 접근법에 반응을 하게끔 동기를 부여하는 요소를 알아보고자 한다면, 질적연구 방법을 이용하는 것이 합리적이다. 가장 일반적인 질적연구 방법은 심층면접(*depth interview*)과 표적집단〔*focus groups*, 집단토의(*group discussion*)〕이다.

심층면접은 개인과 집단의 의견을 알아볼 목적으로 실시한다. 면접은 일대일로 진행되므로 피면접자는 사회적으로 용인 가능한 방식으로 응답해야 한다는 부담감을 느끼지 않는다. 그리고 다른 연구 참여자가 자신의 생각을 어떻게 생각할지 걱정하지 않아도 된다. 이 방법을 이용할 때 연구자는 대상을 편안하게 해줘야 하고, 면접과정은 공개적이고 비위협적이라는 점을 확신시켜줘야 한다고 배우게 된다. 심층면접은 연구자가 거론할 요인에 대해 어느 정도 알고 있는지에 따라 비구조화, 반구조화, 고(高) 구조화를 이룰 수 있다. 연구자가 상세한 지식이 없을 경우, 비(非) 구조화된 접근법으로 주제에 대한 일반적 논의를 진행할 수 있다. 그러다 보면 적절한 문제가 드러나면서 주제의 범위를 좁힐 수도 있다. 이 방법의 단점은 고비용이다. 면접 한 건당 소요비용은 최대 30달러이며, 면접자의 대답을 자의적으로 해석하는 등 잠재적인 편견 가능성이 있다.

표적집단, 또는 집단토론을 하려면 연구목적을 주제로 하는, (보통) 1~2시간의 토론에 참여할 것에 동의한 개인 6~10명을 모아야 한다. 토론은 기관 사무실, 혹은 참가자의 편의를 고려하여 따로 마련한 곳에서 진행할 수 있다. 표적집단 연구자는 신중하게 토의를 도우며, 참가자가 모두 참여하고 있는지 점검한다. 토론을 독점하거나 이끌어가려는 사람, 자신의 생각을 표현하지 못하는 사람이 있을 수도 있다. 매우 유능한 조력자는 모든 참가자의 의견이 동등하게 표현될 수 있도록 해야 한다. 표적집단의 토론은 대개 사후분석을 위해 녹음하거나 녹화한다. 이 방법의 가장 큰 단점 역시 비용이다. 일반적으로 표적집단에 드는 비용은 1,000~2,000달러이며, 특정 연구사안을 다룰 때 통상 필요한 집단 수는 6~10개이다. 그보다 규모가 작은 집단을 근거로 삼아 결론을 내리는 것은 권할 만한 사항이 아니다. 일부 표적집단으로는 기부자 전체 집단을 대표할 수 없기 때문이다.

질적연구결과 나타난 인상(*impression*)과 감정(*emotion*)은 수치화할 수 없으므로, 질적연구 자체는 유효한 시장연구라 할 수 없다. 표본 크기가 지나치게 작을뿐더러 질문을 던지는 방식이 일관되지 못하다. 결과 해석 역시 주관적일 수밖에 없다. 2~3명의 연구자(혹은 대행업체)가 똑같은 방식으로 질적연구를 수행하더라도 같은 결과가 나오는 경우는 거의 없다. 소수의 의견이 (의견을 조사한) 전체집단을 대표할 수 없기 때문이다. 예를 들어, TV 모금방송 기부자 집단을 표적집단으로 삼아 연속적 호소에 대한 무응답 문제를 알아보고자 한다면 유의미한 원인 목록을 얻을 수도 있다. 그렇더라도 그것이 TV 모금방송을 이용한 기부 시장 전체에 대한 의견이라는 점을 입증할 방법은 없다. 표적집단은 기부자 감정을 알 수 있는 훌륭한 방법이지만, 얼마나 많은 사람이 그렇게 생각하고 있는지는 알 수 없다. 질적연구의 값어치는 적절한 기부자 집단이 전체의 감정과 행동을 대표한다는 가설을 수립할 때 가능하다. 가설은 대개 양적 기술로 검증할 수 있다.

양적연구

양적연구(*Quantitative Research*) 시에는 수치화된 정보를 수집해야 한다. 연구목표는 특정 의견을 고수하거나, 특정 사안이나 요인을 동기로 삼는 집단 구성원의 수치를 얻는 것이다. 양적연구법에는 면대면 면담, 전화면담, 우편과 이메일을 이용한 설문조사가 있다.

면대면 면담(*face-to-face interview*)은 집, 길거리, 사무실에서 이루어질 수 있다. 질적·양적자료 모두 이 방법을 통해 수집이 가능하다. 비록 시간제약 때문에 양적연구에 집중하는 편이 더 현실적일 때가 많지만, 면담자는 한 묶음의 대본을 바탕으로 질문들을 던진 다음, 답변을 기록하고 추후에 이를 수치화하여 분석한다.

마케팅 연구에서 전화면담이 차지하는 비중은 갈수록 높아지고 있다. 면대면 면담과 마찬가지로, 전화 조사자는 대본에 따라 조사를 실시한다. 지금은 일반적으로 컴퓨터 기반 전화면담이라는 시스템으로 자동화되어 있어, 면담자는 컴퓨터 화면에 질문을 띄워놓고 신속하게 답변을 입력할 수 있다. 반응을 기록하면 시스템은 곧바로 다음 질문을 보여준다.

우편설문(*postal questionnaires*)은 선택 대상에게 개별화 정도가 낮은 방법으로 조사를 시행한다. 미리 요금을 지불한 응답 봉투와 함께 설문지를 발송하는데, 어떤 시점까지 응답을 촉구하는 경우가 흔하다. 우편 설문에는 돈이 적게 든다는 장점이 있지만, 응답률은 대체로 저조하다. 응답률은 보통 5~10%대이며, 젊은층을 대상으로 할 경우에는 그보다 낮을 수도 있다.

많은 조사자들은 2010년대에 전자 설문조사(*electronic survey*)가 전화와 우편조사를 대체할 것이라 생각한다. 기부자에게 이메일로 설문 조사지를 보내거나, 양이 많은 설문지는 기관 홈페이지(또는 암호화된 사이트)에 올려놓아, 기부자에게 조사 응답 여부를 묻는 메일을 보내면서 필요한 링크를 보여준다. 기관이 필요한 기술을 이미 유지하고 있을 경우에는 비용이 적게 든다는 장점이 있지만, 여기에서도 문제는 무응답자이다. 설사 새로운 혜택을 제시하더라도 응답률은 5~10%에 불과하다.

우편이나 이메일 설문조사를 실시하는 모금전문가는 조사자에게 무응답자 편향 현상, 즉, 응답자와 무응답자가 큰 차이를 보이는 현상을 어떻게 처리할 것인지 물어야 한다. 이는 유지 연구에서도 골치 아픈 문제이다. 문제 해결방법 한 가지는 무응답자 중 소수 표본을 추려 사후 전화통화를 시도하는 것이다. 차이점을 비교하기 위해 표본에서 나타난 결과를 그보다 더 큰 우편 설문조사 표본집단의 결과와 대조해볼 수 있다. 차이가 없을 경우에는 안심하고 우편 설문조사 결과를 신뢰할 수 있다. 차이가 나타날 경우에는 거듭 다른 방법을 이용해야 할 수도 있다.

무응답자에 대해 조사 초기 25%와 후기 25%의 답변을 비교하는 조사자도 있다. 조사 시 후반부에 응답한 대상이 무응답자와 가장 유사하다는 것이 여기에서의 주장이다. 두 집단 사이에 차이가 있다면 아마 결과가 문제일 것이다. 아무런 차이가 없다면, 결과는 조사한 대상 전체의 의견을 대표할 것이다.

양적 조사에서 이를테면 TV 모금방송 응답자 같은 경우에, 표적집단 내 전원에게 적합한 질문을 던질 수도 있다. 모두가 자신의 의견을 표현할 기회를 가지므로, 조사자는 본질적으로 인구통계조사(*census*)를 실시하게 된다. 그러나 대개의 기부자 연구에서 인구통계조사 방법은 불가능하다. 총인원수가 대체로 엄청나게 많기 때문이다. 연구 대상 집단 전원과 접촉하려면 엄청난 비용이 들기 때문에 세세한 계획은 실행할 수 없다. 이 경우 연구자는 집단에서 표본을 추출하고, 표본집단의 통계치를 계산한다. 표본은 의견을 밝히고, 전체의 의견이나 행동에 대한 추정치를 제공하므로 모두와 접촉할 필요는 없다.

표본추출은 다양한 방법으로 가능하나, 전문적인 방법은 이 책에서 다룰 만한 내용이 아니다. 그러나 기부자 연구를 수행하거나 해석해야 하는 모금전문가는 방법들의 장단점을 각각 알고 있어야 한다. 유능한 연구 대행업체라면 가장 적절한 방법을 선택하여 조사할 것이다. 연구자는 표본성격, 크기를 정해야 한다. 표본크기는 계산해야 하는 통계치의 종류, 요구되는 정확도, 연구대상 집단, 이용할 수 있는 자원 등 다양한 요소들에 따라 달라진다. 여러 가지 도구(표, 계산기, 소프트웨어 프로그램, 온라인 툴 등)를 이용해 적절한 표본 크기를 산출할 수 있다. 놀랍게도 표본 규모를 계산할 때, 집단규모는 별 상관이 없다. 그보다는 집단 내 다양성을 기준점으로 삼아야 한다. 1만 명이 호소에 똑같이 응답한다면, 다른 사람들의 행동을 예측할 때 1명의 표본만을 선택할 수 있다. 그러나 1만 명의 응답 수준과 방식이 제각각이라면 표본은 더욱 커야 할 것이다. 다양한 변인들을 고려할수록 표본의 규모는 커져야 한다.

연구방법 선택하기

연구방법을 분명히 알고 있을 경우, 비영리기관(혹은 연구 대행업체)은 연구목적에 걸맞은 방법을 선택할 수 있다. TV 모금방송 예시로 돌아가보자. 이제는 언급했던 연구기술을 이용해 각각의 목적을 어떻게 달성할 수 있을지 상세하게 이야기할 수 있다. "TV 모금방송으로 모집한 기부자 중 기부해지자의 숫자를 세고, 기부자의 유지율 추세를 알아보고자 하는" 목적을 달성하려면, 모집한 회원의 수, 시간이 흐르면서 기부를 중단한 회원의 수를 산출할 수 있는 데이터베이스 기록을 이용하면 된다. "이러한 유지 추세가 특정 집단에 한정된 것인지, 전체적으로 일반적인 것인지 알아보고자" 한다면, 언론, 학회지, 공개 보고서에 나온 2차 자료를 이론적으로 연구하면 된다. "TV 모금방송으로 모집한 기부자의 프로필을 얻으려면" 기존 데이터베이스 정보를 이용하거나 데이터 프로파일링(제6장 참고)을 통해 가능하다. 그 밖의 목적들은 2단계(*two-stage*) 연구 프로그램을 이용해 달성할 수 있다. 즉, 일련의 가설을 수립할 수 있도록 표적집단을 설계하고, TV 모금방송으로 모집한 기부자 전원을 대표할 만한 큰 집단을 대상으로 가설을 검증하고자 설계한 양적연구를 시행한다.

자료해석

연구 대행업체가 수집자료를 제출하면, 의뢰한 업체는 수익성을 위해 보고서를 의심해보아야 한다. 비록 대행업체와 의뢰업체 사이의 신뢰도가 높더라도, 기관은 결과가 전적으로 정당화되었을 것이라 예측해야 마땅하다. 질적 자료를 수집했을 경우, 대행업체가 이끌어낸 결론은 자료에 기반을 둔 것이어야 한다.

기관은 표적집단과의 면담을 기록한 필기록에서 예시로 든 인용구를 찾아봐야 한다. 이는 구체적 결과를 정당화하고 각각의 결론이 도출된 까닭을 이해할 수 있게 한다. 대행업체가 작성한 보고서에서 근거가 미흡하다면, 기관은 연구자가 이야기하는 합리성에 부합하는지 알아보기 위해 1~2회 토론 기록 내용을 요구해야 한다. 대개 그렇듯 기관이 '객관적' 의견이 필요하다는 이유로 대행업체를 고용했다면, 왈가왈부하지 말아야 한다. 어떤 해석에 반드시 동의해야 하는 것은 아니지만, 업체의 방식에는 따라야 한다.

양적 자료를 해석할 때도 중요한 점은 같다. 기관은 도출된 결론이 전적으로 제시된 숫자와 통계치에 기반을 두었다는 점을 확인해야 한다. 비전문가라면 통계치의 미묘한 차이를 알기란 어려울 것이다. 그렇더라도 결론이 제시한 자료에 대하여 논리적인지 여부는 확인할 수 있어야 한다. 살펴본 보고서 중 하나에서 연구 대행업체는 비영리기관에 재산을 기부(또는 유증) 해달라는 호소를 받은 기부자를 대상으로 조사를 실시하였다. 연구목적은 기존 기부자에게 기부요청을 할 때 기관이 선택해야 하는 소통방식을 알아내는 것이었다. 대행업체는 기존의 기부자가 보통 선호하는 소통방식이 직접우편이라는 사실을 알아냈고, 그리하여 모금 데이터베이스 내의 나머지 기부자에게 추후 호소를 할 때 직접우편을 활용해야 한다는 결론을 내렸다. 그러나 이들은 조사 초반부에서 응답한 기부자들이 애초 직접우편을 통해 모집되있다는 사실은 잊고 있었다. 그러니 직접우편이 가장 적합한 수단이라고 생각하는 것도 당연한 일이었다. 그들 모두는 이 매체에 반응을 보였다는 사실이 이미 입증되었다! 다른 매체를 통해 기관과 접촉한 기부자라면 재산이나 유증기부 문제에 대해 다른 의견을 표할 수도 있다.

조사 대행업체 선별과 관리

명시한 것과 같이, 모금기관이 전문 조사원과 기술적 지원을 갖춘 경우는 드물다. 기부자에 대한 조사자료를 수집하고 분석할 때는 외부 전문가를 고용해야 하는 일이 다반사이다. 이때 기관은 연구문제를 정의하고, 연구목적을 개발하는 일부터 시작해야 한다. 여기에서 목적은 의뢰서에 포함되어야 하며, 공식적으로 동의한 것이어야 한다. 비영리기관은 이미 관계를 맺고 있는 대행업체에 의뢰서를 제출할 수 있다. 혹은 업체 간 경쟁 과정에서 의뢰서에 반응을 보이는 대행업체에 요청할 수도 있다. 연구에는 비용이 많이 들지만, 입찰이나 유치 같은 과정을 이용하면 투자한 만큼의 가치를 얻을 수 있을 것이다. 대행업체에 유치를 요청할 경우에는 연구목적에 부합하는 요구 자료를 명시해 줄 것과, 자료수집 과정에서 필요한 방법을 개략적으로 설명한 제안서를 보내줄 것을 요구해야 한다. 비용과 계획은 제안서에 포함되어야 하며, (양적연구의 경우) 결과의 정확도 역시 제시될 수 있을 것이다.

프로젝트를 수행할 대행업체를 결정할 때는 여러 가지 사항을 염두에 두어야 한다. 여기에는 비용, 제안서(평가방법은 추후 논의할 예정), 대행업체의 평판(특히 업체가 이용하는 구체적 조사방법에 대한), 비영리기관 부문, 특히 기부자 조사에 대한 업체의 경력이 있다. 대행업체의 직원이 가진 경력과 경험, 대행업체와 경쟁기관의 작업 유무 역시 고려대상이다. 비영리기관의 경쟁사를 잘 알고 있으면 유리하기는 하나, 기밀유지나 이익충돌 문제를 짚고 넘어가야 한다.

비영리기관은 제안서 검토 시 조사 프로그램의 모든 면을 고려해야 한다.

- 제시한 방법들은 적절한가? 살펴본 것처럼 질적·양적방법에는 저마다의 장단점이 있다. 질적방법으로는 유용한 개념과 가설을 낳을 수 있으나, 전략적 변화를 위해 단독으로 이용할 수 없다. 유지 연구에서 소통빈도와 내용을 결정할 때 심층면담이나 표적집단만을 근거로 삼아서는 위험하다. 그들의 응답이 기부자 기반의 의견을 대표하지 않을 수도 있기 때문이다.
- 양적연구에서 대상으로 삼은 표본은 기부집단 전체를 대표하는가? 조사자는 표본 선별 시 고려해야 할 주요 변인(예: 연령, 성별)을 애초에 명시해야 한다. 비영리기관과 조사 대행업체는 표본에 적절한 개개인이 섞여있으며, 이렇듯 혼합적인 표본이 연구대상인 전체 기부자를 대표한다는 점을 확실히 해야 한다.
- 표본크기 역시 점검대상이다. 이미 논의했듯, 표본규모가 크다고 반드시 연구가 탄탄해지리라는 보장은 없다. 표본집단의 크기가 적절

하다면 집단의 변화가능성, 이용기술, 요구되는 정확도라는 목적을 모두 알 수 있다. 연구대상으로 삼아야 할 기부자 집단이 클 경우, 표본집단을 200명 이하로 잡은 연구 제안서는 의심하는 것이 좋다. 표본이 너무 작으면 그 결과는 대표성이 없다. 그런 자료를 근거로 결정을 내린다면 기관은 심각한 위치에 처할 수도 있다.

- 대행업체가 목표로 하는 응답률, 무응답 편향 현상을 다루는 방법을 면밀히 검토해야 한다. 예를 들어 보고서에는 '1,000명의 기부자를 조사한다'고 해놓았으나, 응답률이 10%에 그칠 수도 있다. 이 경우 고작 100명의 의견만을 얻게 된다. 그러나 연구에서 응답한 이 100명이 조사대상을 대표하지 못한다면 결과는 무효하다. 기부자 기반 중 20%가 남성, 80%가 여성이며, 70세 이상이 30%, 연간 가계소득이 10만 달러가 넘는 기부자가 75%라고 가정해보자. 100명의 응답자에서도 이러한 비율이 동일하게 나타난다면 결과는 대표성을 띤다고 할 수 있다.
- 대행업체와 조사자는 조사결과의 예상정확도를 제시할 수 있어야 한다. 연구결과가 우연에 의한 것일 가능성은 항상 존재한다. 발전 프로그램에 변화를 꾀하기 전에 결과의 정확도를 확신하는 것은 중요하다.
- 연령, 성별, 소득처럼 단순한 변인은 단일 질문으로 알아낼 수 있다. 그러나 기관에 대한 기부자의 신뢰도 같은 복합적 변인은 단일 질문으로는 측정이 불가능하다. 조사자가 유의미한 응답을 얻어내면서 조사를 끝내려면 여러 가지 질문으로 이러한 개념들을 입증해야 한다. 기부자에게 단순히 예/아니오 식의 질문을 던져 기관에 대한 신뢰도를 묻는 것은 무의미하다. 비영리기관을 믿는다는 의미는 무엇이며, 신뢰도가 중요한 경우는 언제인가? 〈예시 5-2〉에 이 문제를 보다 효율적으로 알아내고자 활용할 수 있는 질문들을 제시했다. 신뢰도 측정기준이 필요하다면 이와 같은 질문의 대답을 (평균) 기준

〈예시 5-2〉 신뢰도 측정에 필요한 질문 예시

열거한 각 활동을 수행하는 데 X기관을 어느 정도 신뢰합니까?							
	낮은 수준의 신뢰도						높은 수준의 신뢰도
항상 대의에 높은 관심을 보인다	1	2	3	4	5	6	7
윤리적으로 운영한다	1	2	3	4	5	6	7
기부금을 적절하게 이용한다	1	2	3	4	5	6	7
기부자를 착취하지 않는다	1	2	3	4	5	6	7
적절하고 분별 있는 모금 기술을 이용한다	1	2	3	4	5	6	7

으로 삼는 것이 적절한 방법일 수 있다. 그러므로 비영리기관은 대행업체가 복합적 사회현상을 측정하는 방식에 의문을 품어야 한다. 유지 연구에서 신뢰도, 참여의식, 로열티, 혹은 제3장에서 언급한 동정심, 공감, 사회적 규범에 따르고자 하는 욕구 같은 동기들을 측정하는 것은 단순한 작업이 아니다. 그렇더라도 유능한 대행업체라면 측정방법을 설명하고 정당화할 수 있어야 한다.

제안서에 대한 답변을 기준으로 업체를 선택한 다음, 기관은 프로젝트 진행시 필요한 소통망을 구축해야 한다. 보통은 업체에서 기관과 소통할 직원을 배치한다. 비영리기관에서 프로젝트를 담당하는 직원은 일정에 따라 진척사항을 점검하고, 원활한 연구를 위해 업체에서 요구하는 정보와 수단을 모두 제공해야 한다. 조사 프로젝트가 2단계, 즉 양적연구보다 질적연구를 먼저 실시할 경우, 기관에서는 1단계가 끝난 다음 중간 보고서를 요구하여 2단계에 들어가기 전 결과의 '현실성 검증'을 실시해야 한다.

요약

프로그램과 구조를 구축하여 기부자와의 관계를 다지고 수행하며, 기부자 로열티를 장려하고 구축하려면 기부자에 대한 정확한 최근의 정보를 많이 알아야 한다. 정보는 기부자 행동 분석자료, 기부자와의 직접 대화 시도, 조사 등 여러 방법으로 수집될 수 있다. 조사 시에는 기존 자료를 이론적으로 살펴볼 수도 있고, 특정 문제나 일련의 문제를 해결하고자 정보를 새로이 수집하고 분석해야 할 수도 있다.

이번 장에서는 기부자 연구에서 사용할 수 있는 기술과 방법, 각각의 장단점, 연구 프로젝트를 시행할 때 따라야 하는 절차를 알아봤다. 조사는 특정한 도구와 경험이 필요한 전문가의 지식영역이다. 대개의 경우 조사를 수행하려는 비영리기관은 대행업체에서 전문가를 초빙해야 한다. 여기서는 업체 선별 시 필요한 몇 가지 권장사항, 연구 제안서와 보고서를 살펴볼 때 고려해야 하는 몇 가지 문제를 제시했다.

다음 장에서는 유지 조사결과를 모금전략에 반영하는 방법을 설명하고자 한다.

06

로열티 향상을 위한 기부자 세분화 이용

앞 장에서는 시장조사를 통해 기부자 동기와 선호도 정보를 수집하는 방법을 알아보았다. 여기에서는 이러한 정보를 유지전략에 어떻게 반영할지 생각해본다. 특히, 기부자들을 묶어 특정한 구획으로 세분화하는 기법을 살펴볼 것이다. 이는 소통 프로그램을 개별화할 때도 활용이 가능하다. 다수의 기부자를 대상으로 한 진정한 일대일 소통은 고액기부자의 경우에는 필수적이지만 여전히 현실적으로 수행되기 힘들다. 그러나 기부자 기반을 세분화하여 개발 프로그램에 착수한다면, 모든 기부자에게 접근할 수 있게 된 기관은 기부자의 선호도를 충족시킬 수 있다. 실제로 모든 기부자는 기관이 개별적으로 응답한다고 생각할 것이다. 이는 로열티 구축에 여러 가지 이유로 유용하다. 첫째, 기관이 기부자 요구를 충족시킨다면, 후원 대상을 굳이 바꿀 이유가 없다. 둘째, 기관이 자신의 요구를 수용한다고 생각하는 기부자는 기부를 계속하거나 확대하는 방식으로 그에 보답할 의무가 있다고 생각한다. 셋째, 기부자가 소통의 정도를 선택할 수 있으므로 기관을 쉽게 기억하며, 기관과의 접촉을 소중히 생각한다. 그러므로 지속적으로 기부할 확률도 높아진다.

이번 장에서는 기부자 데이터베이스를 통해 일대일 소통을 어떻게 실현할 수 있을지 알아본다. 가장 일반적으로 이용되는 기부자 세분화를 살펴보고, 각 집단을 유지하고 개발하는 데 가장 효과적인 프로그램 종류를 대략적으로 설명한다. 여기에서는 일대일 소통의 인식(*perception*)이라고 표현하지만, 모든 기부자에게 일대일 소통을 받기에 충분한 자격이 있다는 생각을 심어주려는 것은 아니다. 기부자 요구는 매우 개인적일 수 있다. 그렇더라도 기관의 기부자가 수백, 수천, 심지어 수만 명에 이를 경우, 기부자 집단의 요구는 똑같지 않더라도 비슷할 것이다. 요구들은 제각각, 성공적으로 구분될 수 있으며, 기부자는 자신이 생각할 때 선호하는 관계를 정확히 반영한 비영리기관을 후원한다.

세분화의 정의

세분화(*segmemtation*)는 '(대개 구분하기에 너무 큰) 시장 전체를 공통점을 기준으로 나누는 일'로 정의한다(Korler, 1991: 66). 또한 '다양하고 차별화된 〔기부자〕 집단 또는 잠재 가능성을 가진 사람〔기부자〕을 유사한 요구 양상이 존재하는 더 작은 집단으로 구분하는 과정'이다(Wilson, Gilligan, and Pearson, 1992: 91). 세분화의 목적은 특정한 일련의 요구나 이익에 집중하여, 비영리기관이 자체적으로 문제를 해결할 수 있는 모금 프로그램을 개발하기 위한 것이다. 이 방법을 이용하면 기관에 대한 기부자의 호감도와 모금률이 높아진다. 그리하여 결과적으로 기부액과 로열티도 커질 것이다.

세분화 기준

비영리기관에서 기부자 기반을 세분화할 때는 광범위한 기준을 이용한다.

인구통계학적 기준

연령, 성별, 사회경제학적 집단, 가족규모, 가족 생활방식, 소득, 종교, 인종, 직업, 교육 같은 변인을 기준으로 기부자를 집단으로 묶을 수 있다. 이러한 변인들을 한데 추려 인구통계학적 변인이라 한다. 대부분의 경우 이러한 변인의 일부 혹은 전부를 배합하여 기부자 프로필을 구축한다. 인구통계학적 자료는 오랫동안 수집해 왔으므로, 집단별 기부행동, 가능한 요구와 욕구, 동정심, 선호도에 대한 정보가 방대하게 알려져 있다. 그러므로 인구통계학적 정보를 수집할 경우, 추론할 수 있는 많은 정보의 신뢰도는 매우 높다. 연령, 성별, 소득, 직업이 가장 보편적으로 이용되는 인구통계학적 변인들이다.

비영리기관 후원자 중 상당수는 고령층에 속한다. 연령(*age*)은 이용하는 정보의 소스와 가장 편안하게 생각하는 소통방식, 민감하게 반응하는 사회적 영향력을 보여주는 신뢰할 만한 지표이다. 〈예시 6-1〉에서 입증한 기부자 프로필의 예시에서도 이를 알 수 있다. 이 프로필은 청각장애인과 난청인의 복지를 담당하는 비영리기관이 후원자 기반을 세분화한 것이다. 결과에서 볼 수 있듯, 다른 연령대의 기부자들은 각기 다른 다양한 통로로 기관과의 관계를 시작한다. 이들의 관심과 로열티를 유지하려면 다양한 혜택과 활동이 필요하다. 이렇듯 연령으로 나누는 방식은 '전형적'(*typical*) 개인의 특징을 이용한 것으로, 매체를 계획하고 소통을 기록, 고안할 때 유용한 지침으로 삼을 수 있다. 이러한 프로필에 언급된 모든 집단에게 똑같은 메시지를 보냈을 경우의 피해를 생각해보라!

〈예시 6-1〉 기부자 프로필 예시

Elders, 70세 이상

대부분 저소득층이나 채무는 없다. 복수의 자선단체를 후원하고 싶어 하나, 재량껏 쓸 수 있는 자금은 한정되어 있으므로 기부 수준은 대개 낮다. 주로 아동집단, 동물보호, 자신의 개인적 경험과 관련 있는 의료 명분을 선호한다. 이들은 전통적 가치를 고수하기 때문에 위와 같은 것을 실천하고자 쏟는 노력을 높이 평가한다. 한 예로는 후원의 대가로 개별적으로 받는 감사를 들 수 있다.

도로시(Dorothy)는 청각 장애 문제로 도움이 필요했을 때, 단골의사에게 팸플릿을 받고 기관의 활동을 알게 되었다. 요즘에는 비영리기관에서 난청에 대한 의견을 묻는 설문지를 받게 되면, 기꺼이 응답하고 소액을 기부한다. 도로시라는 자기 이름이 인쇄된 자그마한 주소지 라벨은 특히나 감동적이다. 도로시는 친구들에게 편지를 쓸 때마다 그 라벨을 붙인다.

Seniors, 60~70세

자선단체가 보내는 직접 우편 중 특히 아동, 동물, 지역 대의에 대한 것에 흔쾌히 반응한다. '낭비하지 않으면 부족함도 없다'(waste-not, want-not)라는 철학을 강력히 지지하며, 전통적인 관점을 고수한다. 그리고 자신의 아이와 손자를 위해 더 나은 미래를 바란다.

조안(Joan)은 몇 년 동안 남편 켄(Ken)을 설득해 청력 검사를 받게 했다. 마침내 그녀의 노력이 결실을 거두어 켄은 디지털 보청기를 끼게 되었다. 기관의 호소를 받은 조안은 특히 그 기관이 남편에게 도움이 되었던 신기술을 개발하는 과정에 참여한 사실을 알고 기뻐했다.

Thrivers, 50~60세

예전 50세 이상보다 더 부유하고 건강하며, 적극적이다. 이들은 나이 든 사람들이 아니다. 자기 명의의 집이 있고, 부모에게 물려받은 재산을 누리고 있다. 자선 시장을 비교해보고 서비스에 높은 우선순위를 둔다. 해외 자선단체와 의료 자선단체, 인류의 유산과 환경을 보호하고자 하는 기관에 기부한다.

사라(Sarah)는 원래대로라면 기관에 기부할 마음을 먹지 않았을 것이다. 그러나 부부동반 사교행사에서 갈수록 대화에 끼기가 어렵다는 생각이 들었다. 때마다 호소 편지를 내다버리던 그녀였지만, 이번 비영리기관의 연구기금 호소는 조금 다르다는 생각이 들었다.

〈예시 6-1〉 계속

Settlers, 35~50세
직장에서 경력을 쌓고 가정을 꾸려나가는 이들이다. 돈은 넉넉히 벌지만 대부분 주택 자금과 육아에 쓴다. 일반적 자선행위보다는 개인적으로 특별히 관심을 가지는 일에 근거를 두고 자선단체를 후원한다. 이들이 주로 기부할 법한 기관은 인권이나 아동후원에 관련된 곳이다.

루시(Lucy)에게는 선천성난청을 앓고 있는 6살 난 아들이 하나 있다. 루시는 기관의 서비스를 이용한다. 기부하는 대신 정보를 받는 것이다. 그녀는 공개적이고 정직한 방법으로 기관에게 소식을 듣고자 한다. 또한 마케팅에서 어떤 언어를 사용하는지 잘 알고 있다.

Starters, 20~35세
스스로의 독립을 경험하고 즐기며, 버는 것보다 더 많이 쓰는 일이 잦다. 인정이 많기보다는 자기중심적인 경향이 있다. 사회의 불평등, 구세대에게 물려받은 환경을 걱정한다. 경력을 쌓을 기회, 고수익, 건강, 근사한 퇴직을 꿈꾼다.

케리(Kerri)는 일에도, 노는 것에도 열심이다. 할머니의 귀가 안 들리는 것은 슬프지만 자신에게는 먼 미래의 일이라 생각한다. 나이트클럽을 즐겨 찾지만 시끄러운 음악을 장시간 들으면 난청이 유발된다는 뉴스를 보면 조금 걱정이 된다.

많은 연구는 기부에서 나타나는 성별(*gender*)에 따른 차이를 이야기한다. 여성은 여러 자선단체에 기부하는 경향이 있기 때문에 기부액이 다소 적다(Sargeant, 1999). 대부분의 비영리기관 기부자 데이터베이스를 살펴보면 여성이 단연코 많다. 수익성 마케팅 연구에 따르면 정보에 응답하는 방식에서 여성과 남성은 뚜렷한 차이를 보인다(예: Marx, 2000이나 Braus, 1994 참고). 이러한 연구를 이용해 '남성', '여성'으로 메일링 집단을 구분하여 개발하는 기관도 있다. 성별을 기준으로 세분화할 경우 직접 마케팅에서 얻을 수 있는 장점은 검증이 용이하고 비용이 비교적 적게 든다는 것이다.

소득(*income*) 역시 세분화에 유용한 기준임이 밝혀졌다. 특정 집단의 실제 소득을 알아내기는 어렵지만, 소득은 기부성향과 예상 기부액을 효과적으로 나타내는 지표이다. 사회경제학적 수준이 매우 높거나 낮은 집단일수록 중간에 위치한 사람에 비해 소득 중 높은 비율을 기부하는 경향이 있다.

소득을 기준으로 한 일반적 모금방식에서는 요구 정도가 나누어진다. 경험을 통해 소득이 높을수록 낮은 사람보다 요구 액수가 낮은 기부 요청에 응답할 확률이 적다는 사실을 알 수 있다. 많은 사람은 영향을 미칠 수 있을 정도로 기부하고자 한다. 그러므로 요청 수준은 선별된 기부자에게 적절한 것이어야 한다.

지리인구통계학적 기준

지리인구통계학적 정보는 지리학적 위치, 거주 형태, 생활방식 정보를 합친 것이다. 이 정보는 특정 지역의 구매(그리고 기부) 행위를 확인할 때 이용할 수 있다. 지리인구통계학적 세분화 시스템을 구축하는 사람은 여러 가지 유형(보통 40~70가지)으로 세대주를 세분화한다. 이 시스템이 효과적인 까닭은 거주지가 가까운 사람들끼리는 대체로 비슷한 인생국면을 보이며, 관심사와 행동도 흡사하기 때문이다. 미국에서 이용하는 대표적인 방법으로는 클레리타스(Claritas Corporation)에서 개발한 PRIZM 시스템이 있다. 회사는 42,000개 우편번호 지역 내 인구에 대한 방대한 정보를 수집했는데, 여기에는 인구통계학적 자료, 제품과 서비스 구매, 매체 이용내역이 포함되어 있었다. 취합 과정에서 우편번호 지역 집단을 62개 구획과 15개 사회집단으로 나누고, 'Shotguns and Pickups', 'Money and Brain', 'Second City Elite'와 같은 이름을 붙였다. 모금전문가는 PRIZM 체계를 이용하여 신규 기부자를 조사할 수 있으며, 기관 데이터베이스 외 코드 시스템을 구입하여 자동으로 모든 기부자 기록에 지리인구통계학적 자료를 추가할 수 있다. ACORN(A Classification of Residential Neighborhoods), ClusterPlus, MicroVision 같은 시스템은 미국에서 이용 가능하며, 영국에도 이와 유사한 시스템이 있다.

유지 문제를 생각할 때, 데이터베이스에 지리인구통계학적 코드를 첨가하면 후원자를 상세히 아는 데 도움이 된다. 보통은 특정 가구 구획의 후원 성향을 알아낼 때 이용할 수 있다. 공급업체는 그러한 구획에 거주하는 개인에 대한 추가자료를 제공할 수 있다. 이 자료는 일반 기부자에 대한 풍부한 정보를 제공해주며, 그로 인해 가장 호소력이 높을 법한 기부자 발전과 유지 메시지가 어떤 종류의 것인지 알려준다.

라이프스타일 기준

라이프스타일은 사회에서 살아가는 생활방식으로, 개인의 활동(일, 취미, 사회생활, 오락거리, 쇼핑, 운동), 관심사(가족, 가정, 일, 공동체, 여가활동, 매체, 성과), 의견(누군가에 대한 생각, 사회적 쟁점, 정치, 경제, 교육, 제품, 문화)으로 표현될 수 있다. 라이프스타일 정보는 온전한 개인, 그리고 그 사람이 환경과 교류하는 방식을 보여준다.

라이프스타일 정보수집과 세분화가 가능한 이유는 조사 대행업체가 상당수에게 이를테면 가구, 재산, 행동, 관심사 같은 포괄적 정보를 제공해달라고 요청하기 때문이다. 결과적으로 많은 사람에 대한 방대한 라이프스타일 정보를 구입할 수 있다. 데이터뱅크는 제품등록카드 같은 출처나 대거 실시한 소비자 설문조사를 이용해 수집한다.

이러한 자료는 대개 자선단체가 기부자 모집 시 이용한다. 기존 기부자와 프로필이 흡사한 이들의 목록을 빌리거나 구입하는 것이다. 라이프스타일 역시 기부자 기록에 추가되어 있을 경우에는 유지 세분화에 이용할 수 있다. 유지율을 높이고자 이 정보를 이용할 때는 특정 범주의 후원자를 이해하는 것이 중요하다. 기관은 그들의 상을 그려나가며 행동을 촉구할 만한 메시지를 알아낼 수 있다. 지나칠 정도로 많은 모금전문가들이 자족할 만한 소통의 내용을 기록하고 고안할 뿐, 특정 라이프스타일 집단이 반길 만한 소통을 기록하거나 실행하지 않는다.

소통방식과 빈도 선호도

제 4장에서 이야기한 것처럼, 기부자와 쌍방향 관계를 구축할 때 가장 효과적인 방법은 소통방식과 빈도수를 선택할 기회를 주는 것이다. 인구통계학적 프로필과 라이프스타일 프로필이 똑같아도 소통방식 선호도는 완전히 다를 수 있다. 이를테면 젊은 기부자들은 많은 경우 자선단체에서 접촉 시 이용하면 가장 좋은 방식으로 이메일을 꼽을 것이나, 같은 연령대의 집단 중에는 여전히 우편을 선호하는 사람도 있을 것이다. 모금 전화를 매우 싫어하고, 사생활 침해로 여기는 기부자가 있는가 하면, 동일한 라이프스타일과 기부 내력을 가진 사람이라도 전화가 편리하고 타당한 이용 방법이라고 생각할 수도 있다.

기관은 기부자에게 실행 가능한 광범위한 선택안을 제시하여, 세분화 기준으로 삼을 수 있어야 한다. 이러한 선택안은 보통 최초 기부 후 기부자에게 보내는 환영인사 패킷에서 자세히 설명한다. 기부자들은 대부분 '첫 달'(*honeymoon*) 동안 민감한 반응을 보이며, 선호도를 밝힐 수 있는 기회에 기뻐한다. 기부자 정보를 요청하는 것 역시 기관이 기부자에게 자원을 낭비하지 않으며 정중하게 행동하므로 후원할 만한 가치가 있는 곳이라 생각하게 한다. 환영인사는 대개 기부자와 장기적 관계를 시작할 때 중요하다. 선호도를 전혀 표현하지 않는 기부자도 있으므로 기관은 '표준' 프로그램을 개발해 다수, 또는 평균적인 구획에 있는 기부자의 요구를 반영해야 한다. 또한 이 프로그램에서는 기부자 행위와 응답성(또는 무응답성)을 지속적으로 살피며 검토해야 한다.

기부자 선호도 정보를 수집한 다음에는 이를 기록하여 세분화 기준으로 삼아야 한다. 다음은 소통빈도와 유형에 대한 선호도를 근거로 한 세분화 예시이다.

1구획: 1년에 1회 (이메일)
2구획: 1년에 1회 (우편)

3구획: 1년에 1회 (전화)
4구획: 1년에 2회 (이메일)
5구획: 1년에 2회 (우편)
6구획: 1년에 2회 (전화)
7구획: 분기별로 1회 (이메일)
8구획: 분기별로 1회 (우편)
9구획: 분기별로 1회 (전화)
10구획: 의사소통 필요 없음

기부자는 언제든 선호도를 바꿀 자유가 있음을 알고, 그렇게 할 수 있는 수단을 가져야 한다. 또한 상황이 바뀜에 따라 주기적으로 자신의 상태를 점검할 기회를 가져야 한다.

무수한 경고와 제지 역시 필요하다. 비영리기관에서 제공하는 선택안은 효율적이고 경제적으로 수행이 가능한 것이어야 한다. 흔히 저지르는 실수는 기관에서 실행할 능력이 없거나 비용이 많이 드는 선택안을 기부자에게 약속하는 것이다. 데이터베이스 시스템은 기부자가 표시한 선호도를 기록하여 적시에, 적절한 소통을 만들어내도록 그 역할을 다해야 한다. 그리고 적절한 소통을 이용할 수 있어야 하고, 그러한 소통은 기존 자료를 개정하여 손쉽게 만들 수 있는 것이어야 한다. 처음부터 온갖 선택안을 제공하는 것보다, 약속을 한 다음 이를 구축해나가는 관계가 한결 낫다.

기부자 소통 선호도를 중심으로 세분화 전략을 설계 중인 기관은 그 결과로 생성된 구획의 규모가 충분하여 가치가 있어야 한다는 점도 염두에 두어야 한다. 계획을 세울 때는 가능한 모든 결합방식을 통해 규모가 작은 구획을 확실히 배제하고자 해야 한다. 소규모 구획이 생긴다면 그들에게 제공하는 선택안에 수정이 필요하다. 예를 들어, 비영리기관에서 부당할 정도로 높은 비용을 부담해야 하는 월별 메일링 서비스를 선호하는 기부자가 있는가 하면, 분기별 메일링을 선호하는 기부자도 있다.

관심 분야

많은 비영리기관은 다양한 의무를 가지며, 의무 외에도 여러 가지의 프로젝트와 관계를 맺고 있다. 그러나 그런 기관을 후원하는 기부자들은 숱한 활동 중 오직 한 가지 분야나 프로젝트(지역적인 것, 혹은 개인적 관계가 있는 것), 특정 프로젝트에만 관심이 있을 수도 있다. 기부자가 특히 중요하다고 생각하는 분야는 직접 물어보거나 기부요청에 대한 기부자의 피드백을 통해 알 수 있다. 동물보호단체의 후원자가 말보다 개를 돕는 프로젝트를 후원할지 여부를 알아내는 것처럼 선호도 예측이 단순한 경우도 있다. 반면, 특정 공동체나 요구에 도움을 주는 프로젝트 중 어떤 것을 선호할지 점검하는 것처럼 복잡할 수도 있다.

관심 분야를 기준으로 세분화를 하고, 특정한 의무에 관련성과 연계성을 강하게 느끼는 기부자에게 적절한 호소와 정보를 보내면 기관에게 유익할 수도 있다. 그러나 이 전략에도 함정은 도사리고 있다. 특정 관심 분야가 있는 기부자가 있는 한편, 비영리기관 활동에 다양하게 얽혀 있어 특정 소통 통로가 적합하지 않은 기부자도 있을 것이다. 특정 연구 분야나 프로젝트에 처음으로 관심을 보인 기부자 중 다수가 지속적으로 관계를 맺지만, 다른 분야에 대한 정보도 반길 수 있다. 그리고 비영리기관의 모든 활동에 대한 교육과정을 통해 로열티를 촉구할 수도 있다. 기부자를 관심 집단으로 구분하려면, 해당 분야에서 충분하고 적절한 활동이 이루어지고 있으며 각 영역에서 구체적 소통 프로그램을 지속할 수 있으리라는 점을 확신해야 한다.

기대 혜택

또한 기부자가 추구하는 혜택에 따라 집단으로 묶을 수 있다. 서비스 이용자이기도 한 기부자는 정기적으로 정보를 요구한다. 반면 기부의 대가로 잦은 피드백과 인지를 원하는 사람도 있다. 이러한 세분화 방식은 기부액에 따라 다른 혜택과 관심을 부여하는 기관에서 가장 분명하게 나타난다. 그러한 모금상품과 인지 전달수단은 각각 제 8장과 10장에서 깊이 있게 다룬다.

관심이나 지식수준

비영리기관 활동에 대한 기부자의 관심 특징에 따라 세분화가 가능하다. 예를 들어 영국 왕립조류보호협회(Royal Society for the Protection of Birds, RSPB)는 주제에 대한 관심과 지식수준으로 기부자들을 세분화한다. 협회는 야생조류관찰자, 그리고 정원에 새를 끌어들이고 싶지만 새에 대한 지식이 전무한 이들에게 각각 다른 내용의 소통을 보낸다. 의료연구에 관여하는 자선단체에 기부하는 사람 중에는 단체활동 외 과학적 지식에 반응을 보이는 이들도 있다. 그런가 하면 사례연구 결과와 수혜자의 이야기를 듣고 싶어 하는 사람도 있다. 관심과 지식수준에 대한 정보 중 일부는 기부자 조사를 거쳐 직접 수집하거나, 시간경과에 따른 기부자 응답연구를 통해 추론이 가능하다. 기부자가 선호하는 주제로 접근할 경우, 개별화된 메시지는 기부자의 관심과 후원을 효율적으로 지속시킨다.

활동 유형

일부 비영리기관은 서비스를 제공하는 동시에 변화를 촉구하고자 로비활동을 벌인다. 수많은 기부자들은 기관의 활동 유형에 따라 기부동기를 가지게 되므로, 많은 기관은 활동 유형을 기준으로 후원자를 구분하는 것이 이익이라고 생각한다. 그리하여 기부자가 받는 로비활동, 캠페인 메시지, 행동 촉구는 실천으로 이어질 확률이 높아질 것이고, 캠페인 자료 때문에 그 밖의 모금이나 소통이 묻히는 일이 없을 것이기 때문이다. 많은 기관은 기부자에게 캠페인과 로비활동을 안내하기 전, 선택안을 제시한다. 게다가 캠페인이 적격인 기부자 중에도 다양한 메시지마다 서로 다른 반응을 보이는 사람도 있다. 해당 캠페인이 명시하는 특정 프로젝트나 분야 때문이다. 반면, 가장 일반적인 기부자인 '운동가'(*campaigner*)는 비영리기관이 보내는 모든 메시지에 응답한다.

그런가 하면 대회, 행운번호 추첨, 제비뽑기 같은 특정 모금활동 유형에 다양한 반응을 보이는 기부자도 있다. 모금전문가는 이런 활동에 동요하는 기부자를 신중하게 선별하고, 이전의 반응과 기부자 선호도를 기억해두어야 할 필요가 있다. 제비뽑기가 재미있고 자선후원에 적절한 방식이라고 생각하는 사람도 있고, 불쾌하게 여기는 사람도 있을 것이다.

〈예시 6-2〉 기부자가 선호하는 프로그램과 활동에 대한 설문조사 예시

환경보호, 보존, 향상이라는 목표를 실현하고자, 기관에서 다음 중 어떤 활동을 강조해야 할까요?
- □ 대중 교육 프로그램
- □ 토지 매입
- □ 지지와 로비 활동
- □ 조사

기관에 바라는 관계를 설명한 항목을 체크해주십시오.
- □ 기관의 활동을 경제적으로 후원하고 기관에서 발행하는 잡지에서 환경문제에 관한 내용을 읽었으면 한다.
- □ 시급한 환경문제를 빨리 접하고 공공 기관에 편지를 보낼 수 있으면 좋겠다.
- □ 다른 사람에게 회원제를 알려 적극적으로 후원자를 구축하고 싶다.
- □ 지역의 활동가 연락망을 확충하는 데에 도움이 되고자 한다.
- □ 가까이에서 실시하는 해비타트 활동에 참여하고 싶다.
- □ 기타 (   )

다음 중, 기관을 후원하는 가장 중요한 이유 한 가지는 무엇입니까?
- □ 기관에서 발행하는 잡지를 읽고 환경 문제를 더 잘 알고자
- □ 경제적 후원을 통해 환경 보호에 기여하고자
- □ 개인적 활동을 통해 환경 보호에 기여하고자

〈예시 6-2〉는 회원제를 운영하는 비영리 환경단체에서 회원의 활동 선호도 정보를 수집할 때 실시한 설문조사이다. 이 질문들에 대한 응답은 기본적 관심사에 따라 회원을 세분화할 때 이용할 수 있다. 질문에 답하는 기부자는 기관과의 유대감을 느끼며, 자신의 의견에 관심이 있다고 생각할 것이다. 또한 설문조사는 기부자에게 기관의 의무에 대한 신념을 다시금 확인할 기회를 주어, 기관과 후원자 사이의 유대를 강화한다.

기부 기준

후원자의 기부 내력과 잠재력 역시 세분화의 한 방법이다.

최근성, 빈도, 가치(RFV)

가장 흔히 사용하는 세분화 방법이다. 갱신한 자료(마지막 기부 이후), 빈도(기부횟수), 가치(기부가치)를 기부자별 점수를 산출하는 데 이용할 수 있다. 그리하여 기부자가 특정 호소에 반응할지 여부를 알아낸다. RFV 분석은 다음을 전제로 한다. (1) 고액기부자는 소액기부자보다 가치 있다, (2) 기부 빈도가 잦을수록 그렇지 않은 사람보다 소통에 응답할 확률이 높다, (3) 지난 6개월 동안 기부하지 않은 사람은 지난 2년 동안 기부하지 않은 사람보다 응답할 확률이 높다. RFV 점수는 특정 기부자 발전 프로그램에 개인의 기부행동 차이를 반영하여 포함되는 기부자, 특정 호소의 대상, 요청 금액에 대한 상당한 통찰력을 준다.

많은 자선단체는 기부자가 과거에 응답(또는 거부)한 호소 주제를 기준으로 기부자 소통 선호도, 등급 등 다른 기준과 더불어 RFV 점수를 이용해 세분화를 장려한다. RFV는 또한 기부를 해지할 가능성이 높은 기부자를 알아내고 그 양상을 살펴보는 데, 재활성화를 촉진하는 데 효율적으로 이용할 수 있다. 최근 기부하지 않은 사람이나 기부 빈도나 가치 양상이 중단된 사람을 대상으로 해지 전(*Pre-lapse*) 캠페인을 벌일 수 있다. 자선단체 헬프 디 에이지드(Help the Aged, 〈예시 6-3〉에서 설명)는 RFV 세분화를 이용해 우편 프로그램을 구성했다.

생애가치 예측

RFV 이용 시 한 가지 단점은 기부자의 과거 행동에만 집중한다는 것이다. (물론 대개의 경우 그렇지 않겠지만) 내부자료의 품질이 마땅하다면 기관이 생각하는 기부자의 미래가치에 따라 세분화하는 편이 더 낫다. 이 측정방법이 기부자 생애가치(LTV)이다. 생애가치 계산방법은 복잡하다. 이 방법과, 생애가치를 어떻게 이용할지는 제 11장에서 자세히 이야기한다.

〈예시 6-3〉 헬프 디 에이지드: RFV 세분화 효과의 예시

헬프 디 에이지드는 노인에게 중요한 문제를 알리고자 활동하는 기관이다. 기관이 중요하게 생각하는 문제는 4가지이다. (1) 가난과의 싸움, (2) 소외감 줄이기, (3) 연령차별 철폐, (4) 낮은 관심 수준 해결.

헬프 디 에이지드는 최근 메일링으로 선별한 기부자를 대상으로 시스템을 운영한다. 지난 4년 사이의 기부자 전원에게 메일링을 발송할 수도 있다. 그러나 이 측정방법은 너무도 광범위하다. 헬프 디 에이지드의 마케팅 분석가는 4년 사이 기부한 2명이라도 각각 35달러를 후원한 일시기부자, 연간 기부액이 50달러인 기부자 같은 식으로 구분해야 한다는 사실을 알게 되었다.

기관은 분석과정에 빈도와 가치변인을 포함시켜, 현재 자선단체의 입장에서 평가한 후원자 가치를 보다 정확히 나타낼 수 있으며, 분석가는 이 가치를 메일링 비용과 비교하여 특정 기부자를 소통 프로그램 대상에 넣어야 할지 여부를 결정할 수 있다. 헬프 디 에이지드는 기부자 기반에 대하여 최신성, 빈도, 가치의 차이에 따라 (SPSS를 이용하여) 점수를 매긴다. 빈도(*Frequency*)는 후원자가 평생 기부하는 횟수이다. 가치(*Value*)는 평생 동안 기부하는 금액의 평균(중간)값이다. 뒤에 이야기한 측정방법은 기부총액에 비해 차별화된 요인임이 밝혀졌다. 기관은 후원자마다 다른 RFV 점수를 매기게 된다.

기부 방법

북미 기부자들은 대부분 수표나 신용카드로 기부금을 지불하고, 연중 수차례 우편이나 전화로 호소를 받는다. 소수가 인터넷으로 기부하고, 고액기부자들은 종종 일대일 면담을 통해 기부요청을 받고 복합적인 계획기부 수단으로 기부한다. 모든 경우, 기부자는 통상 매번 새로운 요청에 반응을 보인다. 정기기부를 요청받은 기부자조차 기부할 때마다 매번 따로 기부금을 내야 한다.

자동이체를 이용한 월정기부 방식은 1990년대 중반 이후 영국에서 기부자 모금에 새바람을 일으켰다. 이렇듯 신선한 방식은 미국 모금 업계에도 퍼져나갔다. 그리하여 은행들이 자동이체를 달갑게 여기지 않는 미국에서조차 이 방법은 월정기부 유지 또는 서약 프로그램(McKinnon, 1999)으로 인기를 끌고 있다. 캐나다에서도 유행이다. 앞으로도 이러한 프로그램들은 모금 확대에 주요 요소가 될 것이다.

월정기부자는 일시기부자와 다른 대우를 받아야 한다. 소통 시 다양한 반응이 나타날 것이고, 로열티를 유지하고 성공적으로 업그레이드하려면 여러 가지 프로그램을 개발해야 한다. 정기기부자를 위한 유지 프로그램의 특징은 피드백과 인지, 정중한 소통, 업그레이드 호소(1년, 혹은 2년에 1차례), 타당한 문제에 대한 현금 기부 호소가 있다. 정기기부자는 다른 기부자와 마찬가지로 다양한 소통 선호도를 보이며, 무엇이든 가능하다면 존중해야 한다.

기부자 개발 전략의 결과

지금까지는 기부자의 특징을 집중적으로 다루었다. 이번에는 기부 집단의 세분화 기회와 고액기부자, 유증/계획 잠재기부자, 중고액기부자, 소액기부자 등의 범주에서 기부자 유지율을 높이는 방법을 알아본다.

미국(과 영국에서 점차 증가하는) 대부분의 자선단체들은 잠재적이고 실제적인 고액기부자에게 개별적으로 접촉하여 별개의 프로그램과 행사를 제공한다. 이 프로그램은 대체로 특별히 선발한 직원이나 위원, 자원봉사자, 개별부서나 발전 업무를 담당하는 부서에서 진행한다. 지속적인 RFV와 LTV 분석을 통해 이미 고액을 기부했거나 여러 차례 고액기부를 한 사람을 추려낼 수 있다. 이들에게는 따로 표시하여 개별화된 관심과 인지를 제공할 수 있다. 또한 연구에 필요한 지침을 세우기 위해 프로필을 작성할 수도 있다. 고액기부자를 예측하려면 주요 기부자 기반을 정기적으로 '면밀하게 검토'해야 한다. 고액기부자의 배양, 유지, 발전은 다수의 기부자 기반을 발전시킬 때와는 다른 과정을 거친다. 접촉 중 상당 부분이 1 : 1로 이루어지며 비영리기관 내부에서 기부자와 개인적으로 친한 사람이 동원되는 경우도 많다. 이러한 요청방법을 이용할 때 개인의 고유한 특성 덕분에 고액기부자와 그 밖의 기부자 기반을 대상으로 한 소통이 중복되지 않도록 한다. 이따금 고액기부자와 그보다 낮은 수준의 기부자에게 똑같은 행사 초대, 피드백 방법, 특별한 호소가 전달되는 경우가 있다. 고액기부자는 대체로 확장되었거나 수준 높은 패키지를 개인별로 받게 된다. 이 상황에서 유지에 중요한 요소는 기부자 참여, 개인적 관계를 이용한 지속적 배양, 기부자에 대한 실질적 관리이다.

비영리기관에서 유증, 혹은 그 밖의 계획기부를 요청받은 기부자는 특별한 구획에 포함된다. 이들의 로열티와 관심을 유지하는 한편, 자신들이 맡은 바 책임이 중요하다는 점을 알게 하려면 비록 지난 몇 년 동안 실현하지 않았더라도 지금부터라도 맞춤화된 발전 소통 프로그램을 제공해야 한다. 그러한 기부자가 반드시 고액을 기부할 수 있는 돈을 가지고 있으리라는 보장은 없다. 재산에는 토지나 기타 비유동자산이 포함되기 때문이다.

후원자 세분화를 위한 전략을 세우기란 어려운 일이다. 기부자를 다루는 방식과 요구사항에 대한 의견이 다양하기 때문이다. 많은 사람은 기관에 참여하는 동안 후원 사실을 공개하고 싶어 하지 않는다. 반면, 자신의 지위에 합당한 정기적이고 특별한 감사를 기대하는 사람도 있다. 그러므로 프로그램의 내용은 기부자 선호도에 대한 정확한 기록과 활용에 따라 달라진다.

많은 비영리기관은 기부자에게 '레거시 클럽'(*legacy club*) 같은 기부를 권한다. 한 예로, 국제자연보호협회 레거시 클럽(Nature Conservancy legacy club)에서는 회원에게 개별 증서, 특별 간행물을 보내주며, 비공개적인 자연보호 여행, 행사에 초대한다. 이와 같은 사례는 미국에서 점차 늘어나고 있다. 미국의 경우 유증기부는 예전부터 계획기부 부서가 담당했으며, 고액기부자에게 우선적으로 호소되었다. 다른 나라의 사례에서 알 수 있는 교훈은, 기부자라면 누구나 유증기부를 할 수 있는 잠재력이 있으며, 비록 기부액이 다른 고액기부에 비해 적을지라도 여전히 높을 수 있다는 점이다. 모금 데이터베이스 내 다수에게 낮은 금액의 유증기부를 호소하는 것은 성공적 전략이 될 수 있다.

이러한 기부자 구획을 대상으로 한 관심 프로그램에는 보통 한정된 횟수의 요청, 정기적 피드백과 업데이트, 정중한 소통(특별한 행사 초대나 크리스마스카드 같은 것)이 필요하다. 유지에 있어 중요한 점은 다양한 관심 기준을 개발하고 추가 기부를 과하게 요구하지 않는 것이다. 기관의 후원자 중에는 태어나서 가장 많은 돈을 기부한 사람도 있을 것이다. 그들은 자신의 관대함에 대한 보상을 기대할 것이다.

많은 자선단체는 고액기부자(*high-value donors*) 구획을 명시한다. 이들은 평균 이상이기는 하나 고액을 기부하지는 않는 사람들이다. 비영리기관마다 고액, 혹은 중고액기부자로 나누는 기부금액 기준이 정해져있다. 예를 들어, 고액기부자는 1만 달러 이상, 중고액기부자는 250~9,999달러를 기부했을 것이다. 중고액기부자는 자신이 앞으로 고액기부자가 될 수 있는지 여부를 확인할 수 있다. 이들은 기관에 가치 있는 기부자들이며, 기관에 대해 알려주고 계획기부나 고액기부로 이끌어줄 만한 적절한 소통 프로그램을 받아야 한다. 소통에는 기부자가 관심을 표현한 분야를 명시해야 하며 행사 초대, 정중함, 피드백 메일링이 포함되어야 한다. 호소 패킷은 보통 수준보다 더 높은 생산가치를 가져야 하며, 기부자의 기부

내력을 언급하고 이전 기부의 가치를 인지해야 한다.

RFV나 생애가치 분석이 가지는 중요한 장점 한 가지는 소액기부자를 알아낼 수 있다는 점, 그리고 프로그램을 개발하여 집단의 예상 기부액을 알 수 있다는 점이다. 소액기부자는 ROI에서 마이너스를 기록하기 쉽다. 수익장치에서 그런 고객은 무시되거나 제외되지만, 비영리기관의 경우 권장할 만한 방법은 아니다. 방대한 사례에 따르면, 평생 동안 한 번도 기부하지 않았던 사람이 상당한 금액의 유증기부를 할 수도 있다.

그러므로 높은 ROI를 얻는 동시에, 가능하다면 소액기부자와 관계를 유지하며 그들의 로열티를 유지시키고자 노력해야 한다.

소액기부자는 매년 제한된 횟수의 요청소식을 듣게 된다. 관리와 유지 비용을 줄이기 위해 기부를 정기기부로 바꾸도록 권할 수도 있다. 소액기부자는 최소가치 기부자와 마찬가지로 호혜적 메일링(목록교환)에 이용될 수 있다. 타기관과 (정보보호법을 준수하는 선에서) 기부자 목록을 교환하면 모집비용을 최소화할 수 있다. 그러나 경험상 목록교환은 쉽게 결정할 일이 아니다. 교환대상이 된 기부자는 보통 생애가치 중 10~20%를 잃게 되며, 비영리기관은 앞서 말한 것처럼 무의식중에 유증 잠재력을 잃게 될 수 있다.

어디에서 시작하는가? 세분화와 적합성 평가

살펴본 것처럼, 기부자는 다양한 방식으로 구분할 수 있다. 앞서 인구통계학적, 라이프스타일, 행동적 변인으로 기부자를 나누는 방법을 살펴보았다. 이 모든 선택안을 앞에 둔 비영리기관은 성공적 세분화 전략 발전을 위한 출발점이 어디인지 모를 수도 있다. 특정 비영리기관이 택해야 하는 정확한 기준을 미리 알 수는 없다. 대다수 기관은 복수변인을 선택한다.

기부자 구획을 선택할 때 가장 좋은 방법은 기부자 요구와 선호도를 알고자 각 기부 구획 내 기부자들을 살펴보는 것이다. 그렇게 하면 특정 활동에 관심이 있는 정기기부자로 구성된 하위 구획을 만들 수 있다. 또한 인구통계학적, 라이프스타일 변인 또는 두 가지 모두를 이용해 이들 집단의 프로필을 만들어 각 구획의 기부자별 프로필을 알 수 있을 뿐 아니라, 그들과의 교류 방법을 결정할 수 있다.

여기에 몰두한 나머지 규모의 경제를 모두 상실하여 비경제적일 정도까지 모금활동을 세분화하지 말아야 한다. 기부자 요구와 선호도는 수익성이 있는 경우에만 충족되어야 한다. 이 전략이야말로 기부자가 기대하는 바이다.

기부자 기반 세분화에서 기관이 고려할 수 있는 방법은 다양하지만, 개발할 만한 가치가 있는 것은 몇 가지에 불과하다. 모금전문가가 마주하게 되는 어려움은 가능성을 평가하는 방법이다. 제시한 구획별 잠재력을 분석하려면 네 가지 기준을 이용할 수 있다. 각각의 기준을 분석한 결과가 긍정적일 때만 세분화를 추구해야 한다. 구획의 요건은 다음과 같다.

1. 측정가능성(*measurable*) : 구획은 쉽게 측정할 수 있어야 한다. 즉, 특징에 대한 정보가 존재하거나 비용 대비 효율적으로 구획을 나눌 수 있어야 한다.
2. 풍부함(*substantial*) : 구획에서 벌이는 모금활동이 비용 대비 효율적이어야 한다. 즉, 구획에는 다수(혹은 충분히 고액을 기부하는 소수)의 기부자가 있어 독자적인 발전이 보장되어야 한다.
3. 안정성(*stable*) : 구획에서 나타나는 행동은 시간이 지날수록 비교적 안정적이어서, 계획에서 제시한 정확도에 맞춰 향후의 발전을 예측할 수 있어야 한다.
4. 고유성(*unique*) : 모금활동에 대해 구획마다 고유한 반응이 나타나, 다른 구획과 차별성이 있어야 한다.

네 번째 기준에는 설명이 필요하다. 호소의 유형과 시기에 따라, 모든 기준을 충족하는 구획이라 하더라도 다른 구획과 같은 반응을 보이는 경우가 있을 수도 있다. 이 경우, 이상적으로는 개별 구획을 발전시키는 것이 유용할 수는 있어도 관리가 쉽지 않다는 점을 인식해야 한다(Kotler and Andreasen, 1996). 한 가지 예로, 현재 많은 자선단체에서 유지하고 있는 직접 마케팅 데이터베이스에는 뚜렷한 인구통계학적 집단 두 가지가 나타난다. 즉, 고연령(60세 이상), 그리고 저연령(25~40세)이다. 기부자를 발전시켜야 하는 모금전문가는 둘의 차이를 알아본 다음, 이 현상이 두드러지는 구획을 식별한다. 그리고 각 구획에 맞춰 개별적 소통 프로그램을 개발할 수 있다. 그러나 두 구획에 있는 기부자들이 직접 우편에 대해 같은 반응을 보이고, 같은 문제에 관심을 가지며, 같은 동기에 자극받는다면, 두 집단을 달리 취급할 이유는 없다. 즉, 세분화는 무용지물이다.

요약

이번 장에서는 기부자 개발과 유지에서 시장 세분화의 중요성을 이야기했다. 그리고 모금 데이터베이스 세분화에 이용할 수 있는 기준을 간단히 말하고, 각각의 주요 구획을 발전시키는 방법을 예를 들어 설명했다. 성공적인 기부자 유지를 위해 알아두어야 할 중요한 점은 비영리기관에 기부하는 사람과 기부 원인에 대한 지식을 이용해 발전을 꾀해야 한다는 것이다. 세분화는 이러한 지식을 단순하게 데이터베이스에 적용하여, 모금전문가가 개별 집단에 대하여 보다 세밀하게 집중할 수 있게 하는 것이다. 모금전문가는 기부자가 속한 그룹과 그룹의 특성, 선호도를 이해할 때 기부자와 소통하기가 한결 수월해진다. 필자들과 함께 일했던 모금전문가 한 명은 자기 컴퓨터에 기부자 구획의 대표자 사진을 저장해

놓았다. 새로운 소통 프로그램을 개발할 때마다 그 사람이 소통을 받았을 경우에 어떤 기분일지 상상해보는 것이다. 이러한 예시를 통해 캠페인 구성에 미칠 수 있는 영향력을 잘 알 수 있다. 실제로도 기업의 마케터들은 이 전략을 오래전부터 이용해왔다.

07

월정기부 증가

개인 기부에서 가장 큰 성장을 보이는 영역은 정기, 혹은 월정기부이다. 많은 비영리기관은 이미 월정기부 프로그램의 가치를 알고 있다. 그리하여 우리는 2010년대 중반이 되면 기부자를 대상으로 하는 호소 중 대다수가 정기기부에 해당할 것이라 예상한다. 정기기부는 기부자 로열티와 생애가치를 높이기 때문이다. 정기기부자에게는 매달, 혹은 매년 기부를 요청하지 않아도 된다. 애초에 기부 시점과 액수를 정해놓고 등록하기 때문이다. 기부금 결제는 은행계좌나 신용카드를 통해 자동으로 이루어지므로, 기부를 잊을 일도, 그러므로 중단할 일도 없다. 결과적으로 비영리기관의 모금 경제를 발전시키는 요인이 된다. 또한 시간과 자원을 절약시킨다. 기관은 다른 기부를 약속받아야 하는 필요성에 의해 움직이기보다 기부자와의 관계를 구축하기 위한 프로그램을 개발하는 데 집중할 수 있다. 이러한 요인이 복합적으로 작용하면 기부자 로열티를 높이고자 고안된 전략에서 정기기부 프로그램 개발은 좋은 효과를 가진다. 이 장에서는 월정기부가 기부 중에서도 효과가 좋고 경영사례가 모범적인 이유, 그 원리를 살펴본다. 월정기부를 소개하는 단계별 절차를 제시하고, 계획을 구축할 때 피해야 할 중요한 실수들을 열거한다.

월정기부가 효과적인 이유

많은 기부자는 월정기부가 매력적인 선택안이라 생각한다. 기부자의 입장에서는 부담을 고르게 나눌 수 있고, 재정 계획을 세울 수 있으므로 심지어 1년 동안 기부하는 것도 가능하다. 자동이체로 월정기부를 한다는 것은 기부자가 일단 최초 기부 결정을 한 다음 다시 생각할 필요가 없다는 뜻이다. 모금 관리부서가 책임지기 때문이다.

월정기부 역시 편리한 방법이고, 기부자 소득에 비추어볼 때 '부담스럽지 않다'(*painless*). 소액 정기기부의 단점은 거의 없다. 그러므로 기부자의 경제상황이 고달파지지 않는 이상, 구태여 시간과 노력을 들여 기부약속을 철회하고자 숙고하는 경우는 드물 것이다. 이 경우에는 비영리기관에 타성적으로 기부를 하게 되며, 특히나 기부액이 낮을 때는 더욱 그러하다.

월정기부 프로그램을 홍보할 때, 많은 비영리기관은 이러한 후원방식이 관리자 입장에서 볼 때 비용 대비 효과적이며, 월정기부자에게는 추가적 호소를 하지 않는다는 점을 강조한다. 호소 가능성이 적다는 점은 분명 많은 기부자에게 매력적이다. 점차 많은 후원자는 소통과 관리에 드는 비용을 인식하고, 기금을 가능한 프로그램에 직결하기 위한 효율적 방법으로 자동결제 후원을 지지한다. 월정기부자에게는 장기적이고 지속가능한 자금 요구, 기관의 핵심사업과 연계하여 정기기부를 권하는 것이 효율적이다.

비영리기관의 입장에서 볼 때 월정기부는 예산설정, 현금흐름 예측에 도움이 되는 믿을 만한 수익원이다. 월정기부액은 시간이 지남에 따라 액수가 매우 커진다. 또한 체계가 제자리를 잡고 나면 관리자 입장에서는 경제적이며, 소통 프로그램 역시 비용 대비 효율적이어서 기부 시마다 새로이 호소할 필요가 없다.

월정기부자에게는 종종 기부액을 늘려줄 것을 요청하여 정기적인 업그레이드가 가능하다. 또한 일시적으로 일회성 현금 기부 호소를 받을 수 있으나, 이러한 호소는 환경이나 기타 재해, 현금성 프로젝트처럼 요구가 절박한 특별한 경우에만 높은 응답률을 기록하는 경향이 있다. 대체로 기부자가 월정기 지불 논리를 받아들일 경우에는 같은 기부방법에서 액수를 높이는 편을 선호한다.

월정기부의 원리

영국에서 월정기 자동이체는 기본적으로 두 가지 방법으로 이루어진다. 첫째, 은행환이나 직접이체를 이용한 방법이다. 은행환 방법은 기부자가 지면동의서에 서명을 하면, 은행은 기부자 계좌에서 인출을 준비하고 관리한다. 서약에 대한 모든 변경은 기부자가 직접 해야 한다. 직접이체는 전자상거래이다. 기부자 서명 없이 동의가 가능하며, 자선단체는 기부자 계좌에서 후원금을 출금한다. 이 경우에는 자선단체가 서약을 변경할 수 있는 권리가 있다. 미국의 자동계좌이체(전산자금이체, EFT)와 많은 점에서 동일한데, 가장 큰 차이는 서약 시작 시 기부자가 은행에 암호화를 위해 무효화한 수표(*voided check*)를 제출해야 한다는 점이다. 대체로 미국과 영국의 은행들은 자사 경영비용과 업무 부담을 줄이고자 종이를 쓰지 않는 전자 시스템을 장려하고자 하며, 이러한 선택안을 적극적으로 장려하며 투자하고 있다. 종이가 필요 없는 결제 시스템을 이용하는 숫자도, 간편한 정도도 점점 늘어날 것이다. 모금전문가의 관점에서 종이가 필요 없는 시스템은 비용 대비 효율성이 높고, (은행보다) 비영리기관에서 통제할 수 있는 여지가 더 많다. 그리고 기부자가 서약을 하기까지 거쳐야 하는 과정이 더 적으므로, 은행환보다 선호하는 방식이다. 월정기부는 '지속적 승인'(*continuous-authority*) 협의를 구축할 수 있는데, 이는 신용카드 계좌에서 차감하는 방식을 통해 이루어진다. 해비타트 호프빌더(Habitat for Humanity's HopeBuilder) 온라인 호소(〈예시 7-1〉)는 월정기부를 해야 하는 이유, 그리고 단체에서 제공하는 월정기부 선택안을 설명한다.

〈예시 7-1〉 해비타트(Habitat for Humanity)의 월정기부 활용 방법

출처: 해비타트의 허가를 받아 복사.

기부자 로열티에 미치는 영향

월정기부 프로그램은 두 가지 이유로 기부자 로열티에 큰 영향을 미친다. 첫째, 정기기부자는 오랫동안 기부를 계속하며, 평균적으로 4~7년 동안 기부자 자격을 유지한다. 앞서 말한 것처럼 기부자들은 일시적 후원을 요구하는 요청에는 응하지 않더라도 일부러 기부 약속을 철회하려 들지 않기 때문에, 타성이 한몫을 한다. 기관의 입장에서 이들의 생애가치는 띄엄띄엄 기부하는 대부분의 기부자보다 훨씬 높다.

둘째, 대부분의 기부는 기부자와 자선단체 사이의 관계 동인을 변화시킨다. 지속적인 모금 호소 요구가 사라지면 소통에서 차지하는 비중이 바뀐다. 단체는 기부자 요구에 연연할 필요 없이 기부자에게 피드백이나 정보, 새로운 소식을 전달할 기회를 더 많이 얻게 된다. 그러한 소통은 기부자에게 이를테면 거래(즉, 우편주문을 통한 상품판매), 자원봉사나 행사 참여처럼 기관에 참여할 수 있는 또 다른 기회를 제공한다.

정기기부자 중 일정 비율은 시간이 지난 다음 기부를 중단할 것이다. 경험상 이유는 대개 경제상황의 변화, 은행 간 거래의 변화, 또는 은행이나 신용카드 회사의 실수 때문이다. 중단 양상을 알아내려면 중단율을 잘 살펴봐야 한다. 정기기부 해지자는 다시 활성화시킬 수 있고, 소액, 혹은 현금으로 정기기부를 하도록 설득할 수 있다.

기부자 데이터베이스의 변화

자동이체되는 월정기부(특히 새로 채택한 모금방식으로 직접 모집했을 경우, 이는 이번 장 후반에서 논의할 것이다)는 연령대가 높은 기부자보다 전자상거래를 잘 알고 편안하게 느끼며, 또한 이 방법의 신속성을 알고 있는 젊은 기부자들에게 매력적이다. 그러므로 이 기부방식을 소개하면 모금 데이터베이스의 비율이 변하기 쉽다. 예를 들어, 영국왕립동물보호협회(RSPCA)는 직접우편을 이용해 일시기부를 요청하여 대규모 기부자 기반을 구축했다. 데이터베이스 내 기부자 평균 연령은 55~70세이다. 그러나 기관의 모금전문가는 직접우편 모집 패킷에 동봉한 월정기부 요청이 35~55세 기부자의 관심을 끈다는 사실을 발견했다.

물론, 기부자 중 평균 연령대에 속하는 이들이 보이는 반응은 많은 비영리기관에서 환영할 만한 발전인 듯하다. 그렇더라도 문제점은 있다. 젊은 기부자는 직접우편에 반응하기보다는 전화와 이메일을 선호하는 경우가 많다. 연령대가 낮은 기부자 역시 시간이 지나면서 이사를 하거나 계좌를 바꾸기 때문에 점차 연락이 어려워진다. 뿐만 아니라 이직, 여행, 결혼 때문에 경제상황은 불안정해진다. 그리하여 젊은 층은 나이 많은 사람에 비해 기부를 중단할 확률이 높다. 최악의 경우에는 새로운 젊은 기부자를 끌어모으지만, 적절한 소통을 이용해 관계를 유지하기는 어렵다. 이들에게는 다른 후원자와는 다른 발전 소통 프로그램이 필요하므로 많은 투자비용이 필요하다. 모금전문가는 이들 젊은 신규 기부자를 맞이할 준비를 하면서 적절한 시기에 이메일 같은 적절한 수단을 개발해 문제를 해결하고, 계획과 예산과정에서 현실적으로 측정한 해지율을 고려할 수 있다.

발생할 수 있는 문제 중 보다 심각한 것은 기존 후원자를 선별하여 정기기부를 권할 때, 최고의 기부자를 '추려내는' 경향이 있다는 점이다. 대부분은 기관에 참여의식을 가지거나 가능한 높은 금액을 정기적으로 후원하겠다는 약속에 동의할 확률이 높은 사람들이다. 결과적으로 남은 일시기부자에게 호소했을 때 얻을 수 있는 응답률과 평균 기부액은 감소할 것이다. 덧붙여, 일시기부 후원자보다 월정기부자의 행동 정보를 수집하기는 한결 어려워진다. 비슷한 문제로 이전에 호소를 받았을 때의 기부여부, 기부금액을 기준으로 선택된 사람일 수 있기 때문이다. 정기기부자의 개인적 관심사가 기부내역에 반영되었는지에 대한 그 어떤 근거도 없으므로, 그들과의 소통을 선택할 때 정보를 이용하고자 한다면 대놓고 선호도를 물어봐야 한다. 그러나 이 문제들은 대개 부차적인 것들이다. 모금전문가가 만반의 준비를 갖추고 미리 주의를 받는다면, 이러한 상황들을 염두에 두고 계획을 세울 때 비용을 고려할 수 있다.

월정기부 촉진을 위해 확인된 매체 이용하기

일시기부를 호소할 때 이용한 것과 같은 매체로 월정기부를 소개하고 확대할 수 있다.

직접우편

현재의 일시기부자를 다른 기부방식으로 바꾸는 것이 목적이라면, 대부분의 모금기관은 전에 받은 후원에 대해 기부자에게 감사하고, 기부자와 기관 모두에게 유익한 새로운 기부방식을 소개하고자 특정한 직접우편 패킷을 만들어볼 만하다. 패킷에는 FAQ(*Frequently Asked Questions*, 자주하는 질문)를 비롯해 과정 운영과 기술에 대한 의문을 명시하고, 운영방법을 분명하게 설명한 내용을 담는다. 월정기부 요청으로 최상의 결과를 얻으려면 특정 호소보다는 기관의 주요 의무이자 지속적 활동, 즉, 장기적 목적과 요구를 충족시키기 위한 장기적 기부를 호소해야 한다. 긴급구호나 단발성 중대 프로젝트를 주제로 노련하게 월정기부를 요구하기는 어렵다. 이런 상황에서는 당연히 일시기부를 요청하는 것이 적합하다. 월정기부의 목적은 유지율과 생애가치를 높이는 것이므로, 제시하는 기부액이 이에 적합하도록 주의해야 한다. 고액기부자를 설득해 소액의 월정기부금을 내도록 한다면 이 얼마나 불행한 일인가! 매달 행하는 요청은 기부자가 이전에 했던 연간 기부액에 걸맞은 것이어야 한다. 일시기부자를 월정기부자로 업그레이드하고자 메일링을 구성한 다음에는, 기부자 기반 중 여러 구획에서 이를 검증해볼 수 있다.

우편을 통해 신규 월정기부자를 모집하는 과정에서, 많은 기관은 그저 기존 모집 패킷을 손볼 뿐이다. 필자들은 모집 패킷을 통해 일시기부와 월정기부 두 가지를 모두 제안하기보다는 그중 한 가지를 요청하는 편이 더 낫다는 점을 알게 되었다.

일시기부에 대한 호소와 마찬가지로, 직접우편을 이용한 월정기부 모집 호소는 요청한 기부금액이 특정 결과에 밀접한 연관을 가질 때 특히 효과적이다. 기부자는 소액 월정기부 요청을 미심쩍어할 수도 있고, 그 돈으로는 별다른 효과가 없을까 걱정할 수도 있다. 기부금과 특정한 결과를 연결 짓는 방법은 기부자에게 기부금이 특정한 목적에 사용되리라는 점을 보장하는 것이 아니라, 월별 기부액이 어떻게 쓰이는지 눈으로 정확히 알 수 있게 해준다.

> 한 달에 2달러만 내면 절실한 도움이 필요한 노인들에게 먹을 것, 약, 의류를 제공할 수 있습니다.
>
> 한 달에 4달러를 내면 방글라데시에 사는 건장한 사람 2명을 교육해 수백 명의 건강을 지키는 결과를 낳을 수 있습니다.
>
> 한 달에 4달러면 수단(Sudan)에서는 마을사람이 우물을 팔 때 필요한 충분한 장비를 마련할 수 있습니다. 그리하여 마을 전체에 영구적으로 깨끗하고 안전한 식수원이 공급됩니다.
>
> 암 치료 발전을 위해 매달 10달러를 기부할 수 있습니까?
>
> 소액의 정기기부는 당신이 할 수 있는 최선의 도움입니다. 우리 기관에서 실시하는 모든 발전 활동은 몇 달이 걸리기 때문입니다.
>
> 한 달에 6달러를 절약하면, 일 년에 7건의 수술을 할 수 있습니다.
>
> 한 달에 10달러면 그 여자의 목숨을 구할 수 있습니다.

성공을 거둔 많은 자선단체들은 이러한 종류의 소액 월정기부를 우편으로 호소하며 신규 기부자를 모집한다. 기부자들은 로열티 증진을 위한 소통을 계속해서 받게 된다. 특수한 상황에는 추가적 일시기부 요청을 받으며, 매년 또는 18개월마다 통상 전화로 월별 기부액을 높여달라는 요청을 받고 기부액을 업그레이드한다.

업그레이드 요청 역시 우편을 통해 가능하다. 대부분의 기부자는 기부액이 점차 오르리라는 사실을 알고 있다. 그렇기에 정기적으로 기부금 증액을 요청하는 것은 분별 있는 행동이다. 다음 예시는 동물보호협회에서 월정기부자에게 보내는 우편 패킷에 포함된 내용이다.

> 저희 기관에서 매년 돕는 유기, 학대 동물의 고충에 귀하가 얼마나 염려하는지 알고 있습니다. 매달 귀하가 기관에 보내주시는 10파운드라는 귀중한 기부금에 감사를 표합니다.
>
> 이미 충분히 자애로운 마음으로 기관을 후원해주고 계시지만, 오늘은 편지를 써야 한다고 생각했습니다. 아시는 것처럼, 기관에는 더 많은 자금이 급히 필요합니다.
>
> 제 앞에는 작년의 수치가 놓여 있습니다. 지난해는 기록상 가장 바쁜 해였다는 점을 전하게 되어 유감입니다. 동물학대는 놀랄 정도로 크게 늘어, 이제는 20초에 한 통씩 전화가 걸려옵니다.
>
> 비용이 많이, 그리고 힘들다 싶을 정도로 늘었다는 점을 말씀드리고자 합니다. 보다 많은 동물의 고통을 막으려면 신속하게 대응해야 합니다. 그런 이유로 월정기부금을 4파운드 더 내주실 것을 고려해 주십사 부탁드립니다.

전화

기존 기부자와의 전화통화는 월정기부자로 바꾸는 효과적 방법인 동시에, 애초에 월정기부를 하던 기부자라면 기부금을 높이고자 하는 캠페인에서도 효율적일 수 있다. 직접우편 방법과 마찬가지로, 월정기부의 혜택과 기술을 전화로 설명할 수 있다. 상담원의 주요 의무는 기부의 모든 목적, 혹은 기부자가 염려하는 부분에 답하는 것이다. 정기기부를 전화로 장려할 때의 중요한 장점은 종이가 필요 없는 지불 시스템을 제때 실행해야 하는 과정을 간편하게 한다는 점이다. 기부자는 전화로 기부할 수 있고, 자선단체에서 할 일은 통화가 끝난 다음 약속 내용을 확인하고자 기부자 이름을 기록하는 것뿐이다. 기부자가 지정한 시간 내 기부 약속을 파기한다고 다시 연락하지 않는다면, 은행계좌에서 자동으로 결제가 이루어진다. 기부자의 서명이 들어간 기부 확인서를 다시 보내야 한다거나 견본 수표를 제시해야 한다면 실행 과정에서 추가단계가 도입되기 때문에, 전화 캠페인의 수익성은 떨어질 것이다. 월정기부액 증가를 목표로 하는 전화 호소에서도 성과는 중요하다. 기부자의 서명 없이 자선단체가 기부 약속의 내용을 바꿀 수 있다면, 서명이 필요한 경우보다 비용 대비 효율성이 훨씬 높을 것이다. 과정 중 한 단계가 생략되기 때문이다. 우편 호소에서 업그레이드 요청은 전사(*script*)하기가 더 쉽다.

기타 모집매체

TV 모금방송(DRTV), 언론광고, 웹사이트, 신문과 잡지 삽입광고 같은 수단을 통해서도 신규 월정기부자를 성공적으로 모집할 수 있다. TV 모금방송에서도 직접우편과 마찬가지로 월정기부를 요청하면 다른 독창적 발상은 남겨둔 채 이전의 일시기부 요청이 바뀌는 경우가 흔하다. 다시 한 번 말하지만, 전화 달성 전략을 이용할 때 거쳐야 하는 단계의 수는 TV 모금방송 방법이 성공을 거두는 데 중요한 관건이다.

보통 정기기부자를 모집할 때 언론광고는 (제 8장에서 이야기할 것처럼) 후원이나 회원제 기부를 제안하는 경우를 제외하고는 이용 빈도가 떨어진다. 회신용 엽서가 크고 복잡하기 때문에 대개 광고 지면은 비교적 커야 하고, 당연히 비용도 많이 든다. 결과적으로 광고로는 기준치에 맞는

〈예시 7-2〉

호주숲자산기금(Australian Bush Heritage Fund)의 월정기부 삽입광고

출처: 호주숲자산기금의 허가를 받아 복사.

수익성을 얻기가 힘들다. 다른 매체와 비교했을 때 언론광고는 절박함이 덜한 기부 가치와 지속적 기부를 요청할 때보다, 즉각적이고 긴급한 요구를 제시할 때 가장 효과적이다.

비록 아직까지 온라인으로 기부 선택안을 제시하는 곳은 드물지만, 월정기부 기회는 자선단체 홈페이지에서 제공할 수 있다. 일반적으로는 신청서 양식을 인쇄하여 기관에 제출해야 하는 경우가 많다.

신문과 잡지 삽입광고는 정기기부자를 모집할 때 직접우편만큼이나 효과적일 수 있다. 처음에는 저비용과 저위험도를 검증하기 위해 기존에 성공을 거둔 삽입광고에 정기기부 요청을 추가할 수 있다.

〈예시 7-2〉는 월정기부 호소가 고액기부자를 찾을 때도 이용될 수 있다는 점을 입증한다. 호주숲자산기금(The Australian Bush Heritage Fund)은 이러한 삽입광고에 직접이체나 신용카드 결제가 가능한 월 최소 25달러(호주화)라는 금액을 제시하면서 신규 기부자를 모집했다.

새로운 모금경로

살펴본 것처럼, 성공적으로 일시기부자를 모집한 모든 매체를 이용해 기부자를 모집할 때 월정기부를 이용할 수 있다. 1990년대 이후 영국과 유럽에서는 두 가지 다른 방식의 월정기부 모금이 발전되었고, 자선활동의 모습에도 변화를 끼쳤다. 바로 면대면 모금법(직접담화 모금)과 방문(*door-to-door*, 또는 *doorstep*) 모금법이다. 이러한 방법들은 현재 미국에서도 크게 인기를 끌며 발전하고 있다.

면대면

면대면 모금은 정보보호규제가 엄격해 직접우편을 이용할 수 없는 유럽 일부 지역에서 처음에 발전시킨 단순한 방법이다. 유럽에서는 현재 10명 중 1명이 이 방법으로 자선단체에 기부하는 것으로 추정되며, 이는 호주, 캐나다, 미국에서도 이용되기도 한다(Jay, 2002). 훈련을 거친 모금전문가, 모금 대행업체에서 고용한 사람과 비영리기관의 직원으로 구성된 소규모 팀이 쇼핑가, 통근지역, 축제가 벌어지는 곳 같은 분주한 거리로 나가 다수와 직접 접촉한다. 통행인들에게 자신들이 속한 자선단체의 활동에 대해 이야기를 나누자고 부탁한 다음, 은행계좌를 통한 월정기부로 기관활동을 후원할 것을 고려해달라고 요청한다. 모금전문가는 자선단체의 로고를 새긴 밝은 색의 조끼나 티셔츠를 입는다. 그리고 전문 모금전문가임을 나타내는 배지를 달고, 자신들의 적법성을 증명할 수 있는 정보를 제공한다. 이 호소는 정기기부에 한정되어 있으므로 현금 거래는 일어나지 않는다.

모금전문가는 비공격적(*nonaggressive*)으로 호소하고, 가능한 비간섭적(*nonintrusive*)이도록 훈련받는다. 관심을 보이는 행인에게만 접근하고, 거절 역시 긍정적으로 대한다. 호소는 진실한 대화이며 자선단체의 활동과 태도를 긍정적으로 표현해야 한다는 발상의 결과이다. 모금전문가들은 대개 젊고, 열정적이고, 발랄하다. 기관을 위해 열정을 표출하며, 날씨가 어떻든 이내 되살아나는 쾌활함을 보인다!

비영리기관의 입장에서 면대면 호소는 매력적이다. 정기기부자를 모집해 지속가능한 기부를 약속받기 때문이다. 번화가에서 모금활동을 벌이는 젊고 열성적인 전문 모금전문가는 기관의 이미지를 긍정적이고도 출중한 것으로 각인시킨다. 모금전문가에게 주어지는 보수는 모집한 기부자 1인당으로 계산되므로, 비영리기관에서는 성공적인 활동에 대해서만 비용을 지불하게 된다. 낭비되는 비용도 없고, 비용을 엄격하게 통제할 수 있다. 이 방법은 또한 젊은 신규 기부자를 다수 모집하는 데 유용하다. 면대면 방식으로 모집한 기부자는 '기부 첫경험자'일 수 있다. 많은 사람의 경우 후원하는 다른 자선단체가 없을 것이고, 다수는 정기기부가 처음일 것이다. 영국의 경우 면대면 모금자 중 85%는 40대 이하이다 (Jay, 2002).

면대면 방식은 그린피스(Greenpeace)가 벨기에에서 처음 검증한 방법으로, 이후 유럽 전역으로 퍼져나갔다.

그린피스는 모금 대행업체 협력사와 함께 1997년 봄, 영국에서 이 방법을 검증해보았다. 최초 시도는 글래스톤베리(Glastonbury) 음악 페스티벌 행사에서 실시했는데, 여기에는 그린피스에 뜻을 같이 할 법한 사람 다수가 한곳에 모여 있었다. 엄청난 성공이었다. 모집활동가와 모집자 모두 젊고, 열정적이고, 똑똑한 사람이라는, 그린피스가 오래전 구축한 프로필에 들어맞았다. 그 후 이 방식은 번화가와 쇼핑센터, 통행량이 높은 곳이라면 어디에서든 시도되었다. 이 성공적 전략은 젊고 책임감 있는 기부자들을 끌어 모았다. ROI는 같은 시기에 수행한 다른 기부자 모집방식과 비교했을 때 같거나 더 나은 수준이었다. 웹 기반 소통과 모금기술이 나란히 발전해가면서 길거리에서 모집한 후원자를 유지하고 발전시키는 데 도움이 되었다. 미국에서 그린피스는 현재 대학가에서, 그리고 행사 때 면대면 모집법을 이용하고 있다.

방문

방문은 본질적으로 면대면 모금법을 현관으로 들여온 것이다. 훈련받은 전문 모금전문가가 문을 두드리고 세대주에게 자선단체에 기부할 것을 고려해달라고 요청한다. 기부에 동의하면 신청서를 작성한다. 기부자에게는 보관용으로 신청서 사본과 정보가 담긴 패키지를 준다. 모집활동가는 신원이 분명한 사람이어야 하며 비공격적으로 호소하도록 교육받는다. 면대면 모집활동가가 언제나 한 군데의 기관만을 대표한다면, 방문 모집활동가는 여러 기관에 소속되어 있을 수 있다. 그러므로 잠재적 기부자는 이를테면 아동후원단체, 동물보호협회, 의료보호기관이나 제3세계 개발기관 중 기부 대상을 선택할 수 있다. 이 방법을 변형시켜, 모금전문가는 가정을 두 차례 방문할 수 있다. 최초 방문에서는 월정기부의 개념을 소개하고 자선기금이나 단체를 설명한다. 세대주가 관심을 보이면 일부 정보는 알려주지 않고 다음 방문을 약속한다. 이 방법은 잠재 기부자에게 시간을 두고 결정하게 하며 가족 구성원과 상의할 수 있게 한다.

월정기부 프로그램 수립을 위한 단계별 지침

비록 월정기부 프로그램의 계획과 수행의 세부적인 내용은 모금기관의 규모와 복잡성, 당시의 모금 혼합, 의무, 기부자 프로필에 따라 큰 차이가 있지만, 기본적인 몇 가지 단계를 고수해야 한다. 월정기부의 성공은 은행 업무, 데이터베이스, 일반 기부자에 대한 관심의 유연한 관리가 크게 좌우한다. 모금소통의 독창성과 매체 선별 역시 중요하나, 월정기부의 내부 절차 수행은 갈수록 모금전문가가 극복하기에 가장 힘든 문제인 것으로 입증되고 있다.

1단계: 조사와 계획

어떤 새로운 모험(사업)이든 조사와 계획에 시간과 노력을 많이 들일수록 프로젝트가 성공하고 유연하게 진행될 가능성은 높아진다. 월정기부 실행을 고려하는 비영리기관이라면 경쟁기관, 그리고 분야는 다르지만 규모가 같은 자선단체의 활동을 연구하여 그들이 장려하는 정기기부가 어떤 것인지 알아보아야 한다. 기부자 선호도, 기부 양상, 기존 기부자의 프로필에 대한 적절한 자료 역시 모아야 할 것이고, 이전의 호소나 지지자 촉구 결과도 연구해야 한다.

월정기부 실행은 기관의 많은 사람에 영향을 미칠 것이다. 여기에는 재정부서, 데이터베이스 관리자, 모금전문가는 물론, 후원자 관리에 관여하는 사람들도 포함된다. 대행업체의 연구 양상과 우선순위 역시 예전에는 판촉 이행소와 광고회사였던 것에서 매체 매수자와 목록 중개업자들로 바뀔 것이다. 이해당사자들에게 이 모든 관계, 그리고 수립한 계획을 놓고 봤을 때 월정기부가 기관과 명분에 중요한 이유, 그들에게 요구되는 역할을 간단히 보고해야 할 것이다. 처음부터 모든 당사자에게 '승낙'(*buy-in*)을 얻어낼 수 있다면, 성공할 가능성이 높아진다.

2단계: 비용예상

시간이 지남에 따라 월정기부자의 예상 경제가치와 일시기부자의 현재가치를 비교하려면 기부자의 현재 성과에 대한 정확한 자료가 필요하다. 예를 들어, 평균적으로 직접우편 모집 패킷을 통해 얻을 수 있는 응답률은 1%이며, 그중 55%는 재기부하지 않는다는 사실을 알 수 있다. 이를 근거로 삼아 월정기부 호소의 응답률이 절반이라고 예측할 수도 있다. 그러나 제1장에서 언급한 것처럼 월정기부자의 중단율이 첫해에 20%라는 사실을 안다면, 응답자 중 80%는 첫해 말에도 기부를 계속할 것임을 추측할 수 있다. 다음 해에는 그보다 적은 이들이 기부를 중단한다. 이를테면 2년째 되었을 때 기부자 중 10%가 떨어져나간다고 생각해보

자. 그리고 3년째에는 5%가 기부를 중단하는 등. 이러한 수치는 긍정적 경제상을 구축하고 유지와 생애가치를 촉진하는 데 도움이 된다. 그리하여 정기기부에 대한 견실한 이론을 세울 수 있게 한다. 그러나 미래 수익을 예측할 때는 지나치게 낙관하지 않아야 한다. 월정기부자는 몇 년 동안 기부를 할 수도 있고, 시간이 지남에 따라 기부금액이 늘어날 수도 있다. 그러나 다른 호소에는 응답하지 않을 수도 있다. 그렇다면 그들의 생애가치가 높더라도, 기관에서는 이들을 상대로 한 새로운 소통을 만드는 데 비용을 투자해야 할 것이다.

3단계: 결제계획 준비

기관이 거래하는 은행은 기관에서 최초로 접촉하는 공급자일 것이다. 은행의 결제과정은 정기기부 프로그램에서 핵심이 될 것이고, 운영과정은 유연해야 한다. 결제과정에 드는 비용은 고정되어야 한다. 일부 경우 자선단체는 적법한 금융서비스 기관에서 특정 전자결제 시스템을 운용하고자 권한을 신청해야 할 것이다. 시간이 오래 걸리는 과정인 데다가, 처음부터 꼼꼼히 살펴봐야 한다. 이와 비슷하게, 새로운 소프트웨어를 구입했다면 결제과정이 진행되기 전에 설치해야 한다.

4단계: 데이터베이스와 보고방식 확립

프로그램을 운영하기 위해 필요한 정보를 기부자 데이터베이스에 효율적으로 저장할 수 없다면 월정기부는 생각할 수도 없다. 기관 시스템은 월정기부자 개인의 기부 약속과 결제기록을 유지할 수 있어야 한다. 이 기록들은 기부자에 대한 관심, 재정경영, 해지자료를 계산에 이용할 수 있다. 이상적으로 정보를 관리한다면 출처가 되는 매체(*source media*) 별, 월별, 기부자 구획별, 기부액수별로 해지율을 추적할 수 있어야 한다. 월기부자를 대상으로 한 소통 프로그램을 고안할 때는 신규 기부자의 선호도를 추가해야 할 수도 있고, 업그레이드 캠페인 기간 동안의 기부 기록 역시 초기에 고려해야 한다.

5단계: 기부자 관심 강조

모든 월정기부자는 특별한 대우를 위해 선별한 고액기부자와 마찬가지로 높은 수준의 관심을 받아야 한다. 특히 직원은 정기기부방식의 문제를 연구하기 위해 필요한 과정에 대한 훈련을 받아야 한다. 월정기부자가 기부를 중단할 경우, 시스템이 제대로 되어있다면 가능한 한 빨리 기부자에게 접촉하여 기부를 재촉해야 한다고 생각할 수도 있다. 그러나 기부 중단이 한두 달 안에 해결할 수 있는 은행의 실수 탓일 수도 있다. 그러므로 월정기부가 중단되자마자 기부자와 접촉하면 역효과를 낳을 수 있다. 많은 기부자는 자신이 실수를 바로잡을 방법을 확인하느라 시간을 허비했다고 생각할 것이다.

6단계: 기존 기부자와 매체 검증

기간 시스템(*back-end system*)을 구축했다면 기부자에게 최초 기부를 제안할 수 있다. 위험을 최소화하려면 기존 기부자에게 새로운 기부방식을 제안하고, 기관이 이미 익숙한 매체를 이용하도록 시도하면서 시작하는 것이 최선이다. 제안 결과를 검증하려면 한꺼번에 바뀌는 요소의 가짓수를 제한하는 것이 중요하다. 대부분 전화나 우편(혹은 두 가지의 결합)으로 기존 기부자에게 최초 정기기부를 제안한다. 또한 기부자의 다양한 세분화를 시도해야 한다. 이때 기부자의 가치를 떨어뜨리지 않고 기부액을 높이게끔 요청 금액에 주의를 기울여야 한다.

7단계: 기부자 모집 검증

기존 기부자 기반 구획에서 효과가 검증된 성공적 프로그램의 경우, 신규 기부자를 모집하는 캠페인에서 월정기부 선택안을 제안할 수 있었다. 보통 기존의 모집자료에서는 기관의 핵심 활동을 설명할 것이고, 이는 일시기부보다 정기기부를 통해 활동을 지지할 수 있다는 사실을 강조하도록 수정할 수 있다. 잠재 기부자에게 월정기부를 제안하는 초기단계에서는 직접우편처럼 엄격한 통제가 가능한 매체를 사용할 것을 권한다. 그렇게 되면 TV 모금방송, 언론광고나 삽입광고를 통해 대상 범위를 넓히기 전에 풀어야 하는 모든 문제를 해결할 수 있다.

8단계: 새로운 매체 검증

월정기부를 확정한 다음에는 방문모금 같은 새로운 매체를 이용할 수 있다. 그러나 이 방법에 착수하기 전에 수집할 수 있는 기부자 프로필에 대해 특히 더 많은 조사가 이루어져야 한다. 젊은 신규 기부자를 모집하려면 시간이 지나도 기부자를 유지하기 위해 그들이 선호하는 방식으로 소통할 수 있어야 한다.

9단계: 검토와 평가

새로운 모금 단체에서는 늘 그러하듯, 월정기부 프로그램은 처음에 신중한 검토와 평가를 거쳐야 한다. 시간경과에 따른 해지율과 업그레이드 캠페인의 성공 여부를 측정해야 할 것이다. 생애가치에 미치는 영향을 계산하는 작업에서는 지속적 소통에 들어가는 비용을 고려한다. 이 비용은 기부자 선호도에 따라 달라질 수 있다. 실행, 기부자에 대한 관심 표현으로 절감할 수 있는 비용과 필요한 비용도 계산해야 한다.

논의한 것처럼, 정기기부가 기부자 기반 특징에 전반적으로 미치게 될 영향을 계속, 그리고 신중하게 추적하는 것도 중요하다. 기부자 모집을 담당하는 직원은 젊은 기부자의 관심을 끌 수 있는 새로운 경로가 성공을 거두자 기뻐할 수도 있다. 반면 기부자 발전을 담당하는 직원은 광범위한 연령대에 맞는 다양한 유지 프로그램을 시행하느라 죽을 맛일 수도 있다. 계획기부를 담당하는 직원은 접촉할 만한 잠재적 유증 기부자가 적다는 사실을 알게 될 것이다.

10단계: 프로그램 확대

앞서 말한 모든 항목에도 불구하고, 월정기부는 가능한 모든 모금방법과 모금 통로를 이용해 적시에 퍼져나가야 한다.

경고

비록 월정기부가 기부자 로열티와 생애가치를 높이는 데 효과적이기는 하나, 몇 가지 함정이 있다. 정기기부 프로그램 도입을 계획하고 있다면 다음의 문제점들을 알아두는 편이 좋을 것이다.

은행 수수료를 알자

소액 월정기부는 기부자에게 인기가 있는 것으로 밝혀졌다. 그러나 이러한 기부는 단체 입장에서 볼 때 은행이 결제계획을 준비하는 데 터무니없이 높은 비용을 부과하지 않을 경우에만 수익성이 있다. 이 경우, 그리고 은행 수수료에 대한 협상이 이루어지지 않았을 경우에는 월정기부액의 최저한도를 정할 수 있다.

과정을 자동화하자

월정기부 모금법의 성공 여부는 기관의 운영, 기부자 관심 시스템의 신속도와 정확도에 달려있다. 월정기부는 신속하게 구축되어 마땅한 감사를 받아야 하고, 월정기부금을 받을 때마다 기부자 기록에 연계하여 은행과 거래해야 한다. 관리상 데이터베이스와 소프트웨어 시스템은 이 과정을 자동화할 수 있어야 한다. 수많은 소액 기부자의 매뉴얼을 조징하는 것은 악몽일 수 있고, 기부자 역시 월정기부를 요청하는 자선단체가 기부금을 유능하게 인출해갈 것을 기대할 것이다.

은행의 실수를 예상하라

다양한 이유로 정기기부를 중단하는 기부자도 있지만, 많은 경우에는 은행의 실수 때문이다. 즉, 기부금을 이중 인출해가거나 엉뚱한 날짜에 인출할 수도 있다. 다시 한 번 말하지만, 해답은 가능한 빨리 은행이 아닌 자선단체에서 약속을 구축하거나 변경하고, 매달 기부금을 인출할 수 있게 하는 전자 시스템으로 바꾸는 것이다. 그리고 결제 중단에 대해 기부자와 소통하는 과정에서 그것이 고의적 결정이 아닌, 은행의 실수 때문일 가능성을 염두에 두어야 한다.

충분한 시간을 두어 최초 기부를 처리하라

처음 월정기부 회원으로 등록한 기부자는 과정을 잘 모를 수도 있다. 특히 익숙지 않은 모금방법으로 기부를 약속한 경우에는 최초 결제가 이루어지지 않았을 경우, 곧바로 이를 의심하게 될 것이다. 조직화가 잘 된 비영리기관조차 새로운 결제체계를 구축하려면 몇 달이 걸릴 수도 있다. 그러므로 기부자가 지정한 최초 기부액 인출일자보다 훨씬 이전에, 약정한 기부 내용을 확인해야 한다. 많은 비영리기관은 특정 날짜를 정기결제일로 정해, 관리를 한결 용이하게 한다.

업그레이드의 현실적 문제를 탐색하라

결제체계를 구축하는 과정에서, 일부 데이터베이스 시스템은 늘어난 월정기부액을 버겁게 여길 수 있다. 모금전문가는 업그레이드 캠페인 계획 초기단계에서 데이터베이스 관리자와 후원자, 후원자에 관심을 표하는 직원과 밀접한 관계를 맺어야 한다. 그리하여 모금액은 늘리고, 바라는 기간 내에 기부자 기록과 은행 기록에 반영된 기부액수를 높이기 위해 필요한 시스템을 운영해야 한다.

해지자를 구분하고 감손율을 계산하라

월정기부 프로그램의 성공을 측정하려면 해지율 계산이 일부 필요하다. 특히 기부자를 모집할 때 대행업체를 고용해 방문, 면대면 방법을 이용했다면, 대행업체에는 모집한 기부자 수에 따라 비용을 지불했을 것이다. 그렇게 모집한 기부자가 기부금을 낸다면 이 방법을 감당할 수 있고, 설명이 가능하다. 그러나 많은 기부자가 기부를 중단한다. 결제가 제대로 이루어지지 않아서일 수도 있고, 단순히 마음을 바꿨기 때문일 수도 있다. 아니면 경제 사정이 바뀌어서일 수도 있다. 대행업체 중에는 정해진 기간(보통 3개월) 동안 기부를 중단한 사람에 대한 모집비용 전액(혹은 일부)을 환불할 것을 약속하는 곳도 있다. 이 방법을 시행하려면 기관에서는 기부해지자를 신속하게 추적하여 알아낼 수 있는 시스템을 운용할 준비가 되어있어야 한다.

요약

이번 장에서는 정기, 혹은 월정기부자의 특징을 알아보았다. 영국과 캐나다 같은 나라에서는 이러한 기부방식이 모금경제에 혁신을 가져왔고, 기부자 평생가치와 로열티에 긍정적 영향을 미쳤다. 물론 처음에는 일시기부자 모집보다 비용이 많이 들더라도, 정기기부자는 중단 확률이 낮고 생애가치는 두 배나 높다. 이런 기부방식에 대한 가장 좋은 실무 경험을 이야기했고, 이를 발전시키는 방법을 예를 통해 설명했다. 그리고 피해야 할 중요한 함정들을 짚어보았다.

08

효율적인 모금상품 개발

비영리부문에서 최근 주의를 기울이는 모금상품은 기부자 유지에 커다란 영향을 미치는 또 다른 요인이라 할 수 있다. 모금상품은 기관이 기부자에게 제공하는 혜택 패키지라 할 수 있다. 이러한 혜택은 기부자에게 저절로 주어질 수도 있으나, 보다 일반적으로 볼 때 혜택 꾸러미 (*package*) 는 기부자가 만족스러워할 만한 수혜자 요구들이다. 상품의 예시로는 '아동후원', '유기견 입양', '노인 입양' 같은 것들이 있다. 모든 경우 비영리기관은 수혜자의 구체적 요구들을 준비하고, 기부자에게는 이러한 기부 해결을 위해 투자할 것을 요청한다.

모금 혼합 상품의 도입은 기부자에게 보다 오랫동안 기부하게 하고, 상품을 제안하지 않았을 때보다 더 높은 금액을 기부하게끔 촉구한다. 모금상품이 기부자 로열티를 낳는 주된 이유는 두 가지이다. 첫째는 기부자와 수혜자 사이에 생기는 연결 관계이다. 이 유대는 특히 아동후원의 경우 부자가 후원하는 아동에게 소통을 받을 때 한층 강력할 수 있다. 두 번째는 모금상품이 기부자에게 즉각적인 피드백을 준다는 것이다. 기부자들은 기부 목적을 정확히 알며, 자신의 기부가 어떤 영향을 미칠지 확신한다. 이러한 피드백 역시 효과적일 수 있다.

모금상품은 기관의 주요 과업과 관련된 성과를 묶음으로 제공한다. 그리고 적절한 금액을 제시하여 비영리기관의 복잡한 활동을 기부자가 쉽게 이해할 수 있게 한다. 상품은 이를테면 지지활동 같은 기부자의 특정 관심사에 초점을 맞춘 것일 수도 있다. 그리하여 기부자 개인에게 중요한 특정 분야에 영향을 미칠 수 있는 기회와 피드백을 제공하여 기부자의 후원과 참여도를 최대화할 수 있다.

그러나 일부 모금상품이 기부자 로열티를 배양하고 높이는 데 성공적이었음이 입증되었을지라도, 그것이 모든 비영리기관에 적합하거나 실행 가능한 것은 아니다. 모금상품의 개발, 공개, 운영은 어려운 일이며, 비용과 시간이 많이 들 수도 있다. 모금 분야에서 놀랄만한 성공사례가 일부 있지만 반면 큰 대가를 치른 실패사례도 많다.

이번 장에서는 성공적인 모금상품의 주요 특징을 살펴보고, 우수사례 일부를 제시한다. 그리고 이러한 모금상품의 독창성을 뒷받침하는 과정을 보다 깊이 있게 살펴보고, 시작단계에서 피해야 할 점들을 자세히 알아본다.

특징

모금전문가들은 전 세계 곳곳에서 광범위한 모금상품 프로그램을 성공리에 구상했다. 그중 뛰어난 몇 가지 프로그램에는 몇 가지 공통점이 있으며, 일반적으로는 다음과 같다.

정기기부에 대한 참여의식이 포함된다

상품은 월, 분기, 혹은 연 정기기부에 대한 기부자와의 약속에 기반을 둔다. 이전 장에서는 이러한 기부 형태의 장점, 은행 자동이체 방식을 이용한 정기기부가 수익창출과 기부자 로열티에 미치는 긍정적 영향을 이야기했다. 이렇듯 약속된 기부는 중요하다. 이러한 기부자는 보통 아동후원처럼 비교적 비용이 많이 드는 상품을 택할 것이고, 기관에게 높은 수준의 관심을 받을 것이며, 준비 비용 역시 많이 들기 때문이다. 그러므로 비교적 높은 수준의 기부가 이루어지며, 기부자가 책임을 다할 수 있도록 월정기부라는 수단을 통해 비용을 분배한다.

기관의 핵심 활동을 대표한다

최상의 모금상품은 기관의 핵심 미션을 대표하는 것이다. 고래 및 돌고래 보호협회(Whale and Dolphin Conservation Society)의 '돌고래 후원 상품', 액션에이드(ActionAid)의 '아동후원', 그리고 헬프 디 에이지드의 '노인 입양' 같은 상품이 그 예이다. 각각의 상품은 그야말로 기관을 대표한다. 핵심 활동과 동떨어져있거나 기관의 주요한 노력을 대변하지 못하는 모금 프로그램은 실패하기 쉽고, 기관의 다른 활동에 비해 성공적인 모금이 어려울 수도 있다. 때문에 광범위하거나 장기적 의무(일부 보호자선단체 같은 경우)를 가지거나, 반작용적 기반에 기준을 두고 활동(재해응급구조 기관 같은 경우)하는 비영리기관은 자사의 활동을 기부자가 쉽게 파악할 수 있도록 상품에 한데 담아내기가 어렵다는 사실을 알게 된다.

수혜자와의 직접적 관계를 제공한다

기부자와 수혜자 사이의 개인적 관계를 제공할 때 모금상품의 효과는 가장 크다. 이는 대부분의 후원, 입양계획에서 기본이 된다. 기부자에게는 개인적 관계가 주어지며, 자신들의 기부행위로 실천한 선행을 눈으로 보고 알 수 있는 기회를 제공한다. 이런 상품 중에는 후원 아동이나 대상, 혹은 동물을 고를 것을 요청하여 처음부터 기부자의 참여를 이끌어내 동기를 부여하는 것도 있다.

개인 수혜자와의 감정적 관계가 이 프로그램의 성공에서 중요하기는 하나, 상품 모금전문가는 완전히 투명한 방법으로 기금이 이용될 수 있도록 주의를 기울여야 한다. 이를테면 아동후원의 경우, 대다수 프로그램은 아이가 살고 있는 마을에 곧바로 기부금을 투자하거나, 수혜자나 수혜자의 가족에게 쓰기보다는 아이에게 도움이 될 만한 프로젝트, 보다 큰 공동체에 기부금을 투자한다. 대부분의 경우, 기부자 다수는 같은 아동이나 동물을 후원하고 있으며, 기부금은 큰 프로젝트에 쓰이게 되어 있다. 이때 수혜자의 개인적 사례는 주로 그 집단이 안고 있는 문제를 증명하는 역할을 한다. 야생동물을 후원할 때 개별 동물의 성장과정을 추적하거나 복지에 직접적 영향을 미치기란 거의 불가능하므로, 후원금으로 보호소를 마련하고 법적 보호를 위한 로비활동을 벌이거나 행동을 연구할 수 있다. 이러한 기부는 전반적으로 가치 있으나, 이는 기부자가 상품을 분명히 알고 있으며 어떤 식으로든 잘못된 정보 때문에 후원하지 않았을 경우에만 그러하다.

기부자와 수혜자 집단의 관계를 명백하게 하는 후원 프로그램도 있다. 옥스팜 프로젝트 파트너(Oxfam's Project Partner)가 한 예이다. 시간이 지날수록 기부자들은 관개나 농장 공사 같은 특정한 프로젝트에 후원해달라는 요청을 받는다. 그 대신 옥스팜은 프로젝트의 진척사항, 프로젝트가 특정 공동체와 그 구성원에게 미치는 영향을 보고한다. 암 치료나 치매 예방책을 강구하는 연구팀에 대한 후원 역시 가능하다. 이들 중에는 효과가 좋은 프로그램도 있겠지만, 개인이라는 꼬리표가 붙은 기부자와 반드시 효율적인 관계를 맺으리라는 법은 없다. 기부자를 집단이나 프로젝트에 끌어들이면 기관의 명분이 확실하고 즉각적인 것이 되지만, 개인적으로 알고 지낼 때만큼 수혜자에 가깝게 다가설 수는 없다.

적절한 기부 수준을 정한다

성공적인 모금상품은 대개 개발도상국의 수혜자들을 끌어들인다. 상대적으로 적은 기부금으로 큰 변화를 꾀할 수 있기 때문이다. 예를 들어 개발도상국가 중에서도 가장 가난한 나라(하루 생활비가 1달러 이하인 사람이 12억 명이 넘는 곳)에 한 달에 15달러를 기부하는 것은 옥스팜이 벌이는 활동에 기부하는 것보다 큰 영향을 미칠 것이다. 그 밖의 효과적인 상품 프로그램은 꽤 높은 월기부금액을 책정하여, 확장된 피드백과 기부자가 기대하는 수준의 서비스, 기부자 참여의식의 중요성을 반영한다. 어떤 경우에든 모금상품에 필요한 비용은 분명해야 한다. 비용이 너무 낮거나 높으면 계획의 신뢰성과 윤리성에 의심을 품을 수 있다.

집단에 정체성을 부여한다

상품 호소력 중 일부는 기부자가 특정 '클럽'이나 '공동체'의 일원이 되고자 자발적으로 선택했으며, 그리하여 자신의 자선을 통해 정체성을 얻는다는 사실에 있다. 클럽의 후원자(*sponsor*), 입양자(*adopter*), 회원(*member*)들은 감사인사를 받으며 자신이 공통의 관심사와 참여의식을 가진 개인으로 구성된 집단의 일원이라는 사실을 인식할 수 있다.

실질적 결과와 피드백을 제공한다

기부자와 수혜자를 연결 짓는 모금상품은 둘 간의 대화를 발전시킨다. 아동후원 프로그램에서 기부자는 아이에게 마음껏 편지를 쓰고, 기부의 대가로 아이가 쓴 편지와 아이의 학교·가정생활에 대한 보고를 받게 된다. 아이가 살고 있는 공동체에 특정 프로젝트가 미치는 영향에 대해 단체가 정기적으로 업데이트하는 보고서도 받는다. 새와 습지 트러스트(Wildfowl and Wetland Trust)의 후원자들은 새를 후원하며, 이동을 시작한 철새의 경로에 대한 최근의 소식을 듣게 된다. 일부 동물보호프로그램은 심지어 후원자에게 동물을 보러 올 것을 권하기도 한다.

수혜자에게 받는 피드백과 직접적인 소식은 기부자에게 후원의 의미를 알려주고, 자신들의 행동이 가지는 영향력을 눈으로 확인하게 한다. 이러한 피드백에서 기관은 본질적으로 모습을 드러내지 않는다. 기부자는 기부금 일부 혹은 전액이 기관운영과 간접비에 쓰이는지 의심하기보다는 돈의 사용내역을 제대로 알 수 있다.

상품 제공 시 기부자에게 약속한 내용이 추후 상품이 변경되면서 바뀐다면 기부자 로열티에 부정적 영향을 미치기 쉽다. 모금전문가는 이 사실을 알고 있기에, 종종 불확실하고 조정이 가능한 상품을 제공한다. 이를테면 이런 것이다. "아동후원을 위해 한 달에 30달러를 기부해주시면 아이의 성장에 대한 정기적 보고서를 보내드리겠습니다."

불행히도, 그러한 제안은 다음과 같은 구체적인 약속보다 매력도가 떨어진다. "제인을 후원하는 데 한 달 30달러를 내시면, 증명서와 월간지를 보내드리겠습니다. 그리고 제인과 직접 연락할 수 있게 해드리겠습니다. 제인은 일 년에 최소 두 번 소식을 들려줄 것입니다."

확장된 서비스를 제공한다

고도로 개인화된 프로그램에서 정기적으로 재정적 책임을 다하는 기부자는 특히 기부금이 비교적 고액일 경우, 모금부서에게 양질의 서비스, 기관에게는 감사인사를 기대한다. 그들은 기관이 자신의 기록을 지속적으로 업데이트하는 것은 물론, 자신의 선호도를 알고 지지해 줄 것, 궁금해 하는 내용에 즉각 답해주기를 바란다. 프로젝트나 수혜자와 개인적으로 관계가 있다고 생각하면 많은 요구를 할 수 있다. 몇 년 동안 성공적으로 지속되어온 프로그램은 기부자에 대한 높은 관심과 인지를 한데 반영하여, 정보에 접근할 수 있는 특권과 행사, 축전에 참석할 수 있는 기회를 제공한다.

장기적 참여의식을 기대한다

성공적 모금상품의 기부자는 비교적 오랫동안 장기기부 약속을 하는 경향이 있다. 아동후원은 아이가 학교에 들어가거나 특정 공동체 프로젝트가 종료되는 즉시 끝날 수도 있다. 동물후원은 동물이 죽거나 머물 곳을 찾으면 종료될 수 있다. 이러한 프로그램의 추정 지속기간은 평균 최소 3년이다. 기부자에게 이와 같은 상품을 호소하는 것은 진지한 참여의식을 보장받는 것이기도 하다. 기부자가 상당 기간 동안 기부하리라는 기대는 기부의 중요성, 그리고 기부자 로열티의 주요 동인 두 가지를 모두 나타내는 것이다.

성공적인 모금상품의 예시

다음 예시들은 성공적인 모금프로그램 몇 가지를 설명한 것으로, 앞서 이야기한 특징을 입증하는 유용한 실례이다.

액션에이드의 아동후원 프로그램

액션에이드는 1972년부터 활동을 시작했다. 이후 아동후원 방법을 지속적으로 다듬고 발전시켰다. 지금은 수많은 아이들을 후원하며 연간 3천만 파운드라는 기부금을 기록하고 있다. 액션에이드 플랜 기부자는 특정 아동과 관계를 맺고 아이에 대한 정보를 받는다. (〈예시 8-1〉은 액션에이드 소책자 표지이다.) 후원금은 매달 15파운드이다. 액션에이드는 기부자에게 이 돈이 처음부터 아이나 가족에게 쓰이는 것이 아니라, 아이가 살고 있는 지역에서 가장 절실한 프로젝트에 사용된다는 점을 분명히 한다. 또한 기부자에게 후원금 중 90%는 해외활동에 쓰며, 10%만이 모금, 지지, 교육활동을 위해 기관이 사용한다고 말한다.

후원자는 1년에 두 차례, 아이가 사는 공동체에서 보낸 편지를 받는다. 여기에는 후원 아동, 혹은 아동을 도와주는 액션에이드 직원이 개인적으로 쓴 편지가 동봉된다. 후원자들에게는 후원 아동에게 편지를 보낼 것을 권장한다. 기관은 후원자에게 담당직원을 배치하고, 웹 자료 이용권을 제공하는 등 많은 관심을 기울인다.

잠재 후원자에게 보내는 자료에서는 참여의식의 중요성과 진지함을 강조한다. 후원자에게는 약 3년 동안 책임을 다해줄 것을 기대한다고 이야기하고, 만약 상황이 바뀌어 기부를 철회해야 할 경우에는 단체가 가능한 한 빨리 다른 후원자를 찾을 수 있도록 알려줘야 한다고 당부한다.

액션에이드 아동후원자의 생애가치를 분석한 결과, 기관과 관계를 지

〈예시 8-1〉 액션에이드(ActionAid)의 아동후원 프로그램

출처: 액션에이드의 허가를 받아 복사, 액션에이드는 빈곤이 없는 더 나은 세상을 위해 투쟁하는 고유한 협력집단이다.

속하는 기간은 평균 7년이다. 후원이 끝난 기부자에게는 같은 공동체에서 벌이는 다른 프로젝트를 정기적으로 후원하도록 권하거나, 아니면 다른 아동을 후원할 것을 권유한다.

National Canine Defence League의 스폰서 어 독 프로그램

내셔널 케인 디펜스 리그(National Canine Defence League, 이하 NCDL)는 영국에서 가장 오래된 자선단체 중 하나이다. 과거에는 유증기부를 통해 높은 수익을 낳았지만, 고령층으로 이루어진 기부자 기반은 갈수록 구시대적인 것으로 평가되었다. 또한 경쟁이 치열한 동물보호분야에서 시장 발언권과 기부자 후원 점유율을 유지하기는 점차 힘들어졌다.

이에 NCDL은 새로운 로고를 만들고 스폰서 어 독 프로그램을 개시했다. NCDL 센터 중 한 군데는 잠재 후원자에게 유기견 후원을 위해 일주일에 1파운드라는 소액을 기부해줄 것을 요청했다. 그리고 선택할 수 있는 다양한 개의 사진과 상세설명이 포함된 책자를 보냈다. 기부자들은 후원의 대가로 입양한 개, 즉 가상의 애완동물에게 정기적 소통(밸런타인과 크리스마스카드 포함)을 받았다. 이 프로그램의 특징은 후원자와 애견 사이에 연속적으로 이루어지는 소통과정에서 유머러스한 광고와 홍보자료를 이용해 상품을 소개한 것이다. 이런 상황에서는 유머러스해도 괜찮다. 인간을 후원하거나 입양하는 상황과 비교했을 때, 수혜대상이 되는 동물을 공정하고 존귀하게 표현해야 한다는 부담감은 덜하기 때문이다. 후원 소책자(〈예시 8-2〉)에는 기부자에게 증명서, 배지, 스티커, 후원자 카드, 정기잡지(*Wag!-Packed with Doggy News!*)를 비롯해, '평생 조건 없이 당신을 사랑할 친구'라는 문구가 들어있다.

스폰서 어 독의 TV 모금방송 광고의 주인공은 개다. 개는 시청자를 똑바로 바라보며 NCDL 센터에 머무는 친구의 곤궁한 처지를 설명한다. 개에게 필요한 보호를 예시로 설명하고, 사람들에게 소액, 정기기부로 자신들의 삶을 바꿀 수 있다고 말한다. 광고는 대놓고 사람을 웃기고, 가볍

〈예시 8-2〉 스폰서 어 독(Sponsor a Dog) 소책자

출처: 독스 트러스트(Dogs Trust, 이전 명칭: NCDL)의 허가를 받아 복사.

고, 감성적이다.

프로그램은 성공을 거두었다. 특히 애완동물을 키우고는 싶지만 생활 환경과 근무시간 때문에 그럴 수 없던 젊은 층을 끌어 모았다. 스폰서 어 독 덕분에 신규 가입자가 수천 명 늘었고, 모금액도 증가했다. 또한 동물 복지 부문의 다른 경쟁기관과 차별화를 이루었다. 다른 기관들의 운용 방식은 달랐기에, 상품을 똑같이 따라할 수가 없었다. 타기관에서는 유기견을 장기간 보호하기보다 새 가정을 찾아주거나 안락사를 시켰고, 모금 자료는 웃기거나 활기차기보다는 진지했다. (이 프로그램을 도입한 이후, NCDL은 기관명을 Dogs Trust로 바꾸었다.)

프리덤 빌리지의 십대 입양 프로그램

미국과 캐나다에서 프리덤 빌리지(Freedom Village)를 후원하는 사람은 십대 입양(Adopt-a-Teen) 프로그램에 기부할 수 있다. 종교 기반 기관인 프리덤 빌리지는 문제가 있는 십대와 부모에게 도움을 주고, 마약과 술 때문에 괴로워하거나 성적 학대로 고통받는 십대에게 머물 곳을 제공한다. 프리덤 빌리지의 영지는 150에이커로, '힘들어하는 사람을 위한 집중적인 보호'를 제공한다. 여기에는 최대 150명의 십대가 거주할 수 있다. 주요 거주 프로그램은 1년 동안 운영된다. 기금 마련에는 후원자는 물론, 부모들도 동참한다.

십대 입양 프로그램은 기관에 중추적 후원을 제공한다. 한 달에 22달러를 자동 결제하는 것도 가능하다. 기부자는 '달리 도움을 받을 곳이 없는 어린 학생에게 먹을 것, 입을 것, 교육비와 보호를 제공'할 수 있다. 기부자는 청소년의 사진, '아이의 정보를 담은' 자료 시트, 입양 증명서가 들어있는 '입양 패킷'을 받게 된다. 기부자는 매달 여러 명의 십대에게 증거가 될 만한 편지를 받으므로 '매달 내는 기부금으로 기관이 무슨 일을 하는지 정확히' 알 수 있다.

샌프란시스코 동물원의 동물입양 프로그램

샌프란시스코 동물원은 '사업동료, 친구, 가족이나 사랑하는 사람을 위한 독특하고 멋진 기부'로서 동물입양(Adopt-an-Animal) 프로그램을 제시한다. 후원자는 다양한 동물을 선택할 수 있고, 기부의 대가로 입양한 동물 사진, 동물의 '특징 설명서'가 들어있는 꾸러미를 받게 된다. 그리고 동물원 웹사이트에서 보낸 감사인사와 정기간행물을 받는다. 모든 후원자는 매년 열리는 행사인 '주페어런트 데이'(Zooparent Day)에 초대받는다. 이 행사에서는 비공개 동물원 탐험, 동물에게 먹이 주기, 사육사와의 대화, 회전목마와 급류열차 무료탑승을 즐길 수 있다.

후원하려면 연간 기부금만 내면 된다. 금액은 40~1,000달러로 다양하며, 기부액에 따라 받는 혜택도 다르다. 동물원은 후원자들에게 기부금이 '반드시 필요한 동물을 보호하고 희귀종과 멸종위기 종을 비롯한 야생동물 보호 프로젝트'를 후원하는 데 쓰인다는 점을 명시한다.

성공적인 모금상품 개시를 위한 단계

모금과 혼합 소통방식을 위해 모금상품 도입을 고려하고 있다면, 철저한 계획을 세워야 한다. 모금상품 자체는 효과적일지라도 엉성하게 계획되었다거나 한정된 기부자에게만 높은 ROI를 얻을 수 있는 상품은 모금활동에 혼란을 가져올 수 있다. 계획단계에는 조사, 견적, 검증, 검사가 포함되어야 한다.

조사

모금상품의 실행가능성을 조사하려면 상품에 대한 잠재적 기부자를 평가하는 것은 물론, 기관의 내부과정과 활동을 가능한 한 많이 살펴봐야 한다. 언급한 것과 같이, 가장 좋은 상품은 기관이 이미 진행 중인 핵심활동(또는 그 일부)을 기부자 유인책으로 제시하는 것이다. 그러므로 1단계는 기관의 의무, 실제 활동, 결과를 다시 알아보고, 이러한 진술과 처리가 타당한지 여부를 살펴보는 것이다. 평가방법은 정직해야 한다. 대부분의 비영리기관에게 상품은 적합하지 않을 수도 있다. 기관활동을 상품패키지에 억지로 담아내려 하기보다는, 초기에 이러한 결론을 내리는 편이 낫다.

수혜자 개인을 상품으로 제시하면 모금 효율성이 높을 수는 있으나, 그러한 행동의 도덕적 결과는 기관의 미션에 위배될 수도 있다. 예를 들어 유니세프(UNICEF) 같은 경우, 아동후원 방법을 개발할 기회가 많지만,

영국의 유니세프 모금 위원장은 아동을 상품으로 보는 시각이 부적절하다는 생각에 그러한 상품을 도입하는 것을 반대한다. 이처럼 확고한 정서는 대개 일반적이므로, 기관은 특정한 모금상품을 개발하기에 앞서 가능한 모든 이해당사자의 민감도를 알아보아야 한다.

모금전문가는 새로운 프로그램의 홍보자료를 만들고, 체계를 구축하고, 기관의 핵심 활동을 상품패키지에 담아내야 하지만, 적시에 제공되는 피드백과 내부 정보 시스템을 갖추는 것은 반드시 필요하다. 프로그램 담당자가 제품의 지속성을 높이고 모금부서에 정보를 제공하기 위해 실무를 변경하거나, 상당량의 추가 작업을 실행해야 할 경우에는 더 이상의 아이디어를 탐색할 필요가 없을 수도 있다. 또한 상품은 장기간 지속되어야 하므로, 시간이 지나면서 철회되거나 많은 부분이 바뀔 수 있는 상품 프로젝트나 활동 분야에는 적합하지 않다. 예를 들어, 일반적으로 한 가지 문제를 다루는 '로비활동 클럽'(*lobbying clubs*)이나 '활동집단'(*action group*)의 경우에는 기관에서 장기간 프로그램을 후원하는 열성적 기부자 집단의 만족도를 충족시킬 정도로 활동가에게 충분한 정보와 기회를 줄 수 없으므로 지속이 불가능하다.

기관 내부의 입장에서 볼 때 상품 아이디어가 실행할 수 있는 것으로 보인다면, 외부 연구를 통해 경쟁기관의 활동을 조사하고, 동일하거나 비슷한 분야의 비영리기관이 제공하는 모금상품과 비교해보아야 한다. 모금상품을 소개하고 실질적 기부자로 연결될 잠재기부자 그룹을 규명하기 위한 데이터베이스 분석이 이루어져야 한다. 또한 상품이 기관 브랜드와 이미지에 미칠 영향을 숙고하고, 마지막으로 이를 기부자 모집에 활용해야 한다.

견적

모금상품을 도입하려면 매우 신중하게 견적을 내야 한다. 대다수의 기관은 장차 필요하게 될 홍보자료의 견적을 낸 다음, 요구되는 기부 수준에 어긋나는 것이라면 폐기한다. 그렇더라도 많은 경우 인건비, 진행과 시스템 조정 비용을 고려하지 않는다. 기관은 이를테면 후원의 경우, 모금부서는 물론 프로그램 담당자와 기부자 관리를 담당하는 담당자를 포함하는 상품으로 인식해야 한다. 덧붙여, 상품이 많은 기부자에게 매력적이라면 자료와 인건비를 다시 계산할 필요 없이 보다 많은 기부자를 모으는 수단으로 확산시킬 수 있다. 물론 대체로 자료발행에 드는 비용은 부수가 많아질수록 떨어질 것이지만, 추가 인건비와 내부 시스템 조정 비용은 여전히 높을 것이다.

신상품의 견적을 내는 과정에서, 상품으로 얻을 수 있는 기부자수를 두고 다양한 계획을 수립해야 한다. 그리하여 최소비용을 계산한 결과, ROI가 마이너스라면 받아들여지지 않을 것이다. 모금전문가는 해지율 수치도 감안해야 한다. 이는 (정보를 얻을 수 있다면) 유사상품의 해지율, 기관이 현재 운영 중인 다른 모금활동에서 경험한 해지율에 근거를 두고 가능하다.

이미 말한 것처럼, 기부 요청 수준은 신뢰할 만한 것이어야 한다. 여기에는 상품의 특징, 기부자가 수혜자에게 (그리고 기관이 기부자에게) 다해야 하는 책임의 성질이 반영되어야 한다. 뿐만 아니라 기관의 기존 후원자와 잠재 후원자 수치는 현실적이어야 한다.

예비검증

모든 직접 마케팅의 경우와 마찬가지로, 신상품은 본격적인 투자를 행하기 전 소규모 집단을 대상으로 예비검증을 거쳐야 한다. 기부자를 검증하기 전에, 질적연구를 실행하는 것이 바람직하다. 예를 들어, 관련 직원은 이러한 업무가 효율적으로 수행되리라는 점을 보장하고자 처리와 실행 과정을 모두 점검해야 한다.

다음으로 검증은 기존의 기부자 데이터베이스 부문에서도 이루어져야 한다. 기부자 그룹을 주의 깊게 선별하는 까닭은 다음과 같은 점들을 확인하기 위해서이다. (1) 기부자가 아직까지 기부 경험이 많지 않거나, 기부가 필요한 상품이 많다는 점. 즉, 상품에 책임을 다하면서 후원 수준을 업그레이드하게 된다는 점, (2) 잠재 기부자일 수 있다는 점. 즉, 기존 자료를 통해 요구되는 기부 정도를 충분히 감당할 수 있다는 점. 잠재적 신규 기부자에 선행되는 기존 기부자에 대한 검증은 긍정적 반응을 낳는다. 이는 모집 당시 '냉담한' 기부자에게 연속적으로 상품을 제시할 경우 나타난 반응률과 더불어 기억해두어야 할 사항이다. 기존 기부자를 대상으로 한 검증은 비용이 꽤 저렴하며, 일부 변인을 제거함으로써 반응률에 중요한 요인이 매체 선택이라기보다는 제공하는 상품이라는 사실을 분명히 할 수 있다.

초기 검증 시 선별한 기존 기부자들이 상품에 긍정적으로 반응하고, 실행과 처리과정이 성공리에 이루어진다면 다른 기부자에게도 신중하게 확대할 수 있고, 기부자 모집 도구로 검증될 수 있다. 다시 강조하지만, 사전검증 때는 통제된 방법을 사용하는 것이 좋다. 소규모 잠재적 기부자 표본을 대상으로 지금의 모집 방법으로 상품을 따로따로 검증하는 편이 가장 좋을 것이다. 상품과 이용 매체, 두 가지에 대한 검증은 홍보기간 내내 이루어져야 한다. 매번 상품의 실행과 처리를 미리 연습하는 방법으로, 상품에 대한 모든 검증은 신중하게 통제해야 한다.

검토

검토를 위한 주요 측정수단은 여느 위탁 기부자와 마찬가지로, 기부자 해지율과 기부자별 생애가치이다. 상품의 운용비가 비쌀수록, 그리고 특히 신규 기부자와의 관계가 초반부라면 해지율과 해지 이유는 반드시 알아보아야 한다. 좋은 상품의 경우, 기부자들은 감정적으로 기부하는 경향이 있으므로 해지율은 매우 낮을 것이다. 기부금은 자동결제하는 것이 이상적이며, 기부자에 대한 관심과 피드백 수준은 높아야 한다. 그러나 시간이 지나면서 경제 상황이나 개인적 상황의 변화로 후원을 중단할 기부자도 분명히 있다. 해지를 통해 알아두어야 할 교훈이 있다. 이를테면, 상품이 기부자의 기대치에 못 미쳤다거나, 경쟁기관이 더 나은 상품을 제시하여 기부를 해지했다면 기관은 자사의 상품을 재평가해야 할 수도 있다.

상품을 통해 기부하는 기부자의 로열티와 가치를 계산하고 그 결과를 분석할 수 있다. 해지율이 낮고 수익성과 로열티는 높을 경우, 기관은 상품홍보에 더 많은 투자를 하고 상품을 이용한 모집 캠페인에서 비교적 낮은 ROI도 감수하며 기부자에 대한 관심 수준을 높일 수 있다.

함정과 제약

모금상품이 성공적인 것으로 판명되고, 기부자의 로열티와 생애가치를 크게 높일 수 있다 할지라도 약점과 함정은 알아두어야 한다. 다음은 모금상품을 이용할 때 주요한 단점을 간략하게 요약한 내용이다.

기금 제약

모금상품은 구체적일 때 가장 큰 성공을 거둔다. 기부자는 자신이 받은 정보에 설명되어 있듯, 모금액의 정확한 사용용도를 알 자격이 있다. 또한 비영리기관은 명시한 활동과 관련 비용에만 상품의 수익을 이용해야 한다. 기부자는 비영리기관이 자신이 기부한 모금상품을 투명하게 운용할 것을 기대한다. 상품이 기관의 핵심미션과 분명한 관계가 있고 기관은 상품을 운용하면서 핵심 프로그램을 효율적으로 실행할 수 있다면, 약속한 대로 모금액을 이용해도 문제가 되지 않을 것이다. 그러나 모금상품이 활동범위에서 벗어났다거나 중요하지 않은 내용을 후원하는 것이라면, 다른 활동에 필요한 모금이 난항을 겪을 수 있다. 상품 후원자들의 기부금이 방향에서 벗어난 프로젝트에 쓰일 수 있기 때문이다.

고비용

모금상품의 운용비는 상대적으로 저렴하다. 데이터베이스와 기록 시스템, 홍보와 기부자와의 지속적인 소통에 필요한 자료의 개선이 필요할 수도 있다. 상품의 성공을 위해서는 말한 것과 같이 헌신적 직원이 필요할 것이다. 상품을 통해 기부하는 사람들은 질 높은 서비스와 문의사항에 대한 신속한 답변을 요구하는 경향이 있다. 그러므로 비용 대비 효율적인 상품 프로그램은 기존의 시스템을 활용하는 것이다. 한 가지 예시로는 동물원의 동물후원이 있다. 기부자에게 발송하는 동물에 대한 정기적 보고서는 수의학과 과학 보고서에서도 발견된다. 기관은 이를 핵심사업의 일환으로 꾸준히 발행한다. 내부에서 열람하는 프로젝트 보고서 역시 이 용도로 이용할 수 있다. 이 보고서를 받은 기부자는 저절로 남보다 '유리한 입지'(*inside track*)에 있게 되며, 진심 어린 의견을 담은 부가적 혜택에 고마워하게 된다.

상품 모금전문가는 상품의 ROI가 받아들일 만한 정도인지 여부, 상품을 올바르게 홍보하고 있는지 여부를 끊임없이 살펴야 한다. 많은 고액 상품은 한정된 기부자 구획에서만 매력적일 수 있으나, 상품은 성장 가능성이 있는 상당수의 기부자에게 매력적이어야 한다. 강조한 것처럼, 신중한 검증, 견적, 검토는 필수적이다.

상품이 기부자 업그레이드에 유용하게 쓰일 수 있다 해도, 이따금 (기관이 감당하기에 비용이 많이 드는) 상품을 과시욕 때문이 아니라 정기기부에 만족감을 느낄 기부자에게 홍보하기도 한다. 동물보호단체에서 동물 입양 계획에 많은 돈을 투자해 기부자 피드백을 위한 새로운 시스템을 구축하고, 매력적인 자료를 많이 만들어냈다고 해보자. 계획을 실행하자 많은 후원자가 모여든다. 기관은 뒤이어 상품을 포함하지 않은 정기기부를 홍보한다. 기관의 핵심활동을 위한 기부이지만 기부자는 아무런 특별한 혜택을 받지 못한다. 두 프로그램의 월기부액은 똑같다. 시간이 지나면서 일반적인 정기기부는 입양 상품만큼이나 알려지게 된다. 입양 상품을 통해 기부하는 사람들은 평균 1년 이상 기관과의 관계를 유지하지만, ROI는 복합 상품보다 단순 기부의 경우 훨씬 더 높다.

브랜딩과 정체성의 변화

일부 상품 중 특히 신규 후원자 모집을 위해 대대적인 홍보를 벌일 경우, 너무나 큰 성공을 거둔 나머지 기관의 간판, 정체성이 되어버리는 경우가 있다. 그러한 브랜딩은 환영할 만한 것일 수도 있으나, 대개 상위의 기관보다 더욱 커져 상황은 썩 좋지 않게 된다. 모금상품 중에는 관계없는 활동 분야의 중요성을 축소하거나, 기관의 가치와 의무를 정확히 반영하지 않아 기관의 활동을 지나치게 단순화한 것도 있다. 기부자 기반 중 이를테면 젊은 층, 여성, 남성, 사회활동가 등 특정 구획에 호소하기 위해 고안된 상품도 있다. 기관은 이러한 상품들이 기관의 주요 브랜드에 비해 부차적이라는 점을 분명히 하여, 기관에서 다 담아내기에 어려운 활동을 홍보하고 기금을 모을 때 문제를 겪는 일이 없어야 한다.

업그레이드와 개발의 어려움

상품을 통해 기부하는 후원자는 일정한 기부금으로 혜택 패키지를 효율적으로 뒷받침한다. 설명한 것처럼 아동입양, 유기견 후원, 호스텔의 숙소 지원에는 일정 비용이 필요하므로, 기관은 추후 기부금을 변경하거나 기부자에게 같은 프로젝트에 추가로 드는 비용을 요청하기가 어렵다는 사실을 알게 된다. 시작단계부터 기부 수준이 비교적 높게 책정되었다면 업그레이드 작업이 필수적이지 않을 수도 있다. 그러려면 기부자에 대한 관심도 수준을 높게 할 때의 비용을 고려하여 견적을 내야 한다.

또 다른 문제는 후원아동이 입학하거나, 동물이 죽거나 새로운 보금자리를 찾는 등의 이유로 상품이 종료된 이후의 기부자 대우이다. 기관 중에는 이를테면 아동후원을 하던 기부자에게 지역공동체를 후원하게끔 하는 등의 상품 확대를 시도하는 곳도 있다. 그리하여 기부금에 대한 일부

제한을 완화해 기부금을 보다 유연하게 이용할 수 있게 한다. 그러나 기부자는 기관보다도 자신이 돕는 수혜자에 대한 로열티를 발전시킬 수도 있다. 이 경우 기관은 수혜자에게 필요한 기금을 모집하는 매개체 역할을 한다. 이러한 기부자는 같은 유형의 상품을 제공하는 다른 비영리기관으로 옮겨갈 수도 있다.

기부자와 수혜자 사이의 정기적이고 구체적인 소통이 수반되는 상품은 많다. 그렇기에 후원과 참여도를 높이고자 기부자에게 새로운 아이디어를 소개하고, 프로그램 중 대안에 대한 정보를 제공하기란 역시 쉽지 않다.

요약

이번 장에서는 모금상품이 기부자 유지에 공헌하는 바를 이야기해보았다. 이 방법이 급속도로 확산됨에 따라, 크고 작은 비영리기관은 현재 모금상품을 처음으로 고안하는 중이다. 상품은 기부자 생애가치를 높이고, 유지율을 향상시키는 데 도움이 될 수 있다. 적절한 설계과정을 거친 모금상품은 개인과 수혜자 집단을 직접 연결해 기부자의 만족도를 높이면서 기관의 모금활동 수익성을 크게 높일 수 있다.

09

서비스 질 관리

이번 장에서는 기부자 유지율에서 서비스 질(*Service Quality*)이 어떤 역할을 하는지 살펴본다. 이를 위해 연구 프로젝트의 결론을 보다 자세히 검토할 것이다. 또한 영리부문에서 배울 수 있는 교훈을 알아보고, 수준 높은 서비스 개발을 위해 활용할 수 있는 기틀과 가설을 제시한다.

비영리기관과 자선단체들은 서비스 질이라는 개념에 대해 놀랄 정도로 관심이 없었다. 1980년대 중반 이후 기업들은 고객에게 제공하는 서비스 질을 개발하고 향상시키기 위해 노력했으나, 비영리기관은 이를 중요하게 여기지 않았다. 그들은 수혜자 집단에 제공하는 서비스에 관심을 표하는 반면, 정부계약에 대한 관심도는 떨어지는 성향을 보였다. 많은 비영리기관이 수혜자에 대한 서비스 방법을 매우 상세히 계획하고, 요구에 맞춰 서비스를 제공하고, 성과를 측정하고자 설문조사와 표적집단을 실시하고, 서비스 질 향상을 위해 연간 확장을 계획한다. 그럼에도 모금상황에서의 서비스 질에 높은 관심을 보이는 경우는 드물다.

모금전문가가 영리부문 종사자나 심지어 수혜자 관련 업무를 하는 기관내 직원보다 서비스 질에 대해 관심을 기울이지 않는 이유는 무엇일까?

어쩌면 제공하는 서비스의 질과 기부자 로열티의 관계를 인식하지 못하거나, 모금활동 시 서비스 질에 필요한 많은 표준 가설과 기틀을 적용하기가 어렵다고 생각해서일 수도 있다. 이번 장에서는 각각의 문제들을 살펴본다.

서비스 질은 무엇인가?

다음은 서비스 질에 대한 여러 가지 정의이다.

> 고객 기대치에 부응하여 훌륭하거나 우수한 서비스를 실행(Zeithaml and Bitner, 1996: 23)

> 행동—즉, 태도—다시 말해 여러분은… 고객, 공동체, 주주, 매일 같이 일하는 직장 동료, 누구이든 이해당사자를 위한 최고의 서비스에만 만족할 것이다(Harvey, 1995: 24).

> 고객의 기대보다 나은 서비스를 제공하는 것(Lewis, 1989: 4)

이런 것들과 다른 정의의 본질은 서비스 질 인식이 고객경험, 모금상황에서는 기부자 경험에 따라 다르다는 사실이다. 기관이 특정 서비스를 실행하는 능력을 스스로 어떻게 평가하는지는 중요하지 않다. 그보다 중요한 것은 고객의 생각이다. 품질은 절대적 의견이 아니므로, 기부자 의견은 정확하거나 부정확하거나, 기관에 대한 부차적 태도를 촉진한다. 또한 기부자의 로열티 지속 여부와 기부 정도라는 행동을 촉구한다.

이와 같은 정의에 따르면 서비스 질 평가는 구체적 요소 두 가지에 따른다는 점을 분명히 알 수 있다. 바로 성과에 대한 기대, 성과에 대한 평가이다. 자선모금파티에 초대를 받았다고 가정해보자. 기관의 모금전문가인 동시에 좋은 친구인 그녀는 당신에게 '반드시 참석해야 하는' 행사라고 말했다. 명분도 값진 것이며, 좋은 사람들을 만나게 될 것이고, 유명 인사도 몇 명 참석할 것이라고 했다. 게다가 여흥과 대화는 멋질 것이고, 음식은 맛있을 것이며 특별한 경험을 하게 될 것이라는 이야기를 들었다. 그러나 막상 가봤더니 그저 그랬다고 생각해보자. 사람들은 친절했지만 대화는 난해했고, 재미있는 사람도 거의 없었다. 음식은 먹을 만했지만 입에는 맞지 않았고, 오락거리로 시간을 때우긴 했지만 특별할 것은 없었다. 이 모든 점을 감안한다면 아마 행사의 수준에 실망한 나머지 그 곳을 떠날 수도 있었다. 반대로 친구가 행사는 가치 있지만, '어려운' 몇 명을 조심해야 할 것이고, 음식은 입에 맞을 테지만 오락거리는 형편없을 것이며, 유익한 대화를 나누기 어려울 것이라는 말을 했다고 가정해보자. 행사장에서 똑같은 경험을 하게 된다면, 기대한 것과 일치하므로 어느 정도 만족스러울 수도 있다.

이처럼 단순한 예를 통해 품질에 대한 생각이 절대적이지 않다는 점을 알 수 있다. 사람은 기대한 것과 비교하여 실제 서비스를 평가한다. 이 과정이 의식적이어야 할 필요는 없고, 대개의 경우 그렇지 않다. 그러나 이제는 모금 상황에서 서비스 질에 대한 평가가 나타나므로, 실제로 인식이 형성되는 과정을 받아들이게 되었다.

학계에서는 서비스 질에 대한 이러한 인식을 일컬어 '불일치 패러다임'(*disconfirmation paradigm*)이라 하며, 그 결과는 다양하게 나타난다. 예를 들어 피터스(Peters, 1987)는 불일치 패러다임을 고려하여 기관은 '과소약속'(*under-promise*)과 '과대이행'(*over-deliver*)을 고수해야 한다고 주장한다. 그렇게 되면 고객의 기대치는 낮을 것이고, 수행한 서비스 질에 대한 평가는 높을 것이다. 결과적으로 고객만족도도 높을 것이다. 그러나 기대치는 경험에 기반을 두기 때문에 이 방법은 한 번만 효과적이라는 문제가 있다. 기부자가 서비스의 높은 수준을 인식하게 되면 기대를 하게 되고, 새로운 기대가 충족되지 않을 경우 실망할 수 있다. 결과적으로 고객만족도를 보다 안전하게(그리고 윤리적으로) 보장하려면 지속적으로 약속을 실천해야 한다.

불일치 패러다임으로 인한 또 다른 결과는 기관이 고객이 품은 기대치에 반하는 기준을 알아내야 한다는 것이다. 허나 이는 쉬운 일이 아니다. 설사 전반적 만족도에 중요한 요인이 무엇인지 알아내더라도, 기관은 여전히 객관적 품질 측정기준을 정하고 기관에서 수행하는 서비스가 목표를 충족한다는 점을 확실히 해야 한다. 역시 힘든 일이다. 상품의 품질은 견고함, 물리적 결점 수 등을 살펴본다면 만족스러울 정도로 측정할 수 있으나, 서비스의 객관적 평가방법은 거의 전무하다.

그렇더라도 다소 위안이 되는 것은 서비스 질 평가를 어려워하는 것은 공급자만이 아니라는 사실이다. 고객 역시 고유한 평가를 공식화하는 데 공급자만큼이나 어려움을 겪는다. 비록 불일치 패러다임은 이론상으로는 딱 맞아떨어지지만, 실제로 소비자는 가장 추상적인 근거에 기반을 두고 품질을 평가할 수도 있다. 그러한 행동의 근거를 살펴보려면 넬슨(Nelson, 1974)의 연구가 유용하다. 그는 두 가지 유형의 소비재 사이에서 유용한 차이점을 알아냈다. (1) 탐색적 품질(*search quality*): 소비자는 구입 전 평가능력을 갖춘다(예: 사이즈, 색상, 감촉, 향기), (2) 경험적 품질(*experience quality*): 이용 중에만 평가할 수 있으므로 대다수는 구매 이후(예: 맛, 내구성) 경험적 품질을 평가한다. 이 책의 목적을 위해서라면 더비와 커니(Darby and Karni, 1973)가 추가한 세 번째 유형이 도움이 될 것이다. (3) 신뢰품질(*credence quality*): 예를 들어, 심장수술이나 자선단체 기부 같은 것이다.

이러한 특징은 연속적으로 개념화하는 것이 가장 좋다. 〈그림 9-1〉은 기대치가 다양하고 신뢰품질을 가지는 제품과 서비스들을 연속적으로 표현한 것이다. 신뢰도가 높은 제품과 서비스의 경우에는 경험을 평가하기가 불가능하다는 사실을 알게 된다. 그렇더라도 마케터는 낙담하지 말아야 한다. 소비자는 다양한 대리변수를 이용해 평가하기 때문이다. 예를

〈그림 9-1〉 서비스에서 경험과 신뢰 질

서비스

평가하기 쉬움							평가하기 어려움
식당 음식	휴가	보육	TV 수리	법률 서비스	자동차 수리	의료 진료	
경험 품질 높음				신뢰도 품질 높음			

들어 관상동맥우회술(*bypass operation*)의 경우, 소비자에게는 수술 기술을 평가할 만한 전문적 지식이 없을 것이다. 그러므로 자신이 생각하는 직원의 전문성, 이용 기술 수준, 병실의 실내장식 등을 기준으로 삼아 서비스 질을 평가할 수 있다. 간단하지만 알아두어야 할 중요한 내용이다. 이러한 기준들은 병원이 동일한 수술품질을 평가할 때 이용하는 것(예: 생존율, 의료 분쟁의 횟수, 기술의 숙달도, 자원의 사용 등)과는 매우 다를 수 있기 때문이다. 그러므로 비영리기관은 고유한 내부 기준으로 서비스 질을 평가할 것이 아니라, 기부자가 채택할 만한 기준으로 평가해야 한다. 신뢰품질을 강조하는 서비스의 경우에는 보통 조사를 통해 기준 요인을 알아낼 수 있다.

자선기부방식은 많은 경우 신뢰도가 높을 수 있다. 예를 들어, 고액기부자는 기관을 둘러보고 개별화된 서비스를 제공받을 수 있다. 자선 축제나 파티에 참석한 사람 역시 행사의 질을 두루 평가하고 전체적인 평가를 공식화할 수 있다. 그러나 직접우편에 반응하는 기부자와 그보다 개별화 정도가 떨어지는 모금방식에 반응하는 기부자의 경험은 다를 것이다. 대개는 기부자나 기관이 명시한 대로 기부금이 쓰이고 있다고 기관을 신뢰할 도리밖에 없다. 이들에게는 기금 사용을 평가할 만한 직접적인 방법이 없다. 그렇기 때문에 서비스 신뢰품질은 높으며, 구매 서비스의 실행을 평가할 때는 대리변수를 기준으로 삼는다. 대리변수의 예로는 기관에서 기부에 감사하는 방식, 질문에 답하기까지 걸리는 시간, 특정 직원의 친절함과 전문성, 제공받는 개인적 피드백이 있다. 물론 기부자가 개인적으로 제공받는 서비스 질보다는 수혜자에게 더 신경 쓸 것이라 생각하는 것이 당연하다. 그렇더라도 기부자는 기관의 프로그램 수행 때문에 좋은 평가를 내리며, 전혀 상관없는 변수 때문에 관리 범위가 매우 넓어질 수 있다는 사실을 알아야 한다. 모금전문가는 기관의 이익을 위해(어쨌거나, 중요한 것은 기부자이다!) 기부자를 어떻게 대접하느냐에 따라 기관에 대한 인식이 달라진다는 사실을 알고, 선호도에 따라 기부자에게 제공하는 서비스 질에 주의를 기울여야 한다.

서비스 질 측정방법

제시한 문제들 때문에 서비스 질을 측정하기란 거의 불가능에 가깝다고 생각해도 충분히 이해할 수 있다. 그렇지만 이는 사실이 아니다. 이제는 서비스 질 측정방법에 대한 정보가 상당히 많아졌기 때문이다. 저마다 다양한 측정방법을 주장하며, 장단점과 복잡성도 다양하다.

서비스 질을 측정할 때, 기부자에게 "우리의 서비스를 어떻게 생각하십니까?" 같은 일반적 질문을 따로 던지는 것은 안 하느니만 못한 처사이다. 오브리바이트(Ovretveit, 1992: 23)는 "'고객이 우리의 서비스를 어떻게 생각하는가?'라는 질문보다는 '서비스 결과 나타나는 행동을 고려할 때 우리의 서비스 중 어떤 점이 잠재적, 현재, 과거의 고객에게 가장 중요하며, 이런 특징의 대안과 그 서비스는 어떻게 비교해야 하는가?'라는 질문이 보다 구체적이다"라고 말한다. 즉, 기관은 고객이 서비스에 대해 느끼는 바, 특히 중요하다고 여기는 요소, 시장 내 다른 공급자가 제공하는 서비스와 비교하는 방법을 알아야 한다. 신뢰품질이 높은 서비스의 경우 그림은 한결 복잡할 것이다. 고객이 서비스를 평가할 때 활용하는 대리변수를 알아야 하기 때문이다.

서비스 질을 폭넓게 측정하는 방법에는 세 가지가 있다. 불만집계, 서비스 특징의 등급화, SERVQUAL이라는 방법이다.

불만집계

가장 단순한 방법은 모금부서에 접수된 불만 건수를 세고, 특정 캠페인과 매체에 관련된 불만을 검토하는 것이다. 서비스 질을 검토할 때는 만족스럽지 못한 방법이다. 일부러 불만을 토로하는 기부자는 비교적 적기 때문이다. 대부분 서비스가 나쁘다고 생각하고 후원 대상을 다른 기관으로 바꾼다. 또한 불만을 품은 기부자는 적어도 친구나 가족 7명에게 기관에 대한 경험을 이야기하므로, 비영리기관의 이미지에 심각한 해가 될 수도 있다. 혹은 그런 기부자가 지역이나 국가적 공동체의 대표일 수도 있다. 그러므로 단순히 불만을 집계하는 것은 소용없는 짓이다.

서비스 특성 평가

보다 복잡한 서비스 측정방법으로는 서비스 특징(또는 대체특징) 목록을 작성하고, 고객에게 각각의 특징에 대한 평가(보통 5~7점)를 요청하는 것이 있다. 이 방법을 이용하면 모금부서에서 기부자에게 제공하는 서비스의 요소들을 분리하여, 요소별 성과에 대한 평가를 기부자에게 요청할 수 있다. 결과적으로 산출되는 자료는 유용하지만, 다듬는 작업이 필요하다. 기부자는 별로 중요하지 않다고 생각하는 요소에 매우 만족할 수도 있다. 절대적으로 중요하다고 생각하는 서비스 요소에 매우 불만족할 수도 있다. 그러므로 제공한 서비스 질을 향상시키려면 모금부서에서 요소별 성과와 중요성에 대한 자료를 수집해야 한다. 〈표 2-3〉과 〈표 2-4〉(제 2장, pp. 44, 45)의 문장들을 이용해 두 가지 변인에 대한 응답을 이끌어낼 수 있는 설문조사 문항을 꾸릴 수 있다.

〈그림 9-2〉 중요도/성과 모형

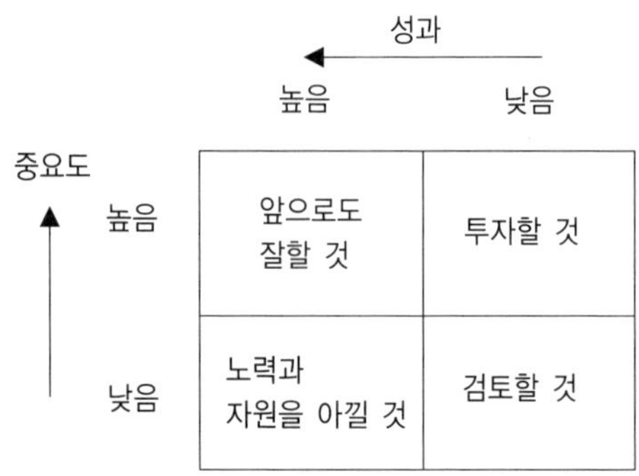

이러한 질문을 기부자 설문조사에 포함시켰다면, 그 결과를 분석하여 〈그림 9-2〉처럼 도표화할 수 있다. 조사결과 나타난 각 구성요소의 중간(혹은 평균) 치를 점의 위치로 나타낸다. 좌측 상단 구석에 있는 것들은 기부자가 두 가지 측면에서 높게 평가한 것이다. 기부자는 이들 요소가 서비스에서 중요하다고 여기며, 또한 기관이 기부자의 요구를 매우 훌륭한 수준으로 충족시켰다고 생각한다. 이 항목들에는 "앞으로도 잘 할 것"이라는 처방을 내릴 수 있다. 좌측 하단 구석의 항목들은 기부자가 낮게 평가한 것이나, 동시에 상대적으로 중요하지 않다고 여기는 것들이다. 추후 향상을 위해 투자할 만한 가치가 없다. 그렇더라도 앞으로 중요해질 수도 있으므로 기부자의 요구와 선호도를 살펴보라는 처방이 가능하다. 기부자는 우측 하단의 항목들의 성과는 높게 평가하나, 중요도는 낮게 평가한다. 불필요하게 대응한 경우이다. 여기에서는 노력과 자원을 아끼는 대신, 중요한 요인에 투자하는 편이 낫다. 끝으로 우측 상단의 항목들은 매우 중요하다고 평가하지만, 성과는 비교적 낮게 평가하는 것들이다. 기부자를 유지하려면 이들 서비스에 투자하는 것이 당연하다.

SERVQUAL 방법 이용

아마 서비스 질 측정에서 가장 유명한 방법은 패러수러먼, 지터멀, 베리(Parasuraman, Zeithaml, Berry, 1988)가 제안한 기술로, 이는 실질적으로 불일치 패러다임에 기반을 두고 있다. 저자들은 성과에 대한 예상과 평가의 차이를 낳는 서비스 격차를 네 가지로 가정한다. 각각의 격차는 다음과 같이 설명하고 있다.

Gap 1: 고객의 기대를 모른다.
- 고객 요구와 경영진이 인식하는 요구의 차이

Gap 2: 적절한 서비스 기준을 선택하지 않는다.
- 경영진이 인식하는 고객 요구와 서비스 기준의 차이

Gap 3: 서비스 기준을 지키지 않는다.
- 명시한 서비스와 실제 서비스의 차이

Gap 4: 실행과 약속이 일치하지 않는다.
- 외부적 소통을 통해 약속한 서비스와 실제 서비스의 차이

패러수러먼, 지터멀, 베리(Parasuraman, Zeithaml, Berry)는 서비스 질 측정을 위해 이러한 격차 개념을 SERVQUAL이라는 양적 기술로 발전시켰다. 이들은 광범위한 서비스 질 요소들을 아우르는 일반적인 22가지 항목으로 구성된 설문지를 고안했다. 〈예시 9-1〉에서 이 설문지를 재연해보았다. 항목마다 숫자 앞의 E는 서비스에 대한 기부자 기대(*expectation*)를 나타낸다. 질문 앞의 P는 실제 성과(*performance*)에 대한 기부자 평가를 나타낸다. 여러 면에서 활용이 가능한 일반적인 설문지이다. 모금 상황에서 많은 항목은 필요하지 않다. 면대면 면담에서는 적합하지만 직접우편을 통해 소통하는 기부자에게는 적합하지 않는 항목도 있다. 사실 모든 항목은 기관의 구체적 요구에 맞춰 약간씩 수정해야 할 필요가 있다.

시간을 내어 설문지를 기관에 맞게 고친다면, 기부자의 기대를 충족시

〈예시 9-1〉 SERVQUAL 설문지

취지: 이 조사는 서비스에 대한 귀하의 의견을 여쭙고자 실시하는 것입니다. 서비스 제공 기관이 문장에서 설명하는 특징을 어느 정도 갖추어야 할지 표시해주십시오. 문장 옆의 1~7점 중 하나를 골라주시면 됩니다. 기관이 해당 요소를 보유해야 한다고 생각하는 정도가 매우 높다면, 7점을 표시해주십시오. 그다지 중요하지 않다고 생각한다면 중간 점수로 평가해주십시오. 여기에는 정답도, 오답도 없습니다. 조사를 통해 알고자 하는 바는 기관이 제공하는 서비스에 대한 귀하의 기대치 점수입니다.								
		매우 그렇지 않음						매우 그러함
E1	최신 장비를 갖추어야 한다.	1	2	3	4	5	6	7
E2	기관이 보유한 물리적 설비는 시각적으로 볼 때 끌려야 한다.	1	2	3	4	5	6	7
E3	직원의 차림새가 훌륭하고 깔끔해보여야 한다.	1	2	3	4	5	6	7
E4	이들 기관이 보유한 물리적 설비의 외관은 제공하는 서비스 유형에 걸맞은 것이어야 한다.	1	2	3	4	5	6	7
E5	이러한 기관이 특정 시기에 어떤 행동을 약속했다면, 약속을 지켜야 한다.	1	2	3	4	5	6	7
E6	고객에게 문제가 있을 때 이들 기관은 고객을 동정하고 안심시켜야 한다.	1	2	3	4	5	6	7
E7	이들 기관은 믿을 만한 곳이어야 한다.	1	2	3	4	5	6	7
E8	약속한 시기에 서비스를 제공해야 한다.	1	2	3	4	5	6	7
E9	정확한 기록을 유지해야 한다.	1	2	3	4	5	6	7
E10	서비스의 정확한 실행 시기를 고객에게 말할 수 없을 수도 있다. (−)	1	2	3	4	5	6	7
E11	고객이 기관 직원에게 즉각적인 서비스를 기대하는 것은 비현실적이다. (−)	1	2	3	4	5	6	7
E12	직원이 언제나 달갑게 고객을 도우리라는 법은 없다. (−)	1	2	3	4	5	6	7
E13	너무 바쁜 나머지 고객의 요구에 즉시 응답하지 못하는 것은 괜찮다. (−)	1	2	3	4	5	6	7
E14	고객은 기관의 직원을 신뢰할 수 있어야 한다.	1	2	3	4	5	6	7
E15	고객은 마음 놓고 기관 직원과 거래할 수 있어야 한다.	1	2	3	4	5	6	7

E16	직원은 정중해야 한다.	1	2	3	4	5	6	7
E17	기관은 자사 직원의 활동을 충분히 지지해야 한다.	1	2	3	4	5	6	7
E18	고객은 기관에게 개인적 관심을 기대해서는 안 된다. (-)	1	2	3	4	5	6	7
E19	기관 직원이 고객에게 개인적 관심을 보일 것을 기대할 수 없다. (-)	1	2	3	4	5	6	7
E20	직원이 고객의 요구를 알 것이라 기대하는 것은 비현실적이다. (-)	1	2	3	4	5	6	7
E21	기관이 고객의 진정한 관심사를 알 것이라 기대하는 것은 비현실적이다. (-)	1	2	3	4	5	6	7
E22	모든 고객에게 운영 시간이 편리할 것이라 기대하지 못할 수도 있다. (-)	1	2	3	4	5	6	7

취지: 다음의 문장들은 귀하가 XYZ 기관을 어떻게 생각하는지에 대한 것입니다. XYZ 기관이 각 문장마다 설명한 특징을 어느 정도 갖추고 있는지 표시하십시오. 다시 한 번 말씀드리지만, XYZ 기관이 해당 요소를 보유하고 있다고 생각하는 정도가 매우 높다면, 7점에 표시해주십시오. 1점은 매우 그렇지 않다는 뜻입니다. 어떻게 생각하느냐에 따라 중간 점수를 매길 수도 있습니다. 여기에는 정답도, 오답도 없습니다. 조사를 통해 알고자 하는 바는 기관이 제공하는 서비스에 대한 귀하의 인지 점수입니다.

		매우 그렇지 않음						매우 그러함
P1	최신 장비를 갖추어야 한다.	1	2	3	4	5	6	7
P2	기관이 보유한 물리적 설비는 시각적으로 볼 때 끌려야 한다.	1	2	3	4	5	6	7
P3	직원의 차림새가 훌륭하고 깔끔해보여야 한다.	1	2	3	4	5	6	7
P4	이들 기관이 보유한 물리적 설비의 외관은 제공하는 서비스 유형에 걸맞은 것이어야 한다.	1	2	3	4	5	6	7
P5	이러한 기관이 특정 시기에 어떤 행동을 약속했다면, 약속을 지켜야 한다.	1	2	3	4	5	6	7
P6	고객에게 문제가 있을 때 이들 기관은 고객을 동정하고 안심시켜야 한다.	1	2	3	4	5	6	7
P7	이들 기관은 믿을 만한 곳이어야 한다.	1	2	3	4	5	6	7

P8	약속한 시기에 서비스를 제공해야 한다.	1	2	3	4	5	6	7
P9	정확한 기록을 유지해야 한다.	1	2	3	4	5	6	7
P10	서비스의 정확한 실행 시기를 고객에게 말할 수 없을 수도 있다. (-)	1	2	3	4	5	6	7
P11	고객이 기관 직원에게 즉각적인 서비스를 기대하는 것은 비현실적이다. (-)	1	2	3	4	5	6	7
P12	직원이 언제나 달갑게 고객을 도우리라는 법은 없다. (-)	1	2	3	4	5	6	7
P13	너무 바쁜 나머지 고객의 요구에 즉시 응답하지 못하는 것은 괜찮다. (-)	1	2	3	4	5	6	7
P14	고객은 기관의 직원을 신뢰할 수 있어야 한다.	1	2	3	4	5	6	7
P15	고객은 마음 놓고 기관 직원과 거래할 수 있어야 한다.	1	2	3	4	5	6	7
P16	직원은 정중해야 한다.	1	2	3	4	5	6	7
P17	기관은 자사 직원의 활동을 충분히 지지해야 한다.	1	2	3	4	5	6	7
P18	고객은 기관에게 개인적 관심을 기대해서는 안 된다. (-)	1	2	3	4	5	6	7
P19	기관 직원이 고객에게 개인적 관심을 보일 것을 기대할 수 없다. (-)	1	2	3	4	5	6	7
P20	직원이 고객의 요구를 알 것이라 기대하는 것은 비현실적이다. (-)	1	2	3	4	5	6	7
P21	기관이 고객의 진정한 관심사를 알 것이라 기대하는 것은 비현실적이다. (-)	1	2	3	4	5	6	7
P22	모든 고객에게 운영 시간이 편리할 것이라 기대하지 못할 수도 있다. (-)	1	2	3	4	5	6	7

주: 질문지 내 문장배열은 임의적이어야 하며, 자료를 분석하기 전에 (-) 표시가 되어 있는 항목 점수는 숫자를 변환해야 한다.

출처: Parasuraman, Zeithaml, and Berry, 1988. 허가를 받아 사용. Copyright New York University, Stern School of Business.

키지 못하는 부분이 어디인지 대략적으로나마 알 수 있다. 결과적으로 설문지 이면의 본질적 개념은 다음과 같다.

Q = P-E
Q = 각 항목의 품질 평가
P = 각 항목의 성과
E = 각 항목에 소비자가 기대하는 성과

서비스 요소별 품질을 측정하려면 항목별 성과 점수에서 기대 점수를 빼면 된다. 결과 점수가 높다면 서비스 기준을 높게 평가한다는 뜻이고, 낮다면 낮게 평가한다는 뜻이다.

이 방법의 반응을 검증하는 과정에서 저자들은 서비스 질에 대한 가장 적합한 검토를 위해 다섯 가지 우선적 변인을 고려해야 한다는 결론을 내렸다.

1. 유형성(*tangibles*) : 물리적 설비, 장비, 개인의 외모
2. 신뢰성(*reliability*) : 믿을 만하고 정확하게 약속한 서비스를 실행하는 능력
3. 응답성(*responsiveness*) : 고객을 돕고 즉각적인 서비스를 제공하려는 의지
4. 확신성(*assurance*) : 직원의 지식과 정중한 태도, 신뢰하고 확신할 수 있는 능력
5. 공감(*empathy*) : 관심, 기업이 고객에게 개별적으로 보이는 관심

설문지상의 많은 질문 중에는 신뢰성 문제를 다룰 때 고려할 수 있는 것이 있고, 응답성 등의 문제를 다룰 때 적합한 것이 있다. 결과적으로 이 측정방법은 여러 상황, 우리의 경우에는 모금 상황의 서비스에 대하여 이용할 수 있다.

- 서비스 경향 추적. SERVQUAL은 주요 서비스 요소(예: 개인의 질문에 대한 응답률)에 대한 기부자의 평가가 시간이 지남에 따라 어떻게 변하는지 알아보고자 이용할 수 있다.
- 각각의 서비스를 다양하게 분석. 다섯 가지 변인별로 평균 격차점수(기대와 성과의 차이)를 계산할 수 있다. 각각 평균점수를 계산해 전반적인 서비스 질을 측정할 수 있다. 변인들은 시간이 지난 뒤 추적이 가능하다.

〈예시 9-2〉 기부자 서비스 질 설문지

X기관과 최근 지속적으로 맺고 있는 관계에 대해 생각해본 다음, 다음 문장에 동의하는 정도를 표시해주십시오. 점수 중 적절한 숫자에 동그라미를 쳐주십시오.

중요도	매우 그렇지 않음				매우 그러함
X기관이 내가 낸 기부금을 적절하게 이용하고 있다고 확신한다.	1	2	3	4	5
X기관은 기부금의 사용내역을 계속해서 알려주었다.	1	2	3	4	5
X기관은 내가 요구한 정보를 즉각적으로 알려준다.	1	2	3	4	5
X기관은 기부자의 요구를 고려한다.	1	2	3	4	5
X기관은 나에게 문제가 있을 때 언제나 기꺼이 도울 것이다.	1	2	3	4	5
X기관은 잦은 기부금을 요청하지 않는다.	1	2	3	4	5
X기관은 적절한 기부금을 요청한다.	1	2	3	4	5
X기관의 소통은 언제나 정중하다.	1	2	3	4	5
X기관의 소통은 언제나 적시에 이루어진다.	1	2	3	4	5
X기관과 안심하고 거래한다.	1	2	3	4	5
X기관의 직원이 보이는 행동은 신뢰를 심어준다.	1	2	3	4	5
X기관의 직원은 내 질문에 답할 만한 지식을 갖춘 사람이다.	1	2	3	4	5
X기관은 나에게 개인적 관심을 보인다.	1	2	3	4	5
X기관의 직원은 내가 가진 구체적 요구를 아는 듯하다.	1	2	3	4	5
내게 문제가 생겼을 때 X기관은 그 문제를 해결하는 데 관심을 기울인다.	1	2	3	4	5

- 서비스별 상대적 중요도를 다양하게 알아보기. 고객이 가장 중요하다고 생각하는 변인을 알아내고자 회귀(*regression*, 역주: 둘 또는 그 이상의 변수 사이의 관계를 분석하는 추측통계의 분야)라는 통계법을 이용할 수 있다. 그 결과에 따라 자원 할당을 계획할 수 있다.
- 특정 고객집단이 변인들에 다른 우선순위를 매기는지 알아보기. 이 경우 집단별 인구통계학적·라이프스타일 특징, 혹은 두 가지가 모두 추적 가능해야 한다. (제 6장 참고)
- 경쟁기관 벤치마킹. 성과에 대한 일련의 질문은 중요한 경쟁기관에서도 실시했을 가능성이 있다. 그 결과 나타난 정보는 벤치마킹을 위해 이용할 수 있다.

SERVQUAL은 다양한 상황에서 효과적으로 이용되었다. 앞서 말한 것처럼 모금상황에서 이를 이용하려면 신중하게 질문을 수정해야 한다. 모금 시 직접 마케팅 품질을 자체 조사하는 경우를 고려하여 〈예시 9-2〉에서 성과에 대한 질문들을 구성해보았다. 이 경우 유형적 변인과 확신성 변인은 적절하지 않으므로 열외로 삼아도 안전하다.

만족도와 로열티의 관계

지금까지 서비스 질에 대한 고객평가를 이야기하고, 평가를 측정할 수 있는 방법 3가지를 알아보았다. 그러나 서비스 질에 관심을 가져야 하는 이유는 거의 언급하지 않았으며, 서비스 질이 기부자 로열티에서 중요한 요인이라는 강력한 근거를 제시하지 않았다.

서비스 질에 대한 주요 연구는 거의 영리분야에서 독점적으로 시행해왔으며, 특히 다국적 대기업의 경우에는 고객과의 관계 때문에 이러한 연구가 필요했다. 연구들을 자선 상황에 직접 적용할 수는 없다. 그러나 많은 비영리기관 역시 기금마련을 위한 거래활동 방식(예: 우편주문 판매,

자선가게 등)에 어느 정도 관계가 있으므로 이 분야에서 선구적 저자들인 존스와 세서(Jones and Sasser, 1995)의 주요 연구 중 일부를 간단히 살펴보는 것이 유용하다.

이야기한 것처럼 많은 기업은 서비스의 다양한 측면에 대한 고객평가를 측정한다. 보통 "제공받는 서비스 질에 어느 정도 만족하십니까?" 같은 질문을 던지고, 고객에게 1~5점 사이에서 선택해달라고 요청한다. 1점은 '매우 불만족', 5점은 '매우 만족'을 나타낸다. 구체적인 방법은 물론이거니와 이렇듯 전체적인 방법으로 전반적 만족도를 측정하면 서비스의 특정한 측면의 만족도를 알 수 있다. 요구되는 통계학적 분석은 많은 모금전문가의 전문성 범위에서 벗어난 것일 수 있으나, 기관의 편의를 위해 분석을 수행할 대행업체나 분석가를 쉽게 구할 수 있다.

보다 즉각적으로, 이런 질문을 이용해 기관은 제공한 서비스 질에 대한 전반적 평가를 표로 그릴 수 있다. 〈그림 9-3〉을 보자. 가상의 기관에

〈그림 9-3〉 서비스 질에 대한 평가

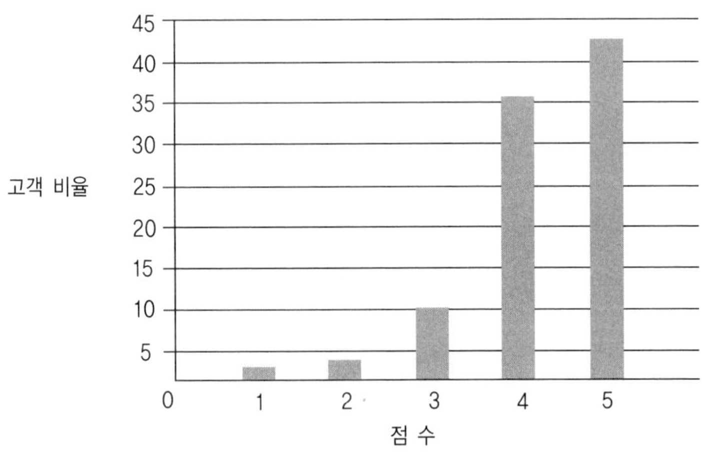

1~5점으로 점수를 매긴 고객의 비율이 나타나 있다. 고객 중 2%는 매우 불만족, 4%는 불만족, 12%는 중간, 37%는 만족, 45%는 매우 만족한다고 응답했다.

경영자 입장이라면 이 표가 달가울까? 기존의 지식대로라면 응당 그래야 한다. 어쨌거나, 고객 중 82%가 만족하거나 매우 만족한다는 뜻 아닌가. 추가로 질문을 던져보자. 그렇다면 어떤 유형의 고객에게 관심을 기울여야 하는가? 다시, 기존에 알던 대로라면 1~3점대의 평가를 높이고자 노력해야 한다. 여기에 속한 고객은 서비스 질에 만족하지 않는 것이 분명하기 때문이다.

그러나 이는 최선의 해결책이 아닐 수 있다. 다양한 부문을 포괄하는 존스와 세서(Jones and Sasser) 연구에서, 저자들은 '매우 만족'을 표시한 고객이 '만족'이라고 한 고객에 비해 재구매 가능성이 6배가 높다는 결론을 내렸다. 그렇다면 이 표에서 5점(매우 만족)을 매긴 고객이 재구매할 경우, 4점(만족)을 매긴 사람 중 16%(100/6)만이 재구매를 할 것이다. 이렇듯 의외의 결과를 알면 가장 중요하게 고려해야 하는 고객집단에 집중할 수 있다. 높은 만족도를 표하는 고객이 많아질수록, 그 결과 나타나는 로열티 역시 큰 폭으로 향상될 수 있다.

4점과 5점을 준 고객의 재구매율 차이에 영향을 미치는 6가지 요인은 모든 업계와 분야에 고정적인 것은 아니다. 이들 요소는 대체서비스 이용 가능성과 경쟁 특징에 의해 좌우된다. 많은 기관은 비교적 고유한 서비스를 제공하므로, 고유성에 대한 점수는 매우 낮을 수 있다. 그러나 설사 점수가 2, 3점이라 해도 '만족'과 '매우 만족'을 표시한 각각의 고객 로열티는 큰 차이를 보인다.

이 연구를 자세히 설명하는 이유는 간단하다. 4점을 매기던 기부자가 5점을 매기게 하려면 기부자 가치가 중요하다. 서비스 기관, 특히 평가해 달라고 요청한 기관에 대한 자신의 경험을 떠올려보면 5점이 아닌 4점을 준 이유가 금방 생각날 것이다. 아마 기관은 기본적 요구사항은 거의 확실하게 충족시켰으나, 나에게 특히 중요한 한 가지 요인에서 특출나지 못했을 것이다. 결과적으로 기관은 기부자가 가장 중요하다고 생각하는 서비스 요인에 특히 주의해야 하며, 중요한 분야의 가치를 모색한다는 점을 확실히 해야 한다. 로열티를 보존하거나 향상시키려면, 기부자에게 특별한 서비스를 받고 있다는 느낌을 줘야 한다. 특정 거래방식을 취하는 기관은 지속적인 조사에 비용을 투자해 제공 서비스에 대한 만족도를 점검할 만한 가치가 있다는 사실을 발견할 것이다. 많은 기부자가 서비스에 4점을 매긴다면, 로열티를 생각할 때 그 이후의 관리는 문제의 여지가 있다.

그렇다면 1, 2, 3점을 준 기부자는 어떨까? 최하점을 준 사람은 서비스에서 문제를 경험했다. 다시 말해, 기관과 예상했던 관계를 맺지 못했다. 뒤에서 이 범주에 해당하는 기부자를 다루겠지만, 이 시점에서 만족스러운 유지 방법을 이야기할 필요가 있다.

낮은 점수를 준 또 다른 집단은 기관에 기부하지 말았어야 했다. 기부약속을 서명하는 순간에도 제공되는 서비스를 이해하지 못했을 것이고, 기관이 자신의 요구를 만족스럽게 충족시켰다고도 생각하지 않을 것이다. 기부자 중 다수가 이 범주에 속한다면, 아마 마케터의 포지셔닝(*positioning*)에서 문제가 있었을 것이다. 잠재적 기부자에게 합법적으로 제공할 수 있는 서비스에 대해 잘못된 메시지를 전달하고 있었던 것이다. 그런 메시지는 잠재고객이나 기부자를 혼란스럽게 하여 요구에 보다 적합할 것 같은 다른 기관을 선택할 수 없게 된다. 그러므로 새로운 포지셔닝 전략이 필요할 수 있다.

지금까지 논의를 통해 대부분의 거래상황을 다루었으며, 주장한 내용 중 많은 부분은 모금상황에도 똑같이 적용된다. 유지 연구 중 특히 존스와 세서(Jones and Sasser)의 연구를 모금에 적용하는 방법을 알아보았다. 〈그림 2-2〉는 여러 비영리기관에 대한 기부자의 전반적 만족도를 구성한 것이다. 제 2장에서 이야기했듯, 많은 기부자는 제공받은 서비스 질이 중간 정도라고 생각한다. 그보다 낮은 비율이 만족스럽다고 말하며,

훨씬 낮은 비율은 매우 만족스럽다고 표현한다. 응답자의 기부내역을 살펴보면, 매우 만족한다는 기부자는 만족한다는 기부자에 비해 이후 기부할 확률이 두 배 높다는 사실을 알 수 있다. 이 숫자는 존스와 세서(Jones and Sasser)가 기업 상황에서 제시한 것만큼 높지는 않으나, 전반적 만족도는 이후 기부에 뚜렷한 영향을 미친다.

여기에서 알 수 있는 교훈은, 모금전문가는 기부자 만족도를 꾸준히 측정해야 하며, 기부자 중 가능한 다수가 매우 만족할 수 있도록 해야 한다는 점이다. 그보다 중요한 것은, 높은 점수를 매긴 고액 또는 고액기부자를 유지하는 것이 기관의 생존에 필수적이라는 사실이다.

불만을 기회로 삼아라

단순한 것이기는 하나 서비스 질 측정방법으로 불만집계 또는 불만 수준의 경향을 살펴보는 방법을 앞서 제시하였다. 불만은 불만족의 신호이므로, 많은 기관에서는 불만을 피하려 한다. 모금전문가 역시 대부분 대우에 불만을 품은 개인을 대할 때 불편함을 느낀다. 갈등을 반기는 사람은 아무도 없다. 그런 까닭에 모금전문가는 불만을 경시하고 가장 심각한 불만을 무시할 때가 많다. 모금전문가는 기관의 활동에 대한 불만을 표현하게끔 적극적으로 권장하지 말아야 한다. 아니, 혹은 그래야 하는가?

〈그림 9-4〉를 보자. 특정 상황에 놓인 가상의 기관에 지속적으로 기부를 계속하는 한편, 불만을 품은 기부자의 비율을 표시했다. 이 주제를 연구하면서 필자들은 기부자들의 행동방식이 유사하다는 사실을 알 수 있었다. 비록 각 범주의 재기부자 비율은 상당한 차이를 보이지만, 앞서 설명한 여러 범주 사이의 관계는 정확히 들어맞는다. 즉각적으로 불만을 해소할 수 있는 기부자와 평균 유지율 사이의 관계는 다음과 같다.

〈그림 9-4〉 불만기부자의 재기부 비율

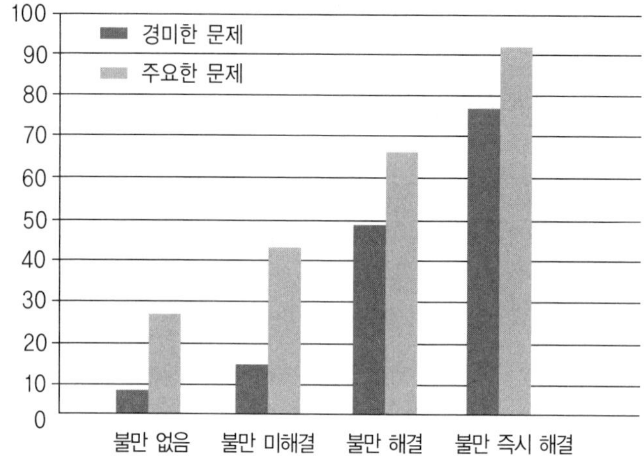

첫 번째 그래프는 기관과의 관계에서 심각한 문제를 경험하고 불만을 토로하지 못한 기부자 집단이다. 이 중 8%만이 추가기부를 할 것이다. 그러나 당시의 문제가 대수롭지 않은 것이었다면, 추가기부를 할 확률은 31%까지 증가한다. 그 다음은 심각한 문제를 겪고, 이를 기관에 이야기 했으나 불만을 해소하지 못한 기부자 집단이다. 이 중 18%가 추가기부를 할 것이다. 문제가 소소한 것이었다면 확률은 47%까지 올라간다. 다음으로는 문제를 경험하고 불만을 제기한 이후, 만족스러울 정도로 문제를 해결한 기부자 집단이다. 문제가 심각한 것이었다면 그중 53%가 재기부를 할 것이고, 소소한 것이었다면 재기부율은 69%가 될 것이다. 마지막으로는 문제를 경험하고 기관에 불만을 제기해 아주 흡족할 정도로 즉시 문제가 해결된 기부자 집단이다. 문제가 심각한 것이라면 82%가, 대수롭지 않은 것이었다면 94%가 재기부를 할 것이다.

문제 여부와 상관없이 지속적으로 기부할 평균 비율이 78%라는 점을 감안하면, 여러 가지 결론을 도출할 수 있다. 첫째, 기관이 기부자의 불만이나 질문을 적절히 해결할수록 유지율은 높다. 둘째, 불만이 있는 기부자는 대체로 그렇지 않은 기부자에 비해 로열티가 높다. 이는 설사 그들이 결코 만족할 리 없어도 변함없는 사실이다! 심리학자들은 불만이 있는 개인은 감정을 표현할 수 있고, 그렇기 때문에 불만을 표현한 다음 기분이 나아지는 경향이 있다고 말한다. 한결 높아진 로열티는 심리학에서 이야기하는 '해방'(*release*)의 표현이다. 셋째, 평균적 로열티(78%)와 불만을 신속하고 만족스럽게 처리한 경우 기부자의 로열티(82~94%)의 관계를 알 수 있다. 기관이 로열티를 보장할 생각이라면 무수한 문제를 만든 다음, 실로 멋지게 처리하면 될 것이 아닌가! 그러나 여기에서는 그처럼 과감한 방법을 지지하지 않는다. 그보다 이 결과는 오늘날 많은 기업이 불만을 기회로 여기는 이유를 보여주는 예시이다. 즉, 고객의 로열티를 보존할 기회인 셈이다. 모금기관 역시 이와 똑같은 기회를 가진다.

기부자 유지에 대한 교훈은 명확하다. 불만 처리가 필요악이라 생각하기보다, 기부자 로열티를 구축하고 기관과 기부자 사이의 관계를 친밀하게 만들 수 있는 기회로 삼아라. 기부자가 겪을 법한 모든 문제, 특히 기관의 의무를 추구하는 과정에서 기부자가 품게 되는 불만을 해결하는 것은 불가능하다. 그러나 조사에 따르면 즉각적이고 신중하게 기부자를 대우할 경우, 힘든 상황에서도 기부자 로열티를 크게 높일 수 있다.

보다 일반적으로 모금부서에 대한 기부자의 불만은 대개 특정 소통, 소통빈도, 혹은 기부자 정보 그 자체나 기관의 정보이용 방식에서 기인한다. 이 경우 기관은 기부자의 염려에 곧바로 응답할 수 있어야 한다. 유지 문제는 중요하므로, 모금부서는 불만과 질문을 처리할 목적으로 적절한 규약을 정해야 할 의무가 있다.

직원의 역할

상업분야에서 얻을 수 있는 마지막 교훈은 직원에 대한 것이다. 모금전문가는 보통 기관직원 중에서도 낮은 임금을 받지만, 고유한 기술과 전문성을 제공한다. 게다가 기관 기부자에 대한 지식과 경험이 늘어나면서, 행동 예측 능력도 향상되며 기부자가 특정한 기부요청에 어떤 반응을 보일지 직관적으로 감지하기 시작한다. 또한 기관의 명분이 가지는 가장 매력적인 측면을 분명히 간파하고, 그중 어떤 면이 다양한 기부자 그룹을 끌어당길지 알고 있다. 기관에 접수된 질문들을 날마다 다루는 동안 점차 능숙하게 답변할 수 있게 되고, 답변에 필요한 세부내용을 찾는 시간이 줄어든다. 기부자의 불만 역시 최소화할 수 있다. 내부정책과 절차의 미묘한 차이와 약점을 알기 때문이다. 간단히 이야기하자면, 모금전문가는 경력이 오래된 사람일수록 더 나은 서비스를 제공하고 기부자와 나은 관계를 구축할 수 있다. 여기에서 중요한 말은 '할 수 있다'(*can*)이다. 적절한 보상과 동기를 부여받은 모금전문가는 기관에 충성적일 뿐 아니라, 일을 처음 시작했을 때와 마찬가지로 한결같이 자기 일에 열정적이다. 실제로도 업무에 대한 경험이 많아질수록 동기부여가 되는 기관과의 연대는 더 강해질 수 있다.

지속적 조사결과에 따르면 고객유지는 직원유지와 긍정적 연관관계를 가지며, 회전율이 높은 모금부서일수록 기부자를 유인하고 유지할 가능성이 낮다(Reichheld, 2000). 그러므로 경영진과 이사회 위원은 인사 관리에 신경을 쓰고 직원이 자신의 일과 보수, 발전 가능성에 대해 어떻게 느끼는지를 파악하기 위해 충분한 주의를 기울여야 한다. 유니세프의 경우에는 특히 중요한 직원을 유지하는 능력이 뛰어나며, 모금전문가 전원에게는 어떤 시점이 되면 기관에서 벌이는 활동 현장을 방문할 기회를 준다. 이는 직원에게 가치를 더해주며 일상적 모금활동의 명분을 강화시키는 훌륭한 방법이다. 기부자와 소통하고 참여를 이끌어내겠다는 열망과 동기부여의 영향력은 매우 크다.

최근의 견해

앞서 살펴본 것처럼, 서비스 수준을 높이려면 기부자 기대, 현재 조항에 대한 평가, 요소별 중요도 평가 같은 문제를 분명히 알아야 한다. 이 정보는 투자 결정에서 이용되며, 중요한 기부자 범주에 추후 제공할 서비스 질 계획을 발전시키는 과정에서 유용할 수 있다.

그러나 유지 문제의 관점에서 볼 때, 최근에는 서비스 질과 불만 처리 같은 것들이 중요하기는 하나 일부에 불과하다는 견해들이 있다. 아무리 뛰어난 서비스를 제공해도 이탈하는 고객은 언제나 생길 것이고, 대개는 이렇다 할 이유도 없다. 비영리기관의 기부자 역시 상황은 마찬가지이다. 이유가 무엇일까?

간단히 답하자면, 그러한 사람은 기관에 실제로 참여의식을 가지지 않기 때문이다. 한두 번, 혹은 그보다 더 자주 기부할 수 있으나, 기관의 명분에 대해서는 딱히 열정적이지 않다. 참여의식은 복합적인 현상이며, 서비스 질 같은 문제에 부분적으로 영향을 미친다. 그러나 다음과 같은 요인들에 의해 촉구되기도 한다.

- 명분과의 개인적 연관성
  (특정 질병을 앓는다거나 특정 대학교를 졸업)
- 기관이 개인에게 부여하는 권한 정도. 기부자는 자신이 수혜자 집단에 대하여 실제로 영향력을 가지며, 그렇게 하고 있다고 생각할 때 참여의식을 키워나간다.
- 캠페인, 로비활동, 자원봉사 등의 다양한 방식을 통한 기관에의 참여
- 비영리기관과 기부자 사이에 진정한 관계가 가능하다는 생각(제 4 장 참고)

그러므로 기부자를 유지하고자 하는 기관은 서비스 질을 높이는 동시에 참여의식을 키우는 데 충분한 주의를 기울여야 한다. 기부자의 참여의식, 로열티를 강화하는 유일한 방법은 고품질의 서비스를 제공하는 것이다.

요약

앞의 논의들을 요약한다면, 서비스 질은 모금전문가가 풀어야 할 중요한 숙제임에 분명하다. 매우 만족하는 기부자가 충성적일 확률은 만족하는 기부자보다 2배 높다. 이번 장에서는 다양한 서비스 질 측정방법을 대략적으로 알아보았다. 여기에는 구체적 특징의 등급화, SERVQUAL 방식이 있다. 기부요청 과정이 일반적이고 그 결과 기부자가 '구입하는' 서비스 신뢰도가 높을 경우, 서비스 질은 특히 중요하다.

서비스 질을 관리하고자 한다면 다음 단계를 따라야 한다.

1. 기부자 집단이나 구획을 구분한다.
2. 서비스 구성요소 혹은 대체 구성요소를 알아낸다.
3. 기부자 구획별로 각각의 구성요소에 대한 상대적 중요도를 측정한다.
4. 요소별 실행목표를 정한다.
5. 목표별 서비스 성과를 측정한다.
6. 개선이 필요한 요소의 순위를 매긴다.
7. 투자금을 합리적으로 할당한다.

위와 같은 절차에 따른다면, 원하는 성과를 얻지 못했을 경우 가장 중요하다고 생각하는 서비스 측면에 희소자원을 할당할 수 있다. 그러한 요소는 시간이 지남에 따라 변하므로, 과정은 반복되어야 한다.

10

기부자 예우와 보상

기부자 로열티를 다룬 책이라면 기부자 예우와 피드백 역할을 검증하지 않고는 완전하다고 할 수 없다. 그러므로 이번 장에서는 다양한 기부자 보상과 예우 방법이 어떤 상황에 적합한지 살펴보고, 이 분야에서 가장 바람직한 예시 몇 가지를 제시한다. 또한 다양한 기부자 범주와 오랫동안 충성적인 기부자가 지속적으로 기대하는 관심 수준을 이야기한다. 기부동기가 기부자 예우와 보상과 어떤 연계성을 갖는지도 살펴본다.

예우와 피드백을 위한 기본 매체

기부자와의 대화에서는 언제나 피드백이 중요하다는 이야기가 등장할 것이다. 기부자는 기부금이 누구에게 어떻게 쓰이는지, 어떤 성과를 내는지 알 권리가 있고 알아야 한다. 대부분의 기부자는 기부의 대가로 기부금 수령 여부, 기관의 정당성만이라도 확인하고자 긍정적인 소통을 원한다. 기부자 조사에 따르면, 후원자들은 기부자와 기관의 관계에서 정중한 태도의 필요성을 끊임없이 강조한다. 결국 중요한 것은 기부에 걸맞은 정중한 감사, 감사 표시, 기부 내역 정보를 제공하는 것이다. 이러한 기본적 피드백은 최초 기부에 감사하면서부터 시작된다.

기부의 대가로 받는 감사편지를 간단히 살펴보기만 해도 비영리기관에서 얼마나 다양한 방법을 사용하는지 알 수 있다. 간단하게 "정성어린 기부에 감사드립니다"라고 하는 모금전문가도 있다. 어떤 기관에서는 감사편지를 기관의 다른 활동을 소개할 기회로 삼는가 하면, 성급한 몇몇은 이를 추가적 기부 요청의 기회로 삼는 이들도 있다. 기부자 유지에 대한 경험에 따르면, 적절한 예우를 갖추고 이전 기부에 감사하지 않은 채 추가 기부를 요청하는 것은 어리석다. 설사 한없이 마음이 좋은 기부자라도 이런 방식으로 인해 조금은 자신이 이용되고 있다는 생각을 하게 될 것이다. 표적집단 연구결과, 이를 불쾌하다고 여기는 기부자도 있었다.

경험상 (최초, 그리고 이후 기부 모두에 대한) 감사는 중요한 소통방식이다. 이 책 내용 중 어디에선가 강조한 것처럼, 기부자는 수혜자 집단과 직접 접촉할 일이 거의 없다. 그러므로 기관이 자신을 대우하는 방식에 따라 기관이 약속한 서비스를 지속적으로 잘 수행하는지 평가한다. 기관은 적시에 친근하고 적합한 방식으로 기부자에 응답해야 한다.

〈예시 10-1〉은 응답률을 높이고 동물과 아동 보호에 관련된 기관에 대한 로열티를 구축하기 위해 감사 인사를 효율적으로 활용하는 방법을 보여준다.

가장 흔히 사용하는 피드백 매체는 뉴스레터이다. 뉴스레터는 기부자에게 뉴스, 진행 사항을 알려주고, 후원 활동에 관한 새로운 소식을 들려준다. 가장 좋은 뉴스레터는 모금전문가에게 유용하고 수익성이 있을 뿐 아니라, 기부자에게는 유익하고 재미있어야 한다. 이를테면 유증 같은 다른 기부방식을 장려할 목적으로 뉴스레터를 통해 기부자가 후원할 수도 있는 프로젝트와 프로그램 정보를 제공하고, 새로운 프로젝트를 소개하고 홍보할 수 있기 때문이다.

〈예시 10-1〉 사례연구: 미국인도주의협회(AHA)

AHA는 미국 전역에 약 8만 명의 기부자를 기반으로 콜로라도에 본사를 둔 기관이다. 127년의 역사를 가진 AHA는 창립 이후 두 가지에 집중해왔다. 첫째, 동물을 보호하고 쉼터를 제공하며, 직접적 후원과 지지를 통한 간접적 후원으로 추가 학대를 방지하는 것이다. 둘째, 아동을 보호하고 지지하고자 노력하여 아동 학대를 방지한다. 덧붙여, AHA는 동물과 아동 학대 사이에 분명한 관계가 있다고 주장한다. 또한 아동과 동물 학대의 징조를 공동체에 적극적으로 알리고, 사람들에게 정부에 경고하는 방법을 알려준다.

AHA는 기부자에게 잦은 편지와 적시에 맞춰 감사 인사를 전하고자 지속적으로 노력한다. 한때 AHA는 기부금을 수령한 다음 6주 이내에 호소하는 분위기의 감사 메시지를 보내면서, 지속적인 기부자 보유율 감소 문제를 겪었다.

감사 편지에는 겉봉투, 회신용 종이 두 장, 회신용 봉투가 들어있었다. 대체로 기부자는 기부 정도에서 벗어나지 않았다. 응답률은 4%, 평균 기부액은 약 15달러였다.

기관과 기관에서 고용한 직접 마케팅 대행업체(DMW) 양측 모두 기부와 감사 인사 사이의 시간 간격을 줄이고 패키지 내용을 향상시키는 것이야말로 기부자 로열티와 수익을 높이는 방법이라는 점에 동의했다.

첫째, 대행업체는 로열티를 구축하고, 응답률을 높이고, 한층 신속하게 2차 기부를 하게끔 설계 감사 패키지를 만들었다. 이번에는 시각적으로 좀더 강렬한 인상을 주는 것이었다. 기부자 감사 패키지로 색깔이 각기 다른 4장의 카드 시리즈를 고안하여 1년치 분량을 한꺼번에 인쇄하여 비용 효율성을 높였다. 1년에 한 차례 이상의 기부를 한 기부자는 준비된 4장의 카드를 받게 되었다.

최초 기부와 감사 메일링 사이의 시간 간격은 원래 6주였다가 2주로 줄어들었다. 250달러 혹은 그 이상의 기부금에 대해서는 곧바로 감사 인사를 보냈다. 자료입력실과 AHA가 매일 소통하여 기부자에게 익일 개별 편지를 보낼 수 있었기에 가능한 일이었다.

2주마다 응답자를 선별하며, 기부자는 신규와 기존, 그리고 기부 정도에 따라 나눈다. 회신용 종이에 레이저프린트로 요청액을 인쇄하는데, 금액은 마지막 기부금에 근거하여 (그리고 그보다 약간 더 높은 금액을 기부하게끔) 정한다.

카드 시리즈를 도입하기 전, 기부자는 1년에 평균 1.5회, 26.63달러를 기부했다.

이전 AHA가 기울였던 노력에 비해 응답률은 50% 이상 증가했으며, 일부 기부자 구획에서는 75%가 넘는 증가율을 보였다.

〈예시 10-1〉 계속

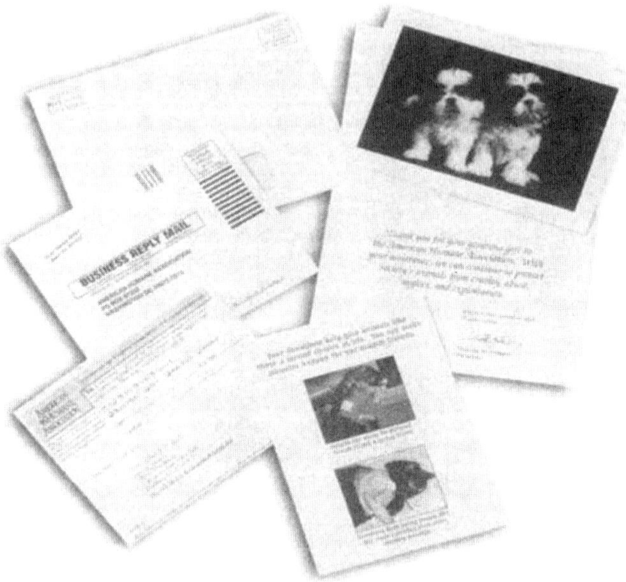

카드 시리즈를 도입한 후, 기부자당 기부횟수는 연간 1.59회까지 늘었고, 연 기부액은 29.21달러까지 상승했다.

카드 시리즈는 지금까지도 시행 중이며, 매년 다른 카드를 만들어내고 있다. 응답률은 여전히 상당히 높은 수준인 8%이며, 평균 기부액은 15달러 이상이다. 2차 기부 응답 시기도 앞당겨졌으며 AHA가 벌어들이는 수익도 늘어나고 있다.

출처: 이 사례는 DMW(www.dmwdirect.com)에서 자유로이 볼 수 있다. 사례와 관련 자료의 저작권은 DMW, AHA에 있다. 허가를 받아 복사.

대다수 기부자가 피드백 소통을 원하는 것이 사실이나, 원치 않는 기부자도 있다. 그런 사람에게는 관계 초기에 의사를 밝힐 기회를 주어야 한다. 많은 기부자는 일 년에 한 차례의 소통을 원하고, 모금의 재정 상황과 지난 1년 동안의 성과에 대한 간략한 보고서를 요구한다. 기관은 기부자에게 연간 보고서를 발송하여 이러한 요청에 응답한다. 물론 이 경우 기부자에게 제공하는 보고서는 보다 간단하고 적은 비용을 들여 특별 제작한 것이다. 기부자는 점차 종이보다 이메일과 기관 홈페이지를 통해 새로운 정보와 피드백을 받고자 할 것으로 예상된다.

옥스팜 GB(Oxfam GB) 홈페이지는 기부자에게 훌륭한 피드백을 제공한다. 〈예시 10-2〉의 옥스팜 보고서는 2002년 12월, 기부자에게 발송된 것이다. 맨 앞의 (옥스팜 이사가 보내는) 편지는 기부자에게 후원에 대한 감사를 표하고, 지난해 진행사항을 간단히 평가한 내용을 이야기한 다음, 앞으로의 전망을 제시한다. 뉴스레터 형식의 보고서도 들어있고, 소책자를 펼치면 기관의 모든 기부활동 이미지를 담은 달력이 된다. 패키지는 다양한 참여기회를 설명하고 있는데, 이를테면 옥스팜 신용카드를 사용하는 등의 다른 후원방법, (비영리기관의 명분에 필요한 기금 마련 트레킹이나 그 외의 스포츠, 어려운 도전 같은) 힘든 일에 참여하거나 유증기부를 고려할 것을 조용히 권장한다. 정보는 분명하고 간명하게 제시되며, 후원자 관련부서와 기부자 관리부서의 자세한 연락처, 옥스팜 홈페이지 주소가 잘 보이게 표시되어 있다.

사우스다코타(South Dakota) 파인 릿지(Pine Ridge)의 레드클라우드 인디언 학교(The Red Cloud Indian School)는 정기 뉴스레터인 '레드클라우드 컨트리'(Red Cloud Country)를 통해 후원자에게 피드백을 제공한다. 예수교 전통을 이어받은 시립 라코타(Lakota) 가톨릭 재단에는 부설 초등학교 2곳, 고등학교 1곳이 있다. 예수교에서는 1888년, 레드클라우드 추장의 요청으로 재단을 설립했다. 개별적이고 독특하게 작성되는 뉴스레터는 기부자와 단체의 진실하고 밀접한 관계를 성공적으로 이끈다.

한 예로, 뉴스레터에는 매번 선교회를 이끄는 예수교 신부가 보내는 편지가 포함된다.

〈예시 10-3〉의 레드클라우드 컨트리 뉴스레터에는 기관이 실시했던 기부자 설문조사 결과를 자세히 담고 있다. 대개 기부자에게 정보제공이나 활동 참가를 요청한 경우, 이후 기부자는 자신들이 참여한 활동의 결과에 대해 거의 듣지 못한다. 이 경우에는 설문조사에 대한 피드백을 통해 기부자에게 그들의 노력이 의미있는 것이며 기관과 기관활동에 큰 보탬이 되었다는 점을 알리게 된다.

〈예시 10-2〉 옥스팜(Oxfam)의 감사편지와 뉴스레터

출처: 옥스팜 GB의 허가를 받아 복사.

〈예시 10-3〉

레드클라우드 인디언 학교(Red Cloud Indian School)의 뉴스레터와 회신카드

출처: 레드클라우드 인디언 학교(www.redcloudschool.org)의 허가를 받아 복사.

뉴스레터는 또한 다른 기부 선택안을 알리므로 기부자들은 다양한 방법으로 단체에 참여할 수 있다. 뉴스레터는 기업후원을 통한 맞춤형 기부(*matching-giving*) 프로그램, 월정기부(Friends of Red Cloud club), 유증기부에 대해 설명하고, 재학 중인 아이의 성장소식도 알려준다. 레트클라우드의 뉴스레터는 발행비가 적게 들고 친밀하고 따스하며 진실한 느낌을 주는 동시에 효과적인 모금 소통 방법이다.

기부자 구분하기

많은 기관은 기부자를 기부액 정도에 따라 후원자(*supporter*), 지지자(*advocate*), 협력자(*partner*)로 구분하기도 한다. 그렇게 부를 만한 현실적 행위가 있을 때만 효과가 있다.

기부자에게 '가치 있는 후원자'라는 불확실한 구분을 하면 구체적 기부 방식과 금액에 따라 구분할 때보다 효과가 떨어진다. 기부자 구분은 또한 기부자 공헌의 고유성과 영향력에 맞아떨어지는 것이어야 한다. 이로 인해 기부자의 기부 의지가 강화되고, 기부금 증대 효과도 극대화된다. 모금전문가는 기부자에게 과도하게 아첨하는 듯한 부적절한 용어를 사용하지 말아야 한다. 이름표는 믿을 만한 것이어야 한다. 그러므로 처음 구상할 때 모금전문가는 특정 기부자의 기부에서 받게 될 느낌을 생각해봐야 한다. 자가 구분(*self-labeling*)은 기부자의 기존 기부 동기를 향상시키는 효과적인 방법이 될 수 있다. 연구에 따르면 기부자들은 지속적으로 기부를 반복하면 특정한 이름을 얻을 수 있을 것이라 생각한다(Tybout and Yalch, 1980).

실질적 보상

기부자는 대개 감사편지와 뉴스레터에서 받을 수 있는 기본적 예우와 피드백을 필요로 하나, 물질적 보상을 원하는 사람도 있다. 보상받고자 하는 욕구는 개인의 선호도와 동기에 기반을 두므로, 보상을 원하는 기부자를 정확히 가려내기는 불가능하다. 물질적 혜택을 제시하고 적어도 부분적인 보상으로 높은 기부액이나 꾸준한 기부를 권하는 경우가 있는 반면, 익명을 고집하거나, 기관에서 후원자에게 선물을 주거나 특별행사에 초대해 즐기는 것이 부당하다고 여기는 기부자도 있다. 그러므로 모금전문가는 개인의 선호도에 세심해야 하며 주는 것만큼 받는 것을 좋아하는 기부자의 기대치를 충족시킬 준비를 갖추어야 한다.

책에서 실시한 연구(제 2장에서 설명한) 에서 가장 분명한 결론은 기부로 인한 개인적 혜택이나 보상을 추구하는 기부자는 보상을 원치 않는 이에 비해 기부를 중단할 확률이 매우 높다는 것이다. 보상과 예우 기제가 모금도구로 부적합하다거나, 그것들이 모금 프로그램에 유익하게 이용될 수 있다는 사실을 부정하는 것은 아니다. 그러나 모금전문가는 보상이 기부 결정에서 중요한 역할을 한다면, 경쟁 자선단체에서 보다 나은 기부상품(*deal*) 을 제안하는 순간 기부가 중단될 수 있다는 사실을 알아야 한다.

제 2장에서는 기부자에게 제공하는 보상을 본질적(즉, 기관의 핵심 활동, 의무와 타고난 관계를 가지는 것), 혹은 비본질적(아무런 관계없음) 인 것으로 나누었다. 예컨대, 화랑 후원자를 특별 전시회에 초대하는 것은 본질적 보상이다. 병원 후원자에게 감사의 표시로 영화표 2장을 보내는 것은 기관의 명분과는 관련이 없는, 비본질적 보상이다. 특별 전시회에 참석한 화랑 후원자는 기관을 더욱 친밀하게 느끼게 되어 결과적으로 로열티가 높아질 수 있으나, 병원 후원자의 경우에는 영화표보다 더 값진 보상을 제공하는 비영리기관을 발견할 경우 충성을 바칠 대상을 바꿀 수도 있다. 그러므로 기부자 로열티 향상을 위해 보상 프로그램은 명분에

집중한 것이어야 한다. 특히 기부자에게 부여하는 혜택은 기부자의 기관, 기관활동 평가와 불가분의 관계를 유지해야 한다.

인식 기제를 이용할 경우, 모금전문가는 기부자에게 보상요구를 선택하게 하여 그들이 바라는 바를 존중해야 한다. 덧붙여 기부자 보상은 기부 정도, 기부 기간과 기부금, 명분에 대한 참여도를 효과적으로 촉진할 수 있어야 한다. 상당한 금액을 기부하는 사람에 대한 보상은 기부자를 함양하는 한편, 관리 프로그램의 일부로 기능할 수 있어야 한다. 보상방침은 그러한 개별적 예우를 반영해야 하며, 반영해야 하는 점을 분명히 명시해야 한다.

뉴욕시의 현대미술관(Modern Art of Museum, MoMA)에서는 기부액에 따른 광범위한 단계별 회원 프로그램을 제공하며, 이는 본질적 보상의 성격을 띠고 있다. 〈예시 10-4〉에서 대강의 내용을 알 수 있다.

〈예시 10-4〉 뉴욕현대미술관(MoMA)의 회원제 프로그램

MoMA는 기부금에 따라 단계별 회원제 프로그램을 실시한다.

개인 (Individual)
75달러(소득공제 100%)

- 미술관, 미술관 토론회, 정기 영화 프로그램 입장권 1매
- 레드(red) 회원 카드 영구 자격
- P.S.1 현대미술센터(Contemporary Art Center) 엄선 프로그램 입장권과 초대권
- MoMA에서 인기도가 높은 조각품 다수를 할인된 가격에 관람할 기회. 조각품은 일시적으로 뉴욕식물원(New York Botanical Garden)에 이전되어 있음
- 빌딩 프로젝트(Building Project)와 회원등급 상향조정
- 회원전용 프로그램과 행사 초대권 2매
- 회원전용 사전 전시회 초대
- MoMA 우편주문, MoMA Stores(NYC 소호 신규지점 포함)를 통한 MoMA Online Store 10% 할인
- MoMA Stores의 회원전용 세일과 특별행사
- 초대권 할인

〈예시 10-4〉 계속

- Queens와 Manhattan 레스토랑 다수 할인 혜택
- 주차, 호텔, 전시회 오디오 투어 할인 혜택

가족 · 커플 (Family or Dual)
120달러(Family: 소득공제 100%, Dual: 소득공제 115달러)
상기 혜택 외
- 미술관, 미술관 토론회, 정기 영화 프로그램 입장권 2매
- 12~18세 아동 입장 카드
- 부모/자녀 워크숍, 영화, 가족 미술관 프로그램
- MoMA Family Festival과 연간 MoMA Family Picnic 참석 기회

펠로 (Fellow)
275달러(소득공제 210달러)
상기 혜택 외
- 실버(silver) 회원 카드 영구 자격
- MoMA Appointment 달력
- 회원 동행 시 최대 4명 입장
- 회원 · 비회원을 위한 추가 입장권 2매
- 모든 회원 프로그램과 행사에 대한 예약 우선 특권
- Exclusive Designer Series 초대권 2매: 신진 디자이너와의 만남, 고품격 연회

서포팅 (Supporting)
400달러(소득공제 250달러)
상기 혜택 외
- 주요 영화 시사회 초대권 2매
- 비공식 영화 상영회 초대권 2매
- MoMA 회원/기부자 보고서에 이름 등재 및 사본 기증
- 회원 비동행시 입장권에 추가 입장권 2매(총 4매)
- 박물관 엄선 주요 전시회 카탈로그 1부

서스테이닝 (Sustaining)
750달러(소득공제 523달러)
상기 혜택 외
- 모든 주요 전시회 전야제 초대권 2매

〈예시 10-4〉 계속

- 큐레이터와의 대화와 연회 초대
- MoMA Stores 15% 할인 혜택
- 멋진 구색을 갖춘 MoMA 전시회 카탈로그들
- 강의 투어, 과정, 엄선된 특별행사 참석 기회
- 추가적인 비공식 영화 상영회 초대권 2매

패트론 (Patron)
1,500달러(소득공제 1,161달러)
상기 혜택 외:

- 골드(gold) 회원 카드 영구 자격
- 추가 연회 입장권 1매
- 주요 전시회 특별 관람 시간, 미술관 개관 시간 외
- 미술관 영화 상영 프로그램 전야제 입장권 2매
- MoMA 전시회 카탈로그 추가

베네팩터 (Benefactor)
2,500달러(소득공제 2,058달러)
상기 혜택 외

- 연간 Benefactor Luncheon 초대권 2매
- MoMA Stores, MoMA 온라인 스토어, MoMA 우편주문 시 20% 할인 혜택
- 모든 전시회 전야제 입장권 2매
- 관장과의 아침식사 초대권 2매
- 모든 주요 전시회 오디오 투어 추가 혜택

학생 (Student)
35달러(소득공제 100%)
Student 회원은 승인받은 고등학교, 전문대학교, 대학교 또는 예술학교의 풀타임 학생을 대상으로 하며, 특별 우편과 초대권을 제외하고 Individual 회원의 모든 혜택을 받게 된다.
참여 시 유효한 학생증 또는 장학증서를 제시해야 한다.

전국 / 국제
60달러(소득공제 100%)
뉴욕시에서 반경 150마일에 거주할 경우, 특별 회원으로 구분되어 특별 우편과 초대

권을 제외한 Individual 회원의 모든 혜택을 받게 된다.

관계도 증가:
The MoMA Family Council
1,500달러(소득공제 1,023달러)
MoMA Family Council은 부모와 3~14세 자녀를 위한 특별한 회원 집단이다. 자녀에게 MoMA의 근현대 예술 소장품을 소개하는 프로그램과 행사를 통해, 아이는 재미있고 적극적으로 시각예술을 보는 시각을 키울 수 있다.
자녀는 1년 내내 비공개 투어, 예술가의 작업실 방문, 소호(Soho)와 첼시(Chelsea)에서 이루어지는 화랑 산책, 특별 영화 프로그램, 뉴욕시 지역의 조각공원 방문, MoMA Family Festival 같은 신나는 연간행사에서 예술작품을 즐길 수 있다.
부모는 Patron 회원의 혜택을 누리는데, 여기에는 격식을 차리는 사전 전시회, 박물관의 간행물, 개인 소장품 관람, 비공개 영화 상영회, 큐레이터와의 대화, 특별한 관람 시간, 기타 단독 프로그램이 포함된다.
Family Council 회원들 역시 MoMA family program에 무료로 참석할 수 있는 혜택을 받는다.

5,000달러, 혹은 그 이상 후원하는 회원
5,000달러 이상 후원하는 회원은 MoMA에서 더욱 더 많은 혜택을 즐길 수 있다. 관장과 회장과의 연회, 큐레이터와의 오찬, 기타 단독 프로그램을 포함한 연례 연회에서 큐레이터, 수탁인과 함께 하며 참여의식을 고양시킬 수 있다.

출처: MoMA 홈페이지의 허가를 받아 복사.

클럽과 협회

많은 기관에서는 기부자에게 클럽이나 협회를 권유하여 기부 정도에 따른 보상을 제공한다. 보통 시스템에서는 기부자를 다이아몬드(5,000달러), 골드(2,500달러), 실버(1,000달러), 브론즈(500달러)로 구분한다. 다이아몬드 회원은 축제 행사표 2매, 감사 배지, 브로치를 받는다. 그리고 골드와 실버 회원들은 여러 가지 혜택을 적절히 배합한 보상을 받는다.

보상계획의 기저에는 이러한 보상이 일반적인 수준보다 더 많은 기부가 가능한 기부자, 기부의 대가로 받게 될 보상에 끌릴 만한(혹은 최소한 싫어하지 않을) 기부자를 유인할 수 있다는 생각이 깔려 있다.

여기에 참여하는 기부자는 (명분과 관련이 있는 본질적이고) 실질적인 혜택을 받으므로 로열티는 높아지고 참여의식을 상기하게 된다. 기부자가 이런 종류의 구조화된 계획을 승인한다면, 후원 정도를 높이려는 시도가 가능하다. 덧붙여 클럽 회원 '동호회'를 만들고 행사와 활동을 통해 이를 발전시켜나갈 수 있다.

클럽은 기타 모금상품과 마찬가지로 신중하게 도입하고, 충분히 따져보아야 하며, 시간경과에 따라 기부자 생애가치와 ROI를 검토해야 한다. 대체로 클럽에 참여할 회원은 소수에 불과할 것이다. 등록 회원 수가 클럽 수익성을 보장할 수 있을 정도로 늘어나고, 시간이 지날수록 관련 기부자 집단의 가치와 로열티에 긍정적 영향을 미친다면 유지할 만하다. 수익성을 보장하기에 기부자 수가 지나치게 적다거나, 시간이 지나도 회원 로열티의 가치가 평균과 비슷하거나 그보다 낮다면 계획을 다시 생각해봐야 한다. 가장 흔히 저지르는 실수는 정작 알고 보면 다른 기부자의 가치가 훨씬 높지만, 클럽의 기부자 가치가 다른 기부자에 비해 높다고 평가하는 것이다. 그리고 정기적으로 검토하고 재검증하기보다 타성에 젖어 운영을 지속하는 것이다.

예우수단

어느 단체나 기부자 예우수단을 제공한다. 기부자에게는 기념명판, 증명서, 배지, 기부자 이름과 기여도를 각각 새긴 브로치를 보낼 수도 있다. 기관 사무실 기증벽(*donor wall*), 우수자 명단(*honor roll*), 기념책자에 기부자의 이름을 기록할 수 있다. 뉴스레터와 연간 보고서에 이름을 기재할 수도 있다. 고액 기부자의 이름을 새긴 방, 건물, 의자, 직위, 행사, 프로그램과 공연을 만들거나, 명판이 새겨진 나무, 벤치, 책 또는 예술작품을 제작할 수도 있다. 기부자 로열티를 효과적으로 촉진하려면 기부자에게 제공하는 보상이나 예우수단이 명분과 본질적 관계를 가진 것이어야 한다고 강조한 바 있다. 기부자 예우에서 비영리기관 사이의 차별성이 거의 없는 가운데, 가능한 기존의 것이 아닌 고유하고 독특한 것이어야 한다. 선진화된 모금 분야에서는 어려운 일이나, 기관은 일반적인 방법보다는 시간과 자원을 들여 창의적이고 독특한 예우방법을 연구해야 한다. 흔한 방식으로는 기부자에게 기관의 차별성을 알리거나, 기관활동을 보다 친근하게 느끼고 참여하게 만들기 힘들다. 대부분의 기부자는 기관에게 개인적으로 받은 감사선물을 소중히 하고 매우 자랑스럽게 보여준다.

예우수단은 기부자가 바라지 않았을 때 가장 효과적이다. 〈예시 10-5〉의 편지는 미국국립 암 연구재단(NFCR)에서 기부자에게 우수자 명단에 이름을 올릴 수 있게 허가해달라는 내용을 담고 있다. 명단은 기관 본사에 상시 전시될 예정이다. 편지에서는 추가적 기부 역시 요청하고 있으나 명단에 이름을 올리기 위해 그에 응해야 할 필요는 없다. 편지에는 기부자에게 등록할 이름이 제대로 되어있는지 확인하고 수정해달라는 내용도 들어있다. 또한 우수자 명단이 '다음 주 정도에 새겨질 것이다'라는 문구를 넣어 마감일을 명시했다.

인터넷의 발달로 오늘날 사이버 기증벽, 헌사, 기념책자 같은 창의적

〈예시 10-5〉 미국국립 암 연구재단(NFCR)의 명예 기부자 메일링

NATIONAL FOUNDATION FOR CANCER RESEARCH

HONOR ROLL ACCEPTANCE

FOR INSCRIPTION

Dear Lastname,

I am pleased to acknowledge my election to the Annual Honor Roll of the National Foundation for Cancer Research. Please inscribe my name as follows on this National Register to be kept on view at NFCR headquarters.

____

(PLEASE PRINT)

FROM: Mr. John Q. Sample
1234 Main Street
Anytown, USA 12345

☑ CHECK ONE:

☐ I do indeed agree that the costs of those advances made against cancer this year by NFCR's researchers must not be allowed to slow the work of these master scientists.

I am therefore responding to your plea for a final 2004 tax-deductible gift by including my check for the amount specified.

Enclosed is my contribution of:

( ) $100.00 ( ) $150.00 ( ) $200.00

( ) Other $____________________
(Please Specify)

NOTE: Please make checks payable to
National Foundation for Cancer Research
(ALL CONTRIBUTIONS ARE TAX-DEDUCTIBLE)

☐ I regret that I am unable to respond to your special plea. However, proceed with my inclusion in the NFCR Annual Honor Roll as indicated.

Commonwealth of Virginia residents may obtain a financial statement from the Commonwealth of Virginia, Department of Agriculture and Consumer Services, Division of Consumer Affairs, P. O. Box 1163, Richmond, VA 23209.

인 기부자 예우가 가능해졌다. 현재 많은 도서관에서는 온라인 장서목록을 갖추고 있으며, 기부자들은 기관 홈페이지에 정기적으로 등록된다. 인터넷을 이용하면 피드백을 즉시 제공할 수 있는 기회도 많아지고, 기부의 효과를 가시적으로 설명할 수도 있다. 온라인 기부의 경우 일부 비영리기관에서는 시각적 장치를 이용해 기부를 인식한다. 필요한 총 기부액에서 기부자가 낸 금액만큼을 즉시 반영해 전체 비중에서 어느 정도인지를 나타내는 식이다.

〈예시 10-6〉 회원 혜택을 설명하는 세계야생생물기금(WWF)의 웹페이지

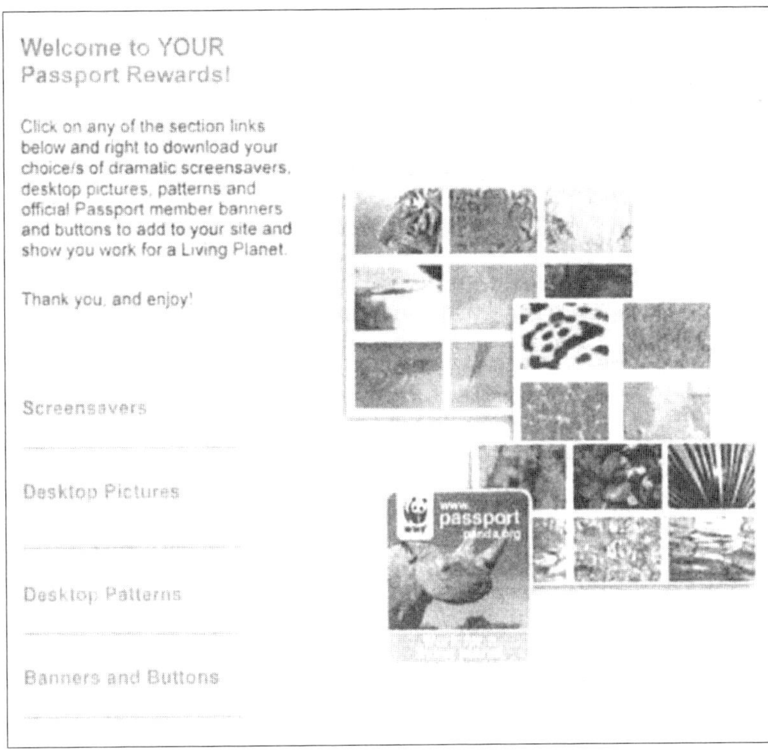

출처: Panda Passport는 WWF의 허가를 받아 복사.

세계야생생물기금(World Wildlife Fund, WWF)의 판다 패스포트(Panda Passport)는 쌍방향 웹기반 모금 프로그램이다. 사이트에는 전 세계에서 이루어지고 있는 환경 관련 캠페인을 열거해놓았다. 패스포트 소지자는 이러한 캠페인에 온라인으로 참여할 수 있다. 기관은 가상 패스포트에 도장을 찍어주는 방식으로 후원에 감사한다. 도장에 찍힌 점수를 합산하면 '캠페인 레벨'을 계산할 수 있다. 패스포트 소지자는 성취도를 즉시 확인할 수 있고, 즉각적인 감사를 받으며 쌍방향적이고 적극적으로 보상받는다. 단계가 적힌 증명서를 인쇄하면 캠페인 단계가 높을수록 일련의 보상을 받을 수 있다. 프로그램은 100% 인터넷 기반이며, 보상 역시 화면보호기, 바탕화면, 패턴, 버튼처럼 웹에 관련된 것이다. (〈예시 10-6〉 참고)

기부자와 수혜자 연결하기

제8장에서 살펴본 것처럼 기부자를 기관 편으로 만들고 감사와 피드백을 제공하는 데 가장 효과적인 방법은 기부자가 돕는 수혜자 집단과 직접 연결시켜주는 것이다. 기관은 소액기부자에게 후원이나 입양 상품을 제안하고 뉴스레터에 수혜자에게 받은 증거와 그들에 대한 보고 내용을 담아 소통을 호소할 수 있다. 고액 기부자에게는 활동 현장이나 행사, 회의 또는 축전 같은 자리를 마련해 수혜자, 혹은 그들을 직접 돕는 직원과의 일대일 만남을 주선할 수 있다. 소액기부자들 역시 이런 행사에 초대할 수 있다. 설사 참석할 수 없더라도 행사에 초대받았다는 사실만으로 기부자의 참여도와 적극성을 높일 수 있다.

서비스 질의 중요성

설명한 것처럼 대부분의 기부자는 자신이 받는 서비스로 기관의 능력을 평가한다. 조사에 따르면 서비스의 질과 기부자 로열티 사이에는 관계가 있다. 이 때문에 기부자가 주소를 변경하거나 기부할 목적으로 기관에 전화했을 때 곧바로 감사하는 것이 이상적이며, 기부자의 참여의식과 관대함은 특별하게 대우해줘야 마땅하다.

이른바 '헌장' 같은 것을 제공하여 기부자에게 많은 관심을 보일 수도 있다. 이를테면 AFP 기부자 권리장전(AFD Donor Bill of Rights, 〈예시 10-7〉)은 기관이 기부자를 대우하는 방식을 약속하고 있다. 권리장전은 기록을 보존하여 기부자에게 부적당한 기부나 프로그램을 제공하거나 호소하지 않을 것이며, 기부자가 받는 소통 빈도수와 유형의 선호도를 존중할 것이며, 또한 기부자 정보를 신중하게 다루겠다는 내용을 담고 있다.

요약

이번 장에서 기부자 예우에 대해 개괄적으로 살펴보았다. 내용 중 기부자가 받는 보상이나 예우에 대한 선택권을 기부자에게 주어야 한다고 강조했다. 기부의 대가로 예우와 보상을 바라는 기부자도 있지만, 불필요한 지출을 줄이고자 기관에게 가능한 한 최소의 예우를 받고자 하는 기부자도 있다. 그러므로 기관은 기부자에게 예우에 대한 의사를 묻는 편이 좋다.

기관이 바람직하고 적절한 보상을 생각한다면 기부의 명분과 밀접히 연관되어 있어야 한다. 이때 실질적 보상은 예우의 표시일 뿐 아니라, 기부자에게 명분과의 관계를 상기시키므로 값진 것일 수 있다. 제 2장에서 알아본 것처럼, 많은 기부자는 특히 시간이 지남에 따라 후원하는 기관을

〈예시 10-7〉 모금전문가협회(AFP) 기부자 권리장전

A Donor Bill of Rights

PHILANTHROPY is based on voluntary action for the common good. It is a tradition of giving and sharing that is primary to the quality of life. To assure that philanthropy merits the respect and trust of the general public, and that donors and prospective donors can have full confidence in the not-for-profit organizations and causes they are asked to support, we declare that all donors have these rights:

I.

To be informed of the organization's mission, of the way the organization intends to use donated resources, and of its capacity to use donations effectively for their intended purposes.

II.

To be informed of the identity of those serving on the organization's governing board, and to expect the board to exercise prudent judgement in its stewardship responsibilities.

III.

To have access to the organization's most recent financial statements.

IV.

To be assured their gifts will be used for the purposes for which they were given.

V.

To receive appropriate acknowledgement and recognition.

VI.

To be assured that information about their donations is handled with respect and with confidentiality to the extent provided by law.

VII.

To expect that all relationships with individuals representing organizations of interest to the donor will be professional in nature.

VIII.

To be informed whether those seeking donations are volunteers, employees of the organization or hired solicitors.

IX.

To have the opportunity for their names to be deleted from mailing lists that an organization may intend to share.

X.

To feel free to ask questions when making a donation and to receive prompt, truthful and forthright answers.

DEVELOPED BY
American Association of Fund Raising Counsel (AAFRC)
Association for Healthcare Philanthropy (AHP)
Council for Advancement and Support of Education (CASE)
Association of Fundraising Professionals (AFP)

ENDORSED BY
(in formation)
Independent Sector
National Catholic Development Conference (NCDC)
National Committee on Planned Giving (NCPG)
Council for Resource Development (CRD)
United Way of America

Please help us distribute this widely.

출처: 모금전문가협회(AFP)의 허가를 받아 복사.

잊어버린다. 또한 고유하고 특징적인 피드백과 예우를 제공하여 기부자의 기억에 남을 만한 기관이 되어야 한다고 강조했다. 예우방식은 대개 따분하고 뻔하며 별다른 의미도 없다. 창의적인 예우방법은 눈에 띌 뿐 아니라, 기부자에게 특별한 느낌을 주며 명분과의 관계를 강화한다. 기부자들은 보통 여러 개의 기관을 후원하며, 각 기관들은 고유한 방식으로 감사를 표한다. 1년에 서너 번 기념명판을 주는 것만으로는 로열티를 자극하기 어렵다.

11

생애가치를 이용한 기부자 유지 전략

앞 장에서 기부자 생애가치를 계산하는 것은 효율적인 유지 전략 개발에 중요한 역할을 한다고 강조하였다. 지금까지는 특히 생애가치 수치 계산을 둘러싼 골치 아픈 문제들에 대한 논의와 기술적 조합은 의도적으로 배제하였다. 이번 장에서는 생애가치의 정의를 내리고, 기부자 개인, 그리고 전형적 모금 데이터베이스 내 기부자 그룹의 생애가치를 계산하는 방법을 알아본다. 또한 시간을 들여 생애가치를 계산해야 하는 필요성을 설명하고, 이러한 분석이 특히 기부자 유지를 비롯하여 모금 실무에 어떤 이익을 주는지 알아본다.

생애가치는 본질적으로 기부자가 관계를 지속하는 동안 기관에 어느 정도의 가치를 안겨줄지 계산하는 수단이다. 비트런과 몬드체인(Bitran and Mondchein, 1997: 109)은 이를 "참여기간 동안 고객이 일반적으로 낳는 총 순수기여도"라 정의한다.

개인 기부자의 생애가치 계산

기부자의 생애가치를 계산하려면 기관과 기부자가 관계를 맺는 동안 기부자와의 소통을 관리하는 데 매년 드는 비용과 수익을 예측해야 한다. 예를 들어 4년 동안 관계를 맺는다고 할 때, 예상수익에서 매년 기부자와의 관계 유지에 드는 비용을 감해야 한다.

본질적으로는 매년 기관운영과 프로그램에 대한 기부자의 기여도를 계산할 수 있다. 보다 먼 미래를 내다볼수록 비용과 수익은 예측하기 어려워지므로 어느 정도의 추측이 필요하다. 불확실성을 감안하여 4년 후 100달러라는 기부금의 현실적 가치가 떨어진다는 사실을 고려한다면 예상 총수익 가치를 할인해야 한다. 결과적으로 비용을 모금 프로그램에 투자하기보다는 이자채권 계좌에 예치하는 것이 나을 수도 있다. 모금활동 수익이 이자채권 계좌로 얻는 수익과 같거나 그보다 높지 않다면, 모금활동은 분명 헛된 일이다. 데이터베이스 전반에 걸쳐 이러한 분석을 수행할 때 얻을 수 있는 이점은 무엇일까. 수익을 낳을 일 없는 기부자를 제외하고, 그보다는 수익성 있는 기부자를 모집·유지하는 데 자원을 집중하여 전반적으로 수익성을 높일 수 있다. 기부자별 생애가치를 계산하는 공식은 다음과 같다.

$$LTV = \sum_{i=1}^{n} C_i (1+d)^{-i}$$

여기에서

C = 연간 순 기여액(수익 – 매년 모금활동에 드는 비용)

d = 할인율

n = 예상되는 관계 지속 기간(년도)

다소 복잡해 보이는 이 공식은 매년 모금활동에서 예상되는 기부자의 기여도(수익－비용)를 계산하고, 예상 기여액을 할인하고, 전부 합친다는 뜻이다.

기부금을 계산하는 과정에서 기관은 기부자에게 얻는 모든 수익에서 특정 기부자의 관계를 수행할 때 필요한 비용을 차감해야 한다. 수익과 비용 구성요소는 수행하는 분석 목적에 따라 달라진다. 예를 들어 생애가치를 계산하려면 기부에서 직접적으로 얻는 수익 이상의 것을 생각해야 한다. 기부자는 대개 카탈로그를 보고 상품을 구입하고, 경품 응모권을 팔고, 모금행사와, 다른 기부자를 모집하기 위해 봉사한다. 이러한 기여들은 공식을 이용해 계산할 수 있다. 한 예로 매년 순 기여 수치에 포함시킬 수 있는 항목비용에는 뉴스레터, 기부요청편지, 답례와 감사편지, 판촉물, 기부자 선물, 텔레마케팅 활동 등이 있다. 수익에는 현금 기부, 현물 기부의 현금 가치, 모든 자원봉사 활동의 현금가치, 소개의 현금 가치(다른 기부자 소개), 판촉물 판매에서 얻는 수익이 포함된다.

〈표 11-1〉은 단순한 예시이다. 비정기기부로 단체와 처음 관계를 시작하는 기부자를 가정해보자. 기부자는 45세 여성이며, 특정한 주거형태(우편번호로 알 수 있는)에 살며, 특정 모집매체(목록 교환 우편)를 통해 특정한 종류의 호소(기아 구제)에 응답한다. 모금전문가는 이러한 프로필에 맞아 떨어지는 기부자들이 대체로 기부를 시작하고 3년째 되었을 때 월정기부로 업그레이드할 수 있으며, 경품응모권[1]을 정기적으로 구입한다는 점을 알게 된다. 이는 기존 자료를 분석한 결과를 기준으로 삼은 것이다.

실제로도 이런 사람을 설득해 자선단체를 위해 친구나 친척에게 경품응모권을 판매하게 하는 일은 빈번하다. 이러한 정보에 근거를 누고 예상

1) 역주: 특정한 프로젝트나 기관의 기금모금을 위해 판매하는 복권(*raffle tickets*)

비용을 고려한다면, 기부자가 단체와 관계를 지속할 5년 동안 어느 정도 기여할지 예측하는 것이 가능하다(〈표 11-1〉 참고). 앞서 언급한 것처럼, 예상 기여 가치를 계산할 수 있어야 하며, 근거에 따라 예상할 수 있는 기부자 생애가치는 387달러이다. 이 정보는 기부자에게 특정 접촉 양상과 관심도를 할당하는 데 유용하다.

물론 많은 자선단체의 중요한 소득원은 계획기부와 유증기부이나, 그로 인한 수익을 예상하기는 매우 어려우므로 생애가치 계산 과정에서는 배제해야 한다. 그러나 어느 정도 정확하게 이들 기부액을 예측할 수 있다면 계산 과정에 포함시켜야 한다.

〈표 11-1〉 기부자별 생애가치 분석 예시($)

	1년	2년	3년	4년	5년	총
• **총수입**						
현금	50	50	0	0	0	100
복권	10	20	30	30	40	130
계약과 환급금	0	0	100	100	100	300
소개비용	0	0	0	10	10	20
영업 이익	60	70	130	140	150	550
• **비용**						
뉴스레터	2	2	2	2	3	11
호소	4	4	5	5	5	23
감사편지	1	1	1	2	2	7
복권	2	2	2	3	3	12
장려금	0	0	0	5	5	10
총지출	9	9	10	17	18	63
• **기여액**	51	61	120	123	132	487
• **할인가**	51	55	99	92	90	387

몇 가지 일반적인 실수

많은 기관은 생애가치를 계산할 때 두 가지 큰 실수를 저지른다. 바로 모집비용, 경상비용을 잘못 할당하는 것이다.

모집비용의 그릇된 할당

기관이 (가능한 다양한 매체 선택안 중) 적절한 모집비용을 알고자 할 때, 혹은 특정 모집 캠페인 결과 얻게 될 수익을 예측하려 할 때만 최초 모집비용을 생애가치 계산 과정에 포함시켜야 한다. 일반적으로 생애가치 계산 시 모집비용을 포함할 만한 타당한 이유는 없다. 모집비용은 기부자 가치가 아닌, 단순한 기관의 모금품질을 나타낼 뿐이기 때문이다. 간단한 예를 들어보자. 직접우편으로 모집한 기부자 순수 기여액이 250달러라고 가정해보자. 직접우편 캠페인의 타깃이 잘못되었다면 이는 호소의 본질에 도움이 안 되는 전략이다. 때문에 모집한 기부자 수는 비교적 적었고, 신규 기부자 1인당 모집비용은 최대 245달러였다. 기부금에서 이 금액을 제하면 첫해에 남게 될 기부액은 5달러뿐이다. 그렇게 되면 기부자는 소액기부자 그룹에 배치될 것이며, 자선단체 데이터베이스에서 제외하기 좋은 후보자가 된다. 그런데 알고 보니 그는 고액기부자였다! 모집비용은 기관 모금전략의 과거 효율성을 측정하는 기준일 뿐, 그 이상의 의미는 없다. 모집비용을 기부자에 대한 관심 수준을 결정할 때 이용하지 말아야 한다.

경상비용의 그릇된 할당

기관이 생애가치를 계산할 때 저지르는 또 다른 실수는 공식에 간섭비용을 고려하는 것이다. 많은 기관은 기부자 수익에서 예상 모금 경상비(데이터베이스 유지, 관리 같은 고정비) 비율을 공제한다. 그러나 단순한 이유 때문에서라도 이 방법은 잘못된 것이다. 생애가치 계산은 추후 수익성 있는 기부자에게 자원을 집중하고자 수익성이 없을 것 같은 기부자를 제외할 때 필요하다. 많은 기관은 생애가치가 마이너스인 기부자를 단순히 제외하거나 혹은 교환한다(바꾼다). 그러나 생애가치 계산에 경상비를 포함한다면, 이 때문에 불행한 결과가 되풀이될 수 있다.

한 예로 기부자 기반이 100명에 불과한 매우 작은 자선단체가 있고, 직접비용이나 수익을 감안할 경우 기부자 개인의 생애가치는 50~500달러라고 생각해보자. 비용에 모금 경상비를 감안할 때 생애가치는 -50~400달러로 하락한다. 갑자기 생애가치가 마이너스인 기부자를 유지하고 있어봤자 이로울 것이 없어 보인다. 그러한 사람이 10명 있다고 가정해보자. 데이터베이스의 활성화된 영역에서 그들을 제외해야 한다는 주장은 논리적으로 설득력이 있다. 그러나 이런 상황에 처한 기관 다수는 각각의 기부자가 만들어낼 부차적 기여도는 모른다. 이런 경우 기관이 생애가치가 마이너스인 기부자 10명을 제외하고 다시 한 번 생애가치를 분석한다면 (아마 놀랍게도) 또 다시 수치가 -61~-389달러인 기부자 10명이 나타날 것이다. 기관의 경상비는 고정되어 있음에도 비용은 90명의 기부자에게 할당된다. 결과적으로 기부자별로 부담해야 하는 경상비는 더욱 커짐으로써 전에는 수익성이 있던 기부자가 이제는 그렇지 않은 것처럼 보이는 것이다. 또 다시 이들 10명을 제외하기로 한다면, 기관에 남는 기부자는 80명뿐이다. 논리에 따라 전략을 따른다면, 기관은 모금 활동 자체를 포기하는 편이 현명하다 싶을 때까지 계속해서 마이너스 기부자를 제외해야 할 것이다.

때문에 앞서 생애가치는 기부자에게 얻게 될 총 순기여액이라고 정의했다. 기부자 개인이 낳을 수익이 기부자에게 들어가는 직접 서비스 비용보다 높다면, 기부자는 일반적 모금 경상비에 대해 어느 정도 기여를 한다. 그러므로 회계적으로는 수익성이 없는 기부자이지만, 그들과 소통을 중단하는 일은 어리석을 수 있다. 직접 모금비용이 예상수익을 초과할 경우에만 데이터베이스의 활성화된 구역에서 기부자를 제외해야 한다.

특정 기부자 그룹의 생애가치 계산하기

앞서 나타난 예시에서 기부자별 생애가치 계산방법을 알아보았다. 보다 일반적으로 비영리기관은 데이터베이스 중 특정 구획이 다른 구획에 보다 더 높은 생애가치를 보여주는지 알고자 한다. 이를 계산하려면 보다 정교한 분석이 필요하다. 특정 기부자 구획의 생애가치를 계산하려면 다음의 과정을 권한다.

과정

먼저, 분석 목적을 정한다. 모금전문가들은 데이터베이스 중 특정 구획이 다른 구획에 비해 생애가치가 높거나 낮은지 알아내어, 그에 따라 적절한 기부요청 대상을 정하려고 한다. 그 결과 기부자 중 여성이 남성보다 가치가 높아 보이거나, 언론 광고보다 직접우편으로 모집한 기부자의 생애가치가 높을 경우, 그에 따라 모금 자원을 배분할 수 있다. 다른 방법으로는 생애가치가 가장 높은 구획에 적절한 관심을 제공하여 로열티를 보장할 수 있다.

둘째, 예상 분석기간을 정한다. 이 경우 장기 기부자에 근거를 두고 선택한 기간은 중요하지 않다(Carpenter, 1995). 기간이 길어질수록 예측은 어렵고, 기관에 대한 장기적 기여도는 상당부분 고려대상에서 제외되기 때문이다. 중요한 건 특정 기부자 그룹의 기여도를 파악하는 것이다. 영리부문의 이전 연구에 따르면 모금상황에서 가장 적합한 분석기간은 5년이다(Sargeant and West, 2001). 이 기간을 넘어서면 기부자 감손율은 물론 기여도 가치 또한 예측하기 어려워질 것이다. 그러므로 생애가치라는 말은 부분적으로 잘못된 용어이다. 기관은 일정 기간을 분석하는 데 필요한 적합한 기간을 정하고, 이 특정한 기간 동안 기부자의 생애가치를 예상한다.

셋째, 기부자 정보를 탐색 가능한 기본적인 변인근거에 기반을 두고 취급 가능하되 변별력 있는 셀(*cell*)로 나누고 세분화해야 한다. 최초기부금을 내는 다양한 기부자의 생애가치를 알아보려면, 최초기부금 수준에 따라 정한 셀의 수로 기부자 정보를 나눈다. 이론상 셀을 잘게 쪼갤수록 결과적으로 가설 예측가능성은 보다 정확해진다. 그러나 현실에서 정확도와 단순성은 대립구조를 이룬다. 즉, 셀의 수가 늘어날수록 가설은 매우 복잡해진다. 모금 상황에서 일반적으로 셀의 개수는 10~30개가 적당하다. 그러므로 초기 기부액을 근거로 기부자를 1~5달러, 6~10달러, 11~15달러 등의 셀로 분류할 수 있다.

넷째, 집단별로 나타나는 기부자 감손율과 기부내역을 알아낸다. 감손율은 해마다 달라질 것이 거의 확실하다. 예컨대, 일시기부자 중에는 재기부를 하지 않을 사람이 많다. 그런 기부자는 꾸준히 감손 양상을 나타낼 것이다. 이 정보는 2, 3년, 혹은 그보다 오랜 기간 동안 적극적으로 기부를 할 법한 집단의 기부자 비율을 예측할 때 이용할 수 있다. 기부내역을 통해 집단별 구성원의 일반적 응답률, 즉, 대상 기부자가 발전 활동 혹은 캠페인을 위해 기부하는 실제 액수를 측정할 수 있어야 한다. 일반적으로 기부자 중에는 기부를 더(혹은 덜) 하게 되거나, 이를테면 월정기부 같은 방식으로 업그레이드하면서 다른 집단으로 이동하는 사람도 있을 것이다.

다섯 번째, 비용을 결정한다. 새로운 발전전략을 계획하고 있다면, 특정한 기금 마련을 목표로 하고 있지 않더라도 소통(예: 뉴스레터)을 통해 일반적으로 기부자가 받게 될 것을 포함하여 모든 메일링 예상 비용을 계산한다.

여섯 번째, 예상가치를 계산하는 과정에서 모든 자료를 이용한다. 예상 감손율, 예상 기부자 서비스 비용, 예상수익 흐름, 적절한 할인율 정보를 이용해 집단이나 기부자 범주의 생애가치를 예측할 수 있다.

예시

제시한 방법을 이용한 생애가치 분석은 보통 규모가 큰 국제 후원기관에서 사용한다. 자선단체는 세계 곳곳의 다양한 개발 프로젝트와 관련 있다. 분석 목적은 가장 높은 생애가치를 낳을 모집매체를 알아내는 것이다. 월정기부보다 일시기부만을 고려대상으로 삼았다. 기부자 1천 명 중 임의로 뽑은 표본은 가장 기본적인 수단을 통해 모집한 기부자 중 선택하였다. 그 다음, 조사자는 추후 모집 캠페인에서 매체별로 모집할 기부자의 생애가치를 예상하는 가설을 구축할 수 있었다. 분석결과는 이용할 수 있는 매체에 기금을 할당하고 캠페인의 예상 (평생 동안의) ROI를 계산하는 데 이용되었다. 할인율은 10%, 기부자 생애가치는 5년으로 추측했다. 여기에서 언급한 기관의 모집매체별 상대적 성과와 모집비용을 생애가치 계산에 고려하였다. 결과는 〈표 11-2〉에 제시되어 있다. 이는 사전트(Sargeant, 1998)가 모금 분야 전체에 대해 보고한 내용과 흡사하다.

〈표 11-2〉 모집매체별 생애가치

매체	평균 생애가치	표준 편차
직접우편(예고 없는 메일링)	196.17	103.24
직접우편(목록 교환)	185.25	104.45
수신인 미지정 우편	156.85	56.22
직접응답 언론 광고	154.82	53.84
언론, 잡지 삽입광고	194.21	126.93

생애가치 분석의 이점

이쯤 되면 생애가치 계산이 너무 복잡한 나머지 공들일 필요가 없다고 생각할 수도 있다. 많은 기관이 기부자의 단순한 과거 가치에 매달리고, 이를 기반으로 결정을 내리는 데도 충분한 이유가 있다. 기부자 데이터베이스가 비교적 적은 비영리기관에는 효과적일 것이기 때문이다. 그러나 규모가 일반적이거나 큰 기관에서는 생애가치 예상 작업이 유용하다고 생각할 것이다. 생애가치는 모집예산 확정, 초기 기부자 모집매체 선택, 발전전략 결정, 기부해지자의 재활성화에 대한 투자 여부 결정에 도움이 될 수 있기 때문이다.

모집예산 확정

비영리기관 기부자의 생애가치를 알 수 있다면, 이는 기관이 신규 기부자에게 투자해야 하는 비용을 결정하는 데 지침으로 삼을 수 있다. 많은 비영리기관은 모집 캠페인이 끝날 때마다 목표 손익분기점에 도달하고자 노력한다. 당연히 칭찬할 만한 일이나, 모집한 기부자의 향후 기여도가 긍정적이라면 반드시 필요한 것은 아니다. 그러므로 생애가치를 활용하는 기관은 그렇지 않은 기관에 비해 모집예산을 다소 높게 책정한다. 경제적 관점에서 볼 때, 거래기반 접근법을 이용하는 모금전문가는 캠페인 ROI를 다음과 같이 간단하게 계산할 수 있다.

$$ROI = \frac{\text{측정 직후 수익}}{\text{모금캠페인비용}}$$

생애가치를 이용하는 모금전문가는 캠페인 ROI를 다음과 같이 계산한다.

$$\text{ROI} = \frac{\text{초기수익}+(\text{추후 기여액 합계}-\text{할인액})}{\text{모금캠페인비용}}$$

여기에서

ROI = 기부자 모집 투자비 대비 수익

추후 기여액 = 수익에 대한 예상 연간 기여액

할인액 = 현 환율에서 미래의 달러 가치를 제외한 금액
(할인된 현금흐름)

페퍼스와 로저스(Peppers and Rogers, 1995: 49)가 명시한 것처럼, "특정 기간 동안 시장 전체에서 발생하는 판매 거래 빈도로 마케팅 프로그램 효과를 측정하기보다, [중략] 마케터는 고객이 기업에 기대하는 추후 가치의 증/감분을 예상하며 성공 여부를 판단[해야] 한다."

초기 기부자 모집매체 선택

기부자 모집을 담당하는 모금전문가는 끊임없이 의문을 품을 것이다. 모집활동에 어떤 매체를 이용해야 할까? 매체 선택안에서 어떻게 균형을 맞추어야 할까? 이들 질문에 대한 기존의 접근방식은 이전 응답률에 근거를 두고 바로 그 순간의 매체별 ROI를 계산하는 것이다. 욕심이 지나친 나머지 신규 가입자당 비용(즉, 캠페인 비용을 신규 기부자수로 나눈 비용), 평균 기부액 등을 계산하는 모금전문가도 있다. 그러나 그러한 분석은 특정 기부자의 행동을 간과할 수 있다. 어떤 매체를 이용해 모집한 기부자가 다시는 기부하지 않을 수도 있는 반면, 다른 매체로 모집한 기부자가 더 높은 로열티를 보일 수도 있다. 생애가치를 계산할 때 이런 행동들을 고려한다면 기존 모집매체보다 더 신선한 방법으로 로열티가 높은 고액기부자를 끌어 모을 수 있을 것이다.

개발전략 결정

생애가치 계산은 단순한 모집계획보다 훨씬 유용할 수 있다. 이 정보는 기부자를 지속적으로 발전시키기 위한 접촉 전략의 지침이 될 수 있다. 모금전문가는 애초에 기여도 차이를 알고 특히 가치가 높은 기부자에게 마땅한 관심을 쏟을 수 있다. 생애가치 분석이 좀더 익숙해지면 다양한 관심도 수준, 접촉 매체가 생애가치에 미치는 영향을 계산할 수 있다. 어떻게 생각해보면 최적의 생애가치에 대한 가설을 세우는 셈이다.

이를 입증하는 간단한 예를 들어보자. 제 3세계에서 활동하는 자선단체가 예상 생애가치를 기준으로 기부자 구획을 나눈 다음, 후원기금을 마련하고자 고액 구획에 비용이 많이 드는 메일링을 하기로 했다. 예상 생애가치대로 메일링에는 후원이 필요한 가족의 자세한 사정, 가족 구성원의 사진, 기관이 가족을 위해 벌일 수 있는 활동을 강조한 홍보 동영상을 포함시킬 수 있다. 물론 계산한 생애가치대로라면 메일링은 가능한 접촉 수단이며 마땅한 수익을 낳을 것이나, 자선단체로서는 처음에 이것이 최선책인지 알 도리가 없다. 그러나 경험상 다양한 접촉전략(고비용 메일링보다는 일반적인 것, 기왕이면 사진과 동영상이 들어가는 메일링)이 생애가치에 미치는 영향을 살펴볼 수 있다. 그 다음 특정 기부자 구획의 생애가치를 최대화하는 접촉전략을 택할 수 있다. 앞의 예시에서 동영상은 반드시 필요한 것이 아니었으므로 기부 가치를 낮출 수도 있다. 반면, 감정적이고 실질적인 느낌을 주어 기관에 대한 기부자의 참여의식을 높여주기 때문에 기부 가치를 높일 수도 있다.

기부해지자의 재활성화에 대한 투자

오늘날 대부분의 비영리기관은 데이터베이스의 가치를 인식하고 있으며, 추가 기부에 비용 대비 가장 효율적인 원천은 기존 기부자라는 확고부동한 지혜에 의문을 제기하는 이는 거의 없다(Lindahl and Winship, 1992). 기부해지자를 재활성화하는 것이 수익 면에서 유리하다는 주장에도 거의 모두가 동의한다. 이전에 한 번이라도 기부를 하고자 마음먹은 기부자를 적절히 자극하면 다시 기부할 것이다. 많은 기관이 안고 있는 문제는 기부해지자 중 접촉대상을 선정하는 것이다. 물론 기부총액, 과거 기부액이나 혹은 최후 기부 이후 경과한 시간을 근거로 삼으면 쉬운 일이나, 예상 생애가치를 활용하는 편이 훨씬 효율적이다. 재활성화에 필요한 적합한 비용 역시 예상 생애가치를 이용해 계산하여 예산에 반영할 수 있다.

요약

생애가치는 관계 모금전략 발전에서 중추적 역할을 수행할 수 있다. 기관은 관계 발전에 적합한 기부자를 선별하고, 이들에게 필요한 투자액을 계산할 때 도움을 받을 수 있다. 또한 생애가치는 기관이 기부자와 맺는 관계의 성격과 질을 결정하는 데도 이용된다. 예를 들어 고액기부자는 자신의 가치에 적합한 수준의 관심을 받을 수 있다. 마찬가지로, 기관은 시간이 지날수록 기관에 더 가치가 있을 법한 기부자를 모집하는 방식을 결정할 수 있다. 생애가치 분석을 이용하여 기관은 가장 큰 영향력을 끼칠 수 있는 활동영역에 가치 있는 모금자원을 할당할 수 있다. 실제로 이는 이번 장에서 중요한 주제 중 하나이다. 모금전문가들이 이러한 혜택을 점차 분명하게 알게 되면서 생애가치의 중요성은 더욱 확대될 것이다.

12

기부자 유지계획

이번 장에서는 효율적 기부자 유지계획에 이용할 수 있는 기틀을 제시하며 기부자 로열티에 대한 생각을 종합해보기로 한다. 이를 위해 앞서 다룬 모든 주제를 다시 한 번 짚어보고, 모금활동 단계별로 어떤 영향을 미치는지 알아본다. 이번 장에서 다룰 것이지만, 비영리기관의 규모, 사용가능한 자원, 매우 다양한 구조를 염두에 두어야 한다. 이러한 맥락에서 볼 때 유지계획에서 '올바른' 구조라는 것은 없고, 모금활동을 구성하는 '적절한 방법'이라는 것도 없다. 그러나 기관이 기부자 유지에서 성공을 거두려면 계획이 필요하고, 계획은 단순히 기부자가 받을 소통을 고안하는 것 이상으로 정교해야 한다. 기관은 기부자 집단별로 발전하게 될 관계, 시간이 지날수록 기관이 관계를 수행하고 심화시킬 수 있는 방법을 고려해야 한다.

여기에서 이야기하는 이점은 모든 기틀에 대하여 관련 요인을 잊지 않을 때만 가능하다. 기틀은 계획에 필요한 논리적 구조를 제공하며, 그 결과 수립하는 계획은 집행하기에 용이할 것이다. 〈그림 12-1〉은 유지계획 발전에 필요한 기틀이다. 여기에는 목표, 일반적 모금전략, 기관이 이용하게 될 전략에 대한 개략적 내용이 포함된다. 이번 장에서 계획의 구성요소들을 차례대로 이야기해본다.

〈그림 12-1〉 기부자 유지계획 개발 프레임워크

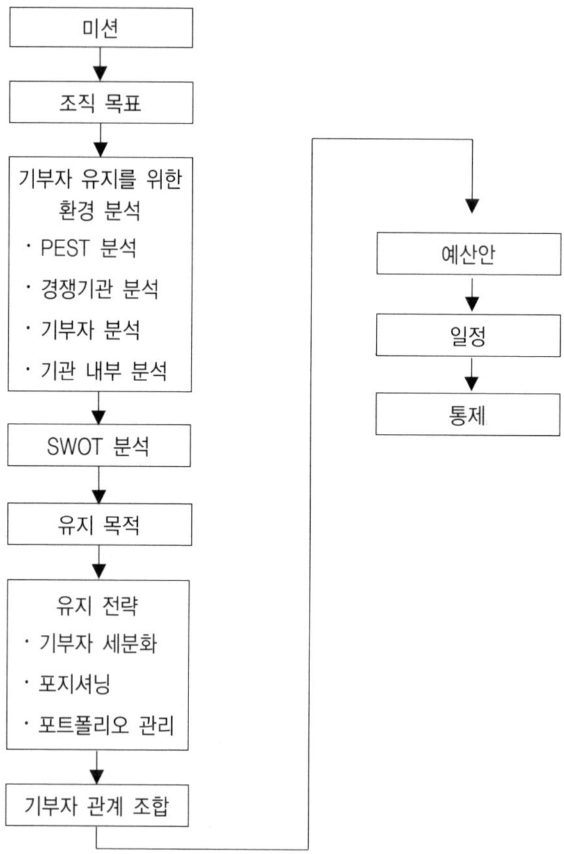

미션

비영리기관의 미션은 기관이 수립하는 모든 계획의 시작 단계에서 명시해야 한다. 기부자 유지라는 맥락에서 볼 때, 미션을 거듭 언급하게 되면 모금전문가에게 기관의 주요 목적을 상기시켜 자신들의 활동이 수혜자에게 미치는 영향에 집중하는 데 도움이 된다. 모금전문가가 조직이 바라는 것을 정확히 모르고 있다면, 기부자에게 기관 목표를 설명하거나 목표를 이루기 위한 과정에 대한 견실한 메시지를 알릴 수도 없다. 그럼에도 불구하고 상당수의 비영리기관은 미션 선언문(*mission statement*)을 밝히기 거부한다. 어쩌면 미션 선언문을, 받아들여야 하는 또 다른 사업상 관행이라고 생각해, 분개한 탓일 수도 있다. 이런 사람은 미션 선언문이 홍보를 위한 과대광고에 불과할 뿐, 경영에는 도움이 안 된다고 생각한다. 그러나 이는 근시안적인 생각이다. 적절한 미션 선언문은 이사회, 경영진, 직원, 자원봉사자, 기부자, 수혜자 모두가 비영리기관이 달성하고자 하는 바를 정확히 이해할 수 있는 기준이 될 수 있다.

적절한 미션 선언은 도움을 받을 수혜자, 충족시켜야 할 구체적 요구, 요구 충족 방법을 자세히 명시한다. 비영리기관이 발행한 자료들을 대강이나마 살펴보면 많은 기관이 몇 년 동안 직관적으로 미션 선언을 써왔다는 사실을 알 수 있다. 목표(*aims*), 목적(*purpose*), 또는 철학(*philosophy*)처럼 다양한 용어를 선호하는 것은 별 의미가 없다. 여기에서 전문용어는 중요한 문제가 아니다. 그러나 기관은 행동에 대한 근거를 몇 가지 단어로 요약하고 기관의 목적에 소통, 태도, 행동을 반영할 수 있어야 한다.

다음은 미션 선언문의 예시이다.

> 미국 암 협회(American Cancer Society)는 국제적 자원봉사 건강 기관으로, 심각한 건강 문제인 암을 없애는 데 헌신을 다한다. 이를 위해 연구, 교육, 지원, 서비스를 통해 암 예방, 치료, 고통 경감에 힘쓴다.

미국 암 협회(American Cancer Society)는 전 세계적인 공동체 기반 자원봉사 의료기관으로 연구, 교육, 지지, 서비스를 통해 암 예방, 생명 구조, 암으로 인한 고통 경감으로 심각한 의료 문제인 암을 없애는 데 헌신한다.

미국 당뇨 기관(American Diabetes organization)의 의무는 암 예방과 치료, 그리고 당뇨병으로 고통 받는 사람들의 삶을 향상시키는 것이다.

MADD(Mother's Against Drunk Driving)의 의무는 음주운전을 막고, 폭력적 범죄라고도 할 수 있는 음주운전의 피해자를 돕는 것, 그리고 미성년자의 음주를 방지하는 것이다.

가족계획협회(Planned Parenthood)의 의무는 다음과 같다:

- 개인의 중요한 사생활과 권리를 보장하고 보호하는 환경을 조성하여, 전반적으로 생식적이고 상보적 의료보호를 제공한다.
- 이러한 권리를 보장하는 공공정책을 지지하고 서비스 접근성을 보장한다.
- 인간의 성에 관한 개인적이고 사회적인 함의의 이해도를 넓히고자 교육 프로그램을 제공한다.
- 생식적 의료보호 연구와 기술 개발을 장려하고, 고유한 생명윤리학, 행동학, 사회학적 함의에 대한 이해를 촉구한다.

이렇듯 다양한 자료에는 모두 높은 목표의식이 나타나 있다. 기부자에게 이러한 메시지를 전달하면 기부 이유, 그리고 기부자의 후원 덕분에 가능한 성과가 명확해진다. 미션 선언문에서는 고의적으로 수치를 제외한다. 미션 선언문은 일반적이고 장기적인 바람을 반영하여, 시간이 지나도 지침으로 삼을 수 있어야 한다. 해마다 이를 새로 쓸 필요는 없다.

그렇게 되면 오히려 소통이 일관되지 않아 기부자와 그 밖의 이해당사자 집단이 혼란을 일으킬 수 있다.

기관의 목적

기관이 계획한 기간 내에 달성하고자 하는 구체적 목표는 일반적으로 따로 계획한다. 물론 모금전문가가 기관의 목표를 집행계획에 포함시키는 경우는 거의 없지만, 모금 계획을 시작할 때마다 다시 목표를 명시하는 행위는 유용하다. 이를 통해 기관이 단기간에 달성하고자 하는 바에 온전히 집중할 수 있기 때문이다. 그리고 직원과 자원봉사자들은 모금 계획이 성공을 거두었을 때의 결과를 분명히 알 수 있다.

동물복지를 위한 비영리기관을 예로 들어보자. 아마 기관의 목적은 다음과 같을 것이다.

1. 매년 병들거나 다친 동물 12만 마리를 돌본다.
2. 센터에 들어온 동물 60%에게 새로운 보금자리를 마련해준다.
3. 매년 주(州)의 학교 10%를 방문해 학생들에게 동물복지와 보호를 교육한다.
4. 24시간 도움과 상담을 받을 수 있는 수단을 제공한다.

기부자 유지를 위한 환경분석

다음으로, 모금을 계획하는 사람은 단순히 기존 자료를 재인용하는 수준을 넘어 유지계획을 개발하기 시작할 것이다. 지금 어디에 있는가? 어디로 가고자 하는가? 어떻게 가야 하는가? 기부자 유지를 위한 환경분석은 가장 먼저 이러한 질문을 명시한다. 이는 모든 단계를 통틀어 가장 중요한 단계이다. 모금을 계획하는 사람의 입장에서 기관의 현재 상황을 전반적으로 이해하지 않고는 달성할 수 있는 목표를 결정할 수 없기 때문이다. 본질적으로 유지 감사는 기부자를 유지할 수 있는 기관의 능력을 나타낼 수 있는 모든 요인을 자세히 검토하는 것이다. 여기에는 내부적으로 형성되는 요인, 그리고 외부환경에서 기인하는 요인이 포함된다.

PEST 요인

감사 과정은 보통 비영리기관을 운영할 때 나타날 수 있는 광범위한 상황을 점검하면서 시작된다. 여기에서 이야기하는 요인은 대개 기관이 통제할 수 있는 범위 내에 있으나, 그럼에도 어느 정도 기관에 영향을 미칠 것이다. 이 분석은 그 구성요소인 정치적(*political*), 경제적(*economic*), 사회문화적(*sociocultural*), 기술적(*technological*)의 머리글자를 따서 PEST 라고 부른다.

우리의 목표는 기부자 유지에 영향을 미칠 수 있는 요인들을 열거하고, 이들 요인이 계획기간 동안 어떻게 바뀔지 개략적으로 그려보는 것이다. 그렇게 하는 과정에서 요소가 미칠 법한 영향력을 평가하느라 너무 많은 시간을 들이지 않는 것이 가장 좋다. PEST 요인들의 영향력에 관련된 다른 실마리들은 감사 과정이 진행되면서 나타날 것이다. 그러므로 감사가 끝난 다음 잠재적 영향력을 함께 고려하는 편이 더 낫다. 〈예시 12-1〉은 PEST 분석을 담고 있다.

〈예시 12-1〉 PEST 분석 예시

정치적 요인	**사회문화적 요인**
정부의 법률 변화 주(州) 정부의 법률 변화 대의에 대한 정부의 태도 정부/주정부 방침 'do-not-call'* 명단 실행	인구통계학적 양상과 추세 대의에 대한 사회학적 관심 대중의 신뢰와 확신 정도 사회적 참여 추세 특정 매체(이메일, 전화)를 달갑지 않게 생각함
경제적 요인	**기술적 요인**
정부/주정부의 재정상 변화 인플레이션 이자율 경제 성장 또는 저하 실직률 가처분소득 추세	새로운 디지털 매체 개발 인터넷 이용과 확산 추세 디지털 TV와 라디오 도입 데이터베이스 비용 하락 분석적 데이터베이스-소프트웨어 비용 하락

*역주: do-not-call: 텔레마케터의 전화를 원치 않는 이들의 명단을 5년 동안 유지하는 것.

경쟁기관 분석

많은 비영리기관의 활동이 저마다 다르기는 해도, 모금 분야에서는 아직까지 경쟁이 매우 치열하다. 경쟁은 보통 3가지 중 한 가지로 나타난다. 첫째, 의무가 비슷한 기관끼리의 경쟁이다. 많은 기부자는 명분과 관계된 기관보다는 명분 자체를 중시한다. 그런 까닭에 비슷한 분야에서 활동하는 기관들은 모금활동에서 경쟁을 벌인다.

둘째, 규모가 큰 기관끼리의 경쟁이다. 유나이티드 웨이(United Way)처럼 큰 기관이나 미국 암 협회 같은 국가 차원의 기관은 주(州)와 공동체 내에서 브랜드 인지도를 효과적으로 높일 수 있을 정도의 소통 예산액을 유지하고 있다. 그보다 규모가 작은 기관은 홍보를 위해 '잡음'(*noise*) 이상의 목소리를 내기 어려우므로 규모가 큰 기관의 활동은 대개 기부자 유지와 모금에 상당한 위협요소가 된다.

셋째, 기부자는 비영리기관을 후원하거나, 혹은 다른 라이프스타일을 선택하여 돈을 쓸 수 있다. 이러한 경쟁 유형은 유지에 특히나 위협적이다. 제 2장에서 살펴본 것처럼 많은 기부자는 더 이상 감당할 여력이 안 된다고 생각해 기부를 중단하기 때문이다. 실제로 경제상황이 변했거나 달리 돈을 쓸 곳이 생겼을 수도 있다. 비영리기관은 이런 종류의 경쟁을 알아두어야 한다.

다른 기관과 모금 경쟁을 벌일 때, 중요한 경쟁기관이 어디인지 파악하는 능력을 키워야 한다. 이는 기부자에게 후원하고 있거나 관심 있는 다른 기관을 물어보는 것만으로도 쉽게 알 수 있다. 대체로 특정한 양상이 나타나므로, 경쟁기관을 알 수 있다.

모든 기관은 경쟁기관에 대한 다음의 정보를 알아야 한다.

- 경쟁기관이 어디인가?
- 경쟁기관의 활동과 관심사(예: 프로그램 준비)는 무엇인가?
- 경쟁기관의 모금성과는 어떠한가?
- 경쟁기관이 지금 활용하고 있고, 추후 활용할 의사가 있는 모금전략과 수단은 무엇인가?
- 경쟁기관이 형성하고 있는 동맹관계는 어떠한가?
- 경쟁기관의 주요 모금전략과 약점은 무엇인가?

이러한 자료는 보통 어렵지 않게 얻을 수 있다. 회계자료는 www.guidestar.org, 또는 연간 보고서에 나와 있다. 모금전략과 성과에 대한 자세한 내용은 무역잡지나 지역신문에 나와 있거나, 모금회의와 행사에서 타 기관 직원과 이야기하면서 알 수 있다. '위장'(*dummy*) 기부를 하는 기관도 있다. 부서직원이 경쟁기관에 기부를 해 보면서 특정 범주의 기부자에게 기부를 호소하고자 고안한 소통 프로그램의 표본을 조사할 수 있다.

경쟁기관 정보를 통해 타 기관이 개발한 훌륭한 모금 아이디어를 알 수도 있고, 역효과 때문에 위험해 보이는 활동에 대한 전략을 거꾸로 고안해 결과적으로 타 기관의 후원자가 후원대상을 바꾸도록 촉구할 수 있다.

기부자 분석

감사에서 가장 중요한 점은 기부자의 기관평가, 기부자별 기부행동과 선호도에 대해 수집한 자료일 것이다. 유지계획의 측면에서, 다양한 종류의 정보를 추적하기 위해 지속적인 연구 프로그램을 조촐하게나마 수행하는 것이 좋다.

- 기관 후원자는 어떤 사람인가?
- 기관을 후원하는 이유는 무엇인가?
- 기관에 대한 참여의식의 동기는 무엇인가?
- 기관과 모금활동에서 좋고 싫은 점은 무엇인가?
- 기관의 서비스 질은 어떻게 평가하는가?
- 후원자의 관심사는 무엇인가?
- 후원자가 현재 알고자 하는 욕구는 충족되었는가?
- 특정 방법(일시기부, 정기기부, 계획기부)으로 기관을 후원하거나, 혹은 후원하지 않는 이유는 무엇인가?
- 후원하는 타 기관은 어디이며, 그 이유는 무엇인가?
- 기관에 기부하는 기부금 비중은 어떻게 결정하는가?
- 기부액은 어떻게 정하는가?
- 일반적으로 기부 결정은 어떻게 내리는가?

이 목록에는 제2, 3장에서 유지와 관련이 있다고 명시한 많은 요인이 포함된다. 질문에 답을 하려면 기부자 행동에 영향을 미치는 모든 요인을 자세히 아는 편이 도움이 된다. 이러한 자료의 중요성은 매우 크다. 무엇보다 기부자의 기관평가와 기부자별 기부행동을 모르는 상태에서는 유의미한 유지 전략을 개발할 수 없다.

기관 내부분석

외부환경의 구성요소를 분석했다면, 자체 기관의 능력을 점검해야 한다. 기관의 현재 유지 전략과 수단에 대한 상세한 감사가 필요하다. 다음의 점검항목은 보통 적절하다고 여겨지는 정보들을 나타낸다. 각각의 경우 조사자는 시간경과에 따른 성과와 경향을 알아내야 한다.

- 기부자 구획별 모금 수익
- 기부자 구획별 유지율
- 특정 소통방식의 응답률
- 기회 업그레이드(예: 일시기부자를 정기기부자로 전환시키려는 시도)의 응답률
- 기부자 관심사 경향
- 질문 개수와 특징 경향
- 불만 개수와 특징 경향
- 기관이 제공하는 서비스 질 경향

감사는 시간이 걸리는 작업일 수도 있고 매년 실시하는 것이 가장 좋으므로, 상당한 자원이 필요할 수도 있다. 그럼에도 보다 나은 경영 의사 결정에 감사가 주는 이점은 투자비용 이상으로 값지다. 실제로 매년 감사를 실시할 경우, 자료수집에 필요한 구조는 대부분 첫해에 마련할 것이므로 비용으로 따진 시간과 노력은 대폭 감소할 것이다.

SWOT 분석

이 시점에서 얻게 되는 유지 감사 결과는 단순히 수집한 자료에 불과하다. 이런 형태의 자료는 계획 목적에는 별반 가치가 없다. 계획 과정에서 다음 단계는 수집자료를 모두 검토하여 그것들이 강점(*strength*), 약점(*weakness*), 기회(*opportunity*), 위협(*threat*) 중 어떤 것에 속하는지 생각해보는 것이다. 보통 머리글자를 따서 SWOT라고 부르는 분석방법이다. 강점과 약점은 자체 기관자료를 분석한 내용에서 드러나는 반면, 기회와 위협은 외부적인 것이므로 PEST 분석과 경쟁기관·기부자 분석에서 도출할 수 있다.

SWOT 분석을 시행할 때 중요한 점은 각각의 요인을 객관적으로 살펴보는 것이다. 대개의 기관은 요인들을 숙고하지 않고 강점만 나열하는 경우가 많다. 다른 기관, 특히 중요한 경쟁기관보다 더 나은 것만을 강점이라고 할 수 있다. 뿐만 아니라 기부자의 관점에서 강점이 무엇인지 알아야 한다. 기부자가 생각하는 강점, 혹은 기부자가 강점이라고 생각하는 것을 수행하는 경우만을 강점이라고 할 수 있다.

〈예시 12-2〉는 SWOT 분석을 나타낸다. 각 요인의 영향력을 신중하게 평가하고, 항목별 중요도를 상대적으로 배열하여 강조하였다. 그리하여 기관은 현재 우선순위가 높은 약점을 보완하고, 강점을 키우고, 기회를 충분히 활용하고, 상황에 따른 위협을 최소화할 수 있는 계획을 개발할 수 있다. 즉, 감사 자료는 지금의 계획을 정할 때 활용할 수 있는 형태로 되어 있다.

이러한 분석을 한 발자국 더 나아가 활용하는 기관도 있다. 특정 기부자 구획에서는 강점인 것이 다른 구획에서는 약점일 경우, 기부자 구획별로 SWOT 분석을 해야 한다. 그러면 보다 유의미하게 분석하고, 결과적으로 구획별 유지 전략 품질에서 큰 차이가 나타날 수 있다.

〈예시 12-2〉 SWOT 분석 예시

강점	기회
1. 고액기부자 사이의 높은 로열티 2. 믿을 만한 브랜드 3. 기부자에게 얻는 수익의 상당한 성장 4. 적당한 규모의 기부자 데이터베이스 5. 규모 경제의 유용성 6. 다양하고 확고한 모금상품 7. 주 전체에 걸친 상품명 인지도 8. 모금부서의 경험의 깊이 9. 수행하는 활동의 정기적 언론 범위 10. 유능한 전화 모금부서	1. 월정기부 개발 2. 계획기부 개발 3. 인터넷기부 개발 4. 새로운 인터넷 매체 이용 5. 모금 파트너십 개발 6. 직장 모금 개발 7. 모금 중개업체 이용
약점	**위협**
1. 높은 감손율 2. 낮은 모금 비율 3. 기부자 프로필의 숙성화 4. 불만 증가 5. 서비스 질의 낮은 평가 6. 기대치를 밑도는 계획기부 부서 7. 주요 기부자 집단 2곳을 최근 잃음 8. 젊은 기부자들의 흥미를 끌지 못함 9. 기부자가 되는 봉사자의 비율이 낮음 10. 달성 기간 확대	1. 지역 내 유력한 경쟁자 유나이티드 웨이(United Way)와의 치열한 경쟁 2. 전국적으로 'do-not-call' 명단 증가 3. 더 이상 기관의 명분이 중요하지 않다는 대중의 평가 4. 모금 비용에 대한 대중의 관심도 증가 5. 추가적 정보 보호 법률

유지 목적

기관의 현재 위치를 알았다면, 앞으로 달성하고자 하는 목표를 정할 수 있다. 이는 유지계획의 두 번째 구성요소, 즉 '어디로 가고자 하는가?'이다. 목적은 달성 가능한 것이어야 하고, SWOT 분석을 통해 논리적으로 도출한 것이어야 한다. 목적은 계획의 성공을 측정할 수 있는 유일한 수단이므로 중요하다. 계획이 명시한 목적을 이루었다면, 논리적으로도 성공했다고 결론내릴 수 있다. 그러한 목적을 달성하지 않고는 원래 의도, 그리고 수행 결과의 효율성만을 고려하게 된다. (기부자가 애써 기부한!) 소중한 자원을 낭비할 수도 있으나, 기관이 실제로 자원을 낭비했는지 여부는 알아낼 길이 없다. 유지 목적에는 최소한 다음의 정보가 포함되어야 한다.

- 모금하고자 하는 금액
- 모금액을 조달할 기부자 구획
- 승인 가능한 모금액
- 기부자 구획별 승인 가능한 감소 정도

또한 목적은 기부자 생애가치의 변화(제 11장 참고), 기부자의 서비스 질 평가, 평균 기부액, 응답률, ROI를 명시해야 한다. 많은 기관의 입장에서 기부자 구획별로 목적을 따로 명시하는 편이 타당할 수 있다.

다양한 목적들은 분명한 특징을 가진다. 관리를 용이하게 해 주는 적절한 목적은 구체적(*specific*)이고, 측정 가능하고(*measurable*), 달성 가능하고(*achievable*), 적절하고(*relevant*), 시간척도(*time-scaled*)가 있어야 한다. 다시 말해, SMART해야 한다!

구체적 목적은 각각 모금활동의 특정한 측면이나 특정 기부자 범주를 다룬다. 동시에 모금의 여러 측면과 관계가 있는 목적은 평가하기 어렵다. 이를 위해서는 다수의 측정방법과 계획 영역이 필요하기 때문이다. 복합적 활동은 혼란을 낳거나, 최소한 집중력을 떨어뜨린다.

측정 가능한 목적은 수량화할 수 있는 가치를 구체화한다. 최대(*maximize*)와 증가(*increase*) 같은 용어로는 모금활동의 효율성을 평가할 수 없다. 목적의 활용성을 높이려면 이를테면 "유증 수익을 10% 높이는 것"처럼 측정할 수 있는 것이어야 한다.

달성 가능한 목적은 경영자가 독창적으로 생각해서 명시하는 것이 아니라, 유지 감사를 전반적으로 분석하여 도출하는 것이다. 실행할 수 없는 목적은 성취에 대한 책임감을 저하시키고, 다른 면에서는 큰 영향력을 행사할 수 있는 잠재적 자원을 고갈시킨다.

타당한 목적은 기관 전체의 목적과 부합하는 것이다. 이는 기관의 목적보다 더 구체적인 내용을 제시해야 한다. 즉, 후원자가 원하는 서비스를 제공하는 데 지속적으로 필요한 자원을 충당하기 위해 모금부서가 달성해야 하는 바를 구체적으로 명시하는 것이다.

시간척도는 목적 달성 시점을 구체화하는 것이다. 이는 계획전략과 수단을 아는 데 도움이 될 뿐 아니라, 기관의 입장에서는 과정을 제대로 통제할 수 있어 명시한 목적을 충족할 수 있음을 확신할 수 있다. 그리하여 매달 기부자 구획별로 부차적 목적을 정할 수 있고, 변인을 파악하자마자 초기에 행동을 수정할 수 있다.

다음은 그러한 규칙에 따른 일반적인 유지 목적 일부이다.

- 회기 년도 말까지 기존 기부자들에게 25만 달러를 모집한다.
- 2006년 말까지 연 감손율을 15%까지 낮춘다.
- 2005년 말까지 제공 서비스 질에 '매우 만족'하는 기부자 수를 10% 증가시킨다.

유지 전략

계획 목적을 구체적으로 밝혔다면, 이제는 어떻게 목적을 달성할지 제시할 수 있다. 이는 유지계획에서 마지막 단계이다. 가고자 하는 곳에 어떻게 도달할 것인가? 광범위하게는 모금전략, 보다 상세한 것은 대개 작전(*tactic*)이라고 한다. 모금전문가는 유지를 위해 전략을 고안하는 과정에서 세 가지 요소인 기부자 세분화, 포지셔닝, 포트폴리오 관리를 고려해야 한다.

기부자 세분화

이 계획 단계에서는 기부자 기반을 구분하는 방법을 설명한다. 제 6장에서 가능한 세분화(*Segmentation*) 방법을 설명하고, 다양한 대안을 제시하였다. 기관은 유지 전략을 기록하는 과정에서 취할 수 있는 세분화 방법, 그 결과 생성될 구획수를 논리적으로 설명할 수 있어야 한다.

기관은 구획별로 특정한 요구를 지니는 매우 광범위하고 다양한 구획을 개발할 수 있다. 그러나 다루기 힘들 정도로 많은 구획은 관리가 불가능해 모든 규모의 경제를 상실하게 된다. 간단히 말해 세분화가 과도해지면 많은 비용이 필요하다. 대부분의 기관은 기부자 기반 규모에 따라 8~20개 구획을 개발하는 것이 적절하다. 범위 내 하한선은 규모가 작은 기관에 적합하다. 기관은 다양한 기부자 가치 범주, 기부방식, 기부자 관심도 범주를 알아낼 수 있을 것이다.

대다수의 기부자 요구를 충족시킬 수 있을 정도의 구획수를 선택하는 동시에, 관리가 가능하고 수익성이 있을 정도로 적절한 구획수를 유지하는 것이 중요하다. 〈그림 12-2〉를 살펴보자. 기부자 구획수가 적을 때(a점) ROI는 가장 적당한 수준에 한참 못 미친다. 기부자 요구는 충족되지 않았을 것이고, 기부자에게 부당한 금액을 부당한 방식으로 요구했을 수도 있다. 구획수가 늘어날수록 기부자는 기관이 소통에 대한 요구를 적절

〈그림 12-2〉 ROI와 기부자 구획수의 관계

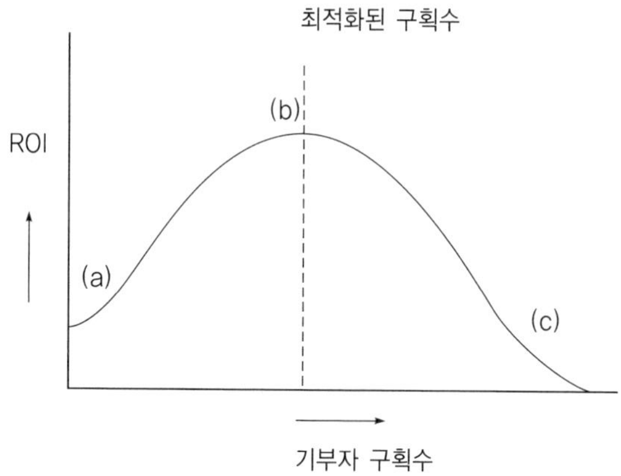

히 만족시킨다고 생각하기 때문에 만족도는 높아진다. 기관은 기부자의 관심, 재산 혹은 이전 기부를 고려하여 기부금을 요구했을 것이다. 그럴 때 기관의 ROI는 최대치를 기록한다. 마지막으로 구획수가 계속해서 증가할수록 기부자는 제공받는 서비스 질이 미치는 부차적 영향력은 별반 중요하지 않다고 생각한다. 기부자 요구와 관심에 대한 반영은 b점일 때보다 c점일 때 더 낮고, 이 지점의 기부자는 더 높은 로열티를 보이지 도, 보다 많은 기부를 할 마음도 들지 않는다. c점에서도 구획수가 늘어날수록 소통 비용이 큰 폭으로 늘어나, 결과적으로 ROI는 하락한다.

이러한 상반관계를 아는 것은 차치하고서라도, 유지를 위해 중요한 것은 기부자 구획별 프로필을 개발하는 것이다. 프로필에는 기부행동은 물론 구획에 속한 기부자 유형이 포함되어야 한다. 구획 내 전형적인 기부자를 상대로 워드 스케치(*word sketch*)를 개발하고, 구획별 요구를 수행하는 최선책을 고안할 때 도움을 받기 위해 그들의 사진을 넣는 모금전문가도 있다. 이처럼 시각적 표현은 매우 효과적일 수 있다.

포지셔닝 전략

기부자 기반의 세분화에 가장 적당한 방법을 정했다면, 기부자가 바라는 기관의 모습을 알아야 한다. 이 단계에서는 후원자에게 더 많은 관심을 쏟아야 한다. 모금부서가 특정 모금액의 용도를 자세히 설명할 때, 후원자에 대한 관심 수준은 호소마다 천차만별이다. 그러나 이러한 후원 사례들은 기관의 의무라는 근본적 근거로 뒷받침할 수 있다. 관심 수준에서 일반적으로 나타나는 차이는 포지셔닝에서 본질적인 부분이다.

포지셔닝은 특정 기관이 상징하는 바, 그리고 타 기관과 비교했을 때 제공할 수 있는 바를 목표 대상에게 밝히는 행위이다. 포지셔닝은 기부자에게 기관활동의 고유한 특징, 혹은 기부자 구성원이 기관에 미칠 수 있

〈그림 12-3〉 동물복지협회 포지셔닝 예시

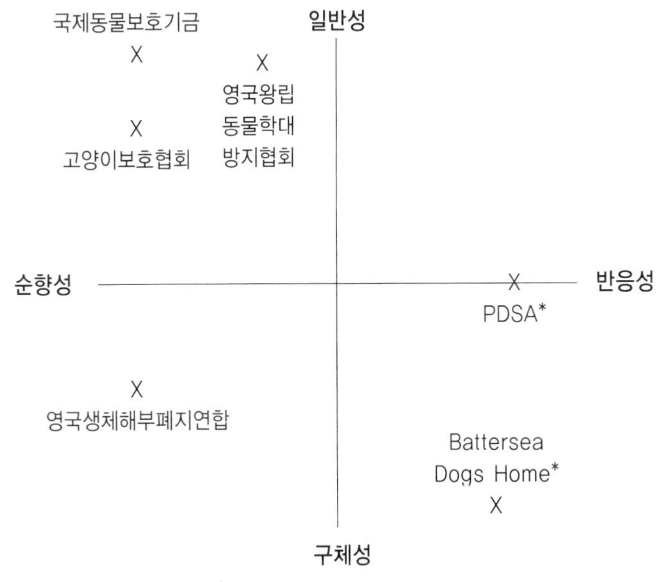

* PDSA: 영국의 애완동물 보호협회-역주

* Battersea Dogs Home: 영국의 동물 보호소-역주

는 장점을 알려준다. 기부자는 처음부터 기관 수행 활동의 특징, 자신이 후원할 수 있는 타 기관이 벌이는 활동과의 차별성을 알아야 한다. 포지셔닝은 기관 전체를 일반적으로 진술한 것이다. 포지셔닝은 이후 기부자 구획별 후원자 관리를 촉구하게 되며, 특히 고액기부자의 경우에는 기부자 개인별 관리를 장려한다. 포지셔닝 선언서는 기관이 취하는 모든 소통에 반영되어야 한다.

한 예로 〈그림 12-3〉을 살펴보자. 기관은 대개 기관에 대한 기부자(그리고 기타 이해당사자)의 상대적 평가를 알고자 조사를 실시한 다음, 결과를 그래프로 나타낸다. 가상의 예시에서 기부자에게 반응성(*reactive*)/순향성(*proactive*), 일반성(*general*, 모든 동물을 다루는 경우)/구체성(*specific*, 특정 동물이나 동물의 종류를 다루는 경우)으로 동물복지 기관들을 평가해달라고 요청했다. 기관별 평균 점수는 기부자 반응을 근거로 계산하였다. 점수를 그래프로 그려보면 기관별 평가를 대강이나마 알 수 있다.

포트폴리오 전략

유지 전략을 고안할 때 마지막으로 검토할 부분은 기관의 현재 모금방법 포트폴리오, 향후 제공하기 위해 준비하는 상품과 포트폴리오를 모두 고려하는 것이다. 인지와 기부자 세분화 과정, 포지셔닝 전략을 고안하는 과정에서도 중요한 것은 기부자 요구와 선호도를 알아내는 것이다. 여기에서는 요구를 충족시키는 방법, 활용할 모금전략을 다룬다.

〈예시 12-3〉은 미국, 영국에서 흔히 사용하는 상품과 방법을 나열한 목록이다. 상품들은 그것을 요구하는 후원자에게 부합된다. 예시에서 알 수 있듯, 기부자 구획의 후원자는 다양한 방법으로 기관에 참여할 수 있다. 제 9장에서 확인한 것처럼, 다양한 방법으로 기관을 후원하고자 하는 기부자들은 한 가지 방법으로만 후원하는 기부자에 비해 높은 로열티를 보인다. 이는 모금전문가에게 중요한 사실이다. 포트폴리오 내 다양한 범위의 상품을 고려해 볼 때, 모금전문가는 기부자에게 다른 참여 방법을 '판매'할 수 있는 기회를 가진다. 이는 기부자로서는 또 다른 혜택인 셈이다.

〈예시 12-3〉 모금상품과 타깃

상 품	잠재 후원자 대상
추가기부(예: 강아지 입양)	소액기부자
후원기부(예: 아동후원)	소액과 고액기부자
회원제	서비스 이용자, 소액기부자
행사	서비스 이용자, 고액과 소액기부자, 자원봉사자, 활동가, 로비스트
계획기부 보상	고액기부자
레거시(Legacy)/유증클럽	서비스 이용자, 고액과 소액기부자, 자원봉사자, 활동가, 로비스트
친구기부	소액과 고액기부자
인지단체	고액기부자
월정기부 클럽	소액기부자
활동가 커뮤니티	서비스 이용자, 고액과 소액기부자, 자원봉사자, 활동가, 로비스트
로비스트 커뮤니티	서비스 이용자, 고액과 소액기부자, 자원봉사자, 활동가, 로비스트
업데이트 조사	서비스 이용자, 고액과 소액기부자, 자원봉사자, 활동가, 로비스트
뉴스레터	서비스 이용자, 고액과 소액기부자, 자원봉사자, 활동가, 로비스트
서비스 이용자 집단	서비스 이용자, 고액과 소액기부자, 자원봉사자, 활동가, 로비스트
판매 촉진	서비스 이용자, 소액기부자, 자원봉사자, 활동가, 로비스트

기관은 모금상품을 전체적으로 평가해야 한다. 기부자는 자원봉사와 같은 활동을 통해 기관과 교류할 수도 있다. 이러한 활동은 모금활동 순이익에 직접적으로 영향을 미치지 않더라도 책임과 로열티를 높여 장기적 관점에서 큰 이익이 될 수 있다.

적합한 모금방법을 유지하고 발전시키려면 포트폴리오를 어떻게 관리해야 할까? 상품이 본질적으로 적합한지, 그리고 기부자에게 매력적인지 여부를 알면 유용할 수 있다. 성공적인 상품은 두 가지 모두 해당한다.

외부적 매력을 감안할 때, 모든 기관의 모금상품이 기부자에게 똑같이 매력적인 것은 아니다. 호소력이 높은 상품은 투자가치가 높다. 매력도 역시 시간이 지나면서 변할 수 있다. 기부자를 끌어당기는 구체적 요인은 기관마다 다를 수 있으나, 외부적 매력은 복합적인 요인에 따라 좌우될 수 있다.

- 상품에 관심을 보일 잠재적 기부자수
- 상품이 제기하는 사안에 대한 일반 대중의 관심 정도
- 특정 방법의 기부가 수혜자 집단에 미치게 될 것이라 생각하는 영향력
- 상품의 고유성이나 독창성
- 상품 참여의 용이성

이 목록이 전부는 아니다. 기관은 자사 환경이나 상황에 적합하다고 생각하는 요인을 포함시킬 수 있다.

내부적 적합성은 상품이 기관의 요구와 프로필에 얼마나 적합한가를 나타내는 정도이다. 즉, 기존 기술, 전문성, 기관구조, 이용할 수 있는 자원을 이 상품에 제공하는 것이 적절한가? 여기에서 다음과 같은 타당한 요인을 포함시킬 수 있다.

- 관련 직원의 적절한 직원 전문성 수준

〈표 12-1〉 외부 매력에 적합한 요인 측정법 예시

요 인	중요도	점수	값
상품 내용에 대한 일반 대중의 관심 정도	0.2	8	1.6
잠재 기부자 수	0.2	5	1.0
수혜자 집단에 미치는 영향력 평가	0.4	10	4.0
상품의 고유성 혹은 독창성	0.1	2	0.2
상품에 대한 참여 용이성	0.1	5	0.5
합계	1.0		7.3

- 기관의 상품 경험 수준
- 상품의 모금 수익
- 자원봉사 활용가능성

다시 한 번 말하지만 목록은 상황에 따라 다양할 수 있고, 기관은 특정 상황에 가장 적합할 법한 요인들을 알아내야 한다.

적절한 외부·내부요인을 알게 된 기관은 모든 요인을 똑같이 중요하게 취급하지는 않을 것이다. 중요도에 따라 요인에 무게를 각기 다르게 두어야 한다. 이 과정을 더 확실히 알아보기 위해, A라는 가상의 아동후원 상품이 있다고 해보자. 외부 매력에 대해 요인들의 경중을 가리는 방법은 〈표 12-1〉에 나와 있다. 요인 중요도의 최고 점수는 1점이다. 예시에서 볼 때, 외부 매력을 좌우하는 주요 요인은 수혜자 집단에 미치는 영향력 평가이다. 그러므로 이 요인은 상대적으로 중요하다. 독창성과 참여 용이성은 중요도가 덜하므로 낮은 순위에 둔다.

다음에는 나열한 요인별 결과에 따라 1(매우 좋지 않음)~10(훌륭함) 점으로 상품 점수를 매기는 것이다. A는 수혜자 집단에 분명히 도움이 되므로, 이 요인에서는 10점 만점에 10점을 줄 수 있다. 또한 대중 관심도에서도 점수가 높다. 반면 많은 기관들이 활용할 수 있으므로 고유하다고는 생각할 수 없다. 그러므로 이 요인에서 점수는 10점 만점에 2점뿐이다.

〈표 12-2〉 내부 타당성에 적합한 요소 측정법 예시

요 인	중요도	점수	값
적절한 직원의 숙련도 정도	0.4	8	3.2
상품에 대한 기관의 과거 경험 정도	0.1	5	0.5
상품이 낳는 모금 수익	0.4	10	4.0
자원봉사자 활용가능성	0.1	7	0.7
합계	1.0		8.4

상품의 잠재적 기부자수는 많지 않고, 아동후원 활동에 참여하기는 쉽지 않다. 그러므로 참여의 용이성에서 점수는 10점 만점에 5점이다. 중요도에 점수를 곱하면 요인별로 값이 나온다. 가치를 합쳐 계산한 A의 외부 매력 점수는 7.3점이다.

내부 적합성 역시 과정은 동일하다. 요인마다 중요도를 매기고, 요인별 성과에 따라 점수를 매긴다. 점수 범위는 1(매우 좋지 않음)~10(훌륭함)점이다. A에 대한 분석으로 돌아가 보자. 〈표 12-2〉에서 볼 수 있듯, 기관의 내부 적합성에 큰 영향을 미치는 것은 직원 전문성과 수익성이다. 이 두 가지 요인은 상대적으로 더욱 중요하다. A의 수익은 분명 뛰어나며 직원과 자원봉사자의 전문성 역시 훌륭하다. 중요도에 점수를 곱하여 요인별 값을 얻을 수 있으며, 모든 값을 합친 내부 적합성 점수는 8.4점이다.

수치는 〈그림 12-4〉에 나타나 있으며, 여기에서 A의 위치는 분명하다. 이론상 여기에서 한 단계 더 나아간 분석을 통해 점 주변의 원을 그리게 될 경우, 원의 직경은 모금 수익 비율과 직접적으로 비례한다. 기관이 제공하는 모든 상품을 〈그림 12-4〉처럼 점으로 나타낸다고 할 때, 경영진은 자사 포트폴리오 내 상품들의 상대적 중요도와 위치를 대강이나마 알 수 있다. 그러한 분석을 거쳐야만 전반적으로 건강하고 조화로운 포트폴리오를 만들 수 있다. 표에 나타난 상품들의 위치에 따라 기관은 개발에 더 투자할지, 상품 자체를 없앨지, 자원을 다른 곳에 투자할지 결정할

〈그림 12-4〉 포트폴리오 도표 예시

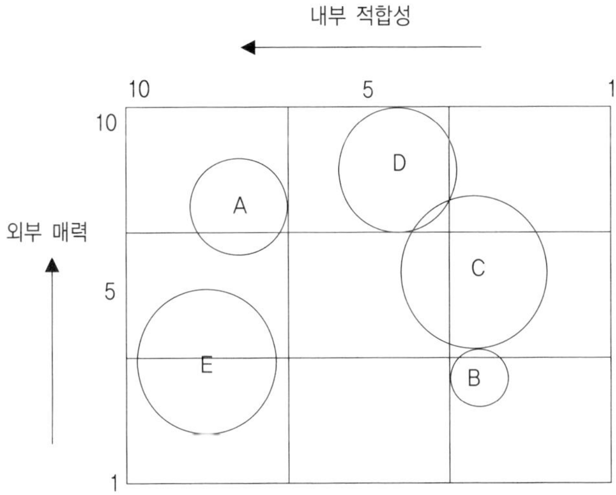

수 있으며, 혹은 입지가 명확하지 않은 경우에는 상품에 대한 부가적 평가를 수행할 수도 있다.

행렬 좌측 상단 구석에 있는 활동들은 기부자들에게 매우 매력적인 것이므로, 기관으로서는 그러한 활동들을 수행하는 것이 최선이다. 이들은 지속적 개발이 분명하게 필요한 후보들이다. 반면 행렬 우측 하단에 있는 활동들은 자원을 불필요하게 고갈시킬 수도 있다. 목표 대상인 기부자에게도 매력적이지 않을뿐더러, 기관 역시 이를 수행할 만한 특정한 기술이 부족하다. 이 영역에 있는 활동들은 중단시키거나 제외할 것을 면밀히 고려해야 한다. 이 경우, 분석은 잠재적인 값진 자원을 보존하여 보다 적합하게 이용할 수 있게끔 상당한 통찰력을 제공한다. 다른 영역에 위치한 활동들은 주의 깊게 평가해야 한다. 그러한 활동의 경우, 기관의 능력 역시 평균 수준에 미칠 뿐이고 외부 매력요인 역시 제한적이기 때문이다.

기부자 관계조합

다음으로는 기부자 그룹을 차례차례 살펴보고, 기관이 각 기부자 그룹과 맺고자 하는 관계의 특징을 정해야 한다. 관계 혼합에는 기부자의 선택, 기부자 발전, 제공 서비스 질, 제시하는 후원 사례, 선택한 매체, 기부자 피드백과 인지 등 여러 가지 요소가 있다.

선택

관계 혼합 개발은 구획별로 제공되는 광범위한 선택안을 정의하면서 시작된다. 선택안은 현실적이어야 하며, (명시한 것처럼) 특정한 기부자 집단을 관리하는 데 불합리한 비용이 추가되어서는 안 된다. 그러므로 선택안은 신중하게 관리되어야 한다. 비영리기관은 많은 기부자가 실행과 지속이 가능한 선택안을 선호하리라는 사실을 출발점으로 삼아야 한다. 호의적 선택안을 없애는 것이야말로 기부자 전체의 반감을 사는 일이다. 대부분의 비영리기관으로서는 소통을 받게 될 시기, 내용, 특징에 대한 선택권을 기부자에게 제공하는 것이 합리적이다. 또한 (앞서 설명한 포트폴리오 전략을 유지하며) 기부자가 후원방식을 선택하고, 다양한 방법으로 기관에 참여할 기회를 누리게 해야 한다. 이러한 계획단계에서는 특정 구획에서 가능한 선택안의 윤곽을 설명해야 한다.

기부자 개발: 여정

관계 모금전략에서 보다 중요한 점은 시간이 흐를수록 관계가 어떻게 변할지, 기부자와 기관이 함께 어떤 여정을 겪을지에 대해 숙고해야 한다는 점이다. 비영리기관은 기부자 구획별 출발점을 알아야 한다. 이는 모집한 기부자의 지식이나 관심도 정도를 의미하는 것으로, 모금부서는 이를 어떤 형태로 발전시킬 것인지 정해야 한다.

발전 과정에서 기부자 선호도를 반영하는 것 역시 중요하나, 기관의 명

〈예시 12-4〉 Gantt 차트 예시: 월정기부자를 대상으로 한 소통계획

	1월	2월	3월	4월	5월	6월	7월	8월	9월	10월	11월	12월
뉴스레터	X			X				X				X
추가 호소						X						X
전화 업그레이드									X			
카탈로그										X		

분과 의무도 고려해야 한다. 기관이 기부자에게 받고자 하는 모든 메시지는 관계를 발전시켜나가며 소통에 통합시킬 수 있다. 여정을 거치는 동안 기부자는 또 다른 기부 형태, 기관에 대한 다른 방식의 참여로 전환(혹은 추가) 할 수도 있다. 실제로 기관의 궁극적 목표는 기부자에게 유증기부를 권하는 것이다. 어떤 경우에든 기관은 기부자와의 관계를 진전시키며, 기부자 구획마다 의도하고자 하는 여정을 계획해야 한다. 모금호소가 한 차례 성공했다고 해서, 다음번에 재차 호소를 해야 한다는 뜻은 아니다. 과정은 일관되어야 하며 처음부터 신중하게 계획해야 한다.

일단 여정의 성격을 정의한 다음, 기부자 구획별로 일련의 소통을 위한 초안을 그려야 한다. 소통에는 기관 내 모든 부서가 계획 지속 기간 동안 바라는 모든 소통이 포함되어야 한다. 소통계획 역시 빼놓을 수 없다. 계획은 보통 간트(Gantt) 차트(〈예시 12-4〉) 형식으로 나타낸다. 중요한 점은 기관이 기부자들에게 한꺼번에 보내는 소통 빈도, 시기, 특징을 검토하는 것이다. 소통 양상은 전반적으로 일치해야 한다. 또한 뜬금없는 자료들을 무작위로 전달하기보다는, 시간이 지날수록 진심이 묻어나는 친구와의 대화 같은 것이 되어야 한다.

서비스의 질

기관이 생각하는 기부자의 가치와 잠재 가치는 제각각이므로, 모금전문가는 기부자 구획별로 적합한 투자 수준을 결정해야 한다. 부서는 기부

자가 받게 되는 소통 양상과 형태에 기부자 가치를 반영하고자 해야 하며, 고액기부자에게는 가능한 최상의 서비스를 제공 한다는 점을 보장해야 한다. 서비스 질은 제 9장에서 전반적으로 훑어본 기술들을 이용해 구획별로 계획해야 한다.

후원 케이스

뿐만 아니라, 구획별 후원에 적합한 사례를 발전시켜야 한다. 사례는 호소의 성격에 따라 조금씩 다를 것이다. 그리고 구획의 기부자들은 각각 고유한 관심사를 가지므로, 후원 사례 역시 구획마다 다를 수 있다.

매체

집단과 접촉할 때 필요한 매체 역시 결정해야 한다. 대부분의 구획마다 응답률이 높고 편의성 때문에 선호하는 매체가 있다. 그러므로 매체 전략은 기부자 선택에 따라야 한다. 기관에서 인쇄와 우편 비용을 절감할 목적으로 새로운 기술을 이용하기 때문에 이메일 사용이 점점 더 활성화될 것이다.

피드백과 인지

끝으로, 피드백 과정을 설계하여 기부자에게 제공할 보상이나 혜택을 선택해야 한다. 제 10장에서 이야기한 것처럼 인지는 기부 수준에 따라 기부자 요구와 관심을 반영해야 한다. 기부나 기관에 대한 참여도(예: 유증기부 호소)를 업그레이드하고자 기부자에게 혜택을 제공하는 것이 이상적인 방법이다.

예산

모금 목적을 달성하기 위해 필요한 세부단계를 거쳤다면, 여러 가지 제안에 따른 비용을 산출하고 계획기간동안 필요한 전체 모금 예산을 정해야 할 것이다. 이것이 가장 좋은 방법이다. 실제로 모금활동 계획가는 감사를 시작하기 전부터 비용을 염두에 두어야 한다. 예산 개발은 적어도 반복적으로 이루어져야 하며, 예산 부담을 고려하여 지속적으로 제안을 재평가해야 한다.

모금 예산을 세우는 방법은 여러 가지이다. 이상적으로는 모금 목적을 달성하기 위해 필요한 전략과 수단을 구체화하고, 비용 견적을 내는 것이나. 보동 목표과입법(*task method*)이라고 부르는 방법이다. 그러니 현실에서 이 방법을 사용하는 일은 드물다. 경력 경영진, 기관 예산과 회계상의 현실 때문에 경제적 부담감을 느끼고, 불확실한 상황은 모두 방해요소가 되기 때문이다. 그렇기 때문에 예산은 다음과 같은 방법으로 정한다.

전년도 기부금 중 일정 금액을 다음해 기부 활동의 결손을 메우고자 비축할 수 있다. 계산은 쉽지만 이 방법에는 두 가지 단점이 있다. 첫째, 할당 금액이 다음해 운영기금 마련에 드는 비용과 일치하지 않을 수도 있다. 둘째, 이 방법으로 예산을 정하게 되면 수익성이 떨어질 때 모금 비용을 낮추게 된다. 그러나 그런 상황에서 장기적 미래를 보장하려면 새로운 수익창출 방법에 투자해야 한다는 주장이 있을 수 있다.

예상 기부금 중 일부를 모금에 할당할 수도 있다. 이 방법으로 앞서 말한 단점을 보완할 수 있으나, 적합한 비율을 계산할 때는 매우 신중해야 한다. 모금 기술마다 다양한 수익을 낳을 수 있으므로, 전체적으로 일부 기부금을 할당하는 것은 지나치게 단순한 방법일 수 있다.

모금예산은 경쟁기관의 예산과 비교할 수도 있다. 벤치마킹할 만한 경쟁기관을 주의 깊게 선택했다면 대체로 대략적 수치를 제시할 수 있다.

그러나 다시 강조하지만 이 방법으로는 기관의 고유한 목적과 모금 요구를 고려할 수 없다. 여러분의 기관이 추구하는 목적과 요구는 경쟁기관과 판이할 수도 있다.

임원진이 감당할 만하다고 생각하는 선에서 할당액을 정할 수도 있다. 모든 예산안 구축방법 중 합리성이 가장 떨어지는 방법일 것이다. 이 경우 할당액은 모금 목적과 거의, 혹은 전혀 관계가 없다.

기부자 유지가 시급한 기관이라면 명시한 목적에 타당한 금액을 투자하는 것이 최선책이며 유일한 방법이다. 또한 모금전문가는 모집비용과 개발비용이 효율적으로 조화를 이루도록 해야 한다. 많은 비영리기관은 이 비율을 60 : 40, 심지어 70 : 30으로 나눈다. 지나치게 높은 금액이다. 물론 기부자 기반을 넓히고, 죽거나 이사한 기부자를 대체할 다른 기부자를 찾기 위해 기부자 모집활동이 필요한 경우도 있다. 그러나 신규 기부자를 추가로 찾기보다는 기존 기부자를 유지하는 데 집중하는 편이 훨씬 저렴하고 쉽다. 그러므로 모금예산에서 모집과 개발 비용의 비율은 이러한 점을 반영한 것이어야 한다.

일정

이제 계획의 주요 내용에 관한 대부분의 방법이 구체화되었을 것이다. 계획기간 동안 협력하여 이들 활동을 수행하고자, 업무별 수행 시점을 각각 구체적으로 정해야 한다. 여러 부서가 모금활동들에 대한 책임감을 나누어 부담한다면, 일정은 중요한 협력도구이다. 실제로 그런 식으로 할 일을 분담할 경우 활동별 개인, 혹은 집단의 책임이 일정에 구체적으로 명시되어야 한다.

검토와 통제

모금경영자는 계획을 승인하는 동시에 구체적 목표를 위해 기관의 진척 사항을 검토해야 하는 책임을 갖는다. 또한 실행단계마다 발생하는 비용에 주의하여, 예산안과 비교하여 검토해야 한다. 통제장치가 필요한 이유는 다음의 항목들을 검토하기 위해서이다.

- 예산안 대비 모금액
- 예산안 대비 발생 비용
- 구체적 모금활동성과
- 채택한 전략과 작전의 타당성
- 확정 목표 대비 보고 감손율

수익과 비용 예상 같은 경제적 목적을 위해, 모금방법, 기부자 구획 등을 나누어 특정 년도의 총체적 목표를 월별로 쪼갤 수 있다. 이들 목표는 위험 수준에 이르기 전까지 부차적 월별 목표와의 괴리를 어느 정도까지 감당할 수 있는지 규정해야 한다. 실행성과가 받아들일 수 있는 수준 이하로 떨어질 경우, 모금관리자는 문제에 관심을 가지고 수정한 행동을 주장할 수 있다.

요약

이번 장에서는 모금전문가가 기부자 유지 활동을 계획하면서 이용할 수 있는 방법을 설명했다. 그리고 이 책에서 기부자 로열티 고양을 위해 제시했던 많은 전략과 수단을 종합하는 기틀을 제시했다. 유지계획은 다른 계획과 마찬가지로 중요한 3가지 질문에 답을 제시한다. 지금 어디에 있는가? 어디로 가고자 하는가? 어떻게 가야 하는가? 독자 여러분이 기관 기부자 유지율을 높이는 데 도움이 될 것이라 설명한 많은 도구와 가설을 알게 되었기를 바랄 뿐이다. 윌리(Wiley) 온라인 카탈로그에 있는 이 책의 웹사이트에 이번 장에 나왔던 예시를 활용할 수 있도록 견본을 올려두었다. 무엇보다 품질이 높은 동시에 기억할 만하고, 효과적인 모금전략을 개발하여 기부자의 로열티를 지속시키는 데 도움이 될 것이다.

결론

행동을 촉구하라

책을 정독한 모금전문가는 기부자의 로열티를 구축할 수 있는 다양한 방법을 알게 될 것이다. 한 사람이 모든 것을 통제할 수 없으므로, 두드러질 정도로 로열티를 높이기 위해서는 모금부서와 조직전체가 변화를 꾀하고 실행해야 한다.

일반적으로 시작은 변화를 위한 강력한 주장이다. 필요한 시간과 자금을 합리적으로 주장하지 않을 경우, 모금 능력을 개발하고자 투자하는 기관은 거의 없다. 모금전문가는 기관에서 유지계획을 집중적으로 발전시켜야 하는 까닭을 조리 있게 제시하여, 제 1장에서 이야기한 계산 작업을 수행해야 한다. 예를 들면, 기부자 로열티가 각각 1, 2, 5, 10% 증가했을 경우 비영리기관에 미치는 영향은 어느 정도인가? 계산 과정에서 로열티가 높은 기부자(추가 기부, 다양한 방법으로 기관에 참여)를 유지할 경우의 모든 혜택을 고려해야 한다. 로열티가 더 높은 기부자가 보일만 한 행동을 예측하려면 부서 전체에게 도움을 요청하라. 부서 전체가 그러한 예측 작업 개발에 관여한다면, 산출 결과에 실망할 일이 적을 것이다. 결과를 접한 사람들이 충격을 받고 회의적일 수도 있으므로, 수치를 얻게 된

과정을 자세히 설명해야 한다. 사람들을 쉽게 이해시키려면 처음에는 기관의 현재 기부금에서 시작하자. 그리고 유지 기부자가 늘어날 경우 결과적으로 얻게 될 금액을 계산한다. 모집비를 제하고 로열티가 높은 기부자가 점진적으로 낳게 될 추가적 가치를 모두 더한다.

영리 분야에서 많은 기업은 현재 일반적으로 이러한 계산 과정을 수행한다. 그리하여 기업 내 역할과 상관없이, 모든 부서의 직원이 로열티(기업의 입장에서는 고객 로열티)가 1~5% 증가할 경우 나타날 차이를 알고 있다. 비영리기관에서 모든 직원과 자원봉사자는 로열티가 비록 소폭이나마 증가할 경우 수익에 미칠 영향력을 알 수 있다.

로열티를 높여야 한다는 주장에 가장 쉽게 동의할 만한 사람은 동료 모금전문가이다. 기관을 운영하는 이사회나 수탁인에게는 대개 확실한 동조를 받기가 어렵다. 로열티를 높이려면 비용이 필요하고, 그로 인한 혜택은 중기(*medium term*)에만 분명하게 나타난다. 그렇기 때문에 많은 비영리기관은 당장 활용할 수 있는 모금 기술에 투자하고자 한다. 그리고 프로그램 경비에 집중해야 한다는 부담감과, 갈수록 외부의 평가에 따라 비용을 결정하게 되는 현 상황에서 '승인 가능한' 모금비용을 할당해야 한다고 생각한다. 이 문제를 해결하려면 이사회에 맞먹을 정도로 후원이 가능한 중견 모금 경영진, 그리고 거의 언제나 이사회보다 한 수 위에서 문제를 논의할 수 있는 사람이 필요하다.

이 책 전반에 걸쳐 로열티를 높일 수 있는 다양한 방법을 강조했다. 그중 많은 방법은 서비스 질이라는 포괄적 용어에 포함된다. 기부자에게 제공하는 서비스의 변화를 꾀하려면 이사회뿐 아니라 기관 전체에서 변화 요구를 인정해야 한다. 모든 직원과 자원봉사자는 자신들이 로열티 확장에 기여할 수 있는 바를 알아야 한다. 최전방에서 일하는 직원이야말로 절차상의 연속성, 심지어는 가능할 법한 사고방식의 변화를 식별하기에 가장 적합한 사람이다. 변화를 실행한 다음에는 관계자 모두에게 지속적으로 피드백을 제공하여 그들의 영향력, 앞으로 한층 더 발전해야 한다는 점을 알리는 것이 중요하다.

이 과정을 경험한 바에 따르면, 빨리 그리고 쉽게 성과를 낼 수 있는 변화부터 시작해야 한다. 기부자 로열티를 높이는 많은 방법 중, 모금부서는 영향력이 가장 높을 법한 것에 최우선 순위를 두어야 한다. 어떤 직원을 설득해 다소간의 변화를 실천했다고 해보자. 그리하여 그가 실질적 결과를 알게 된다면, 장기간이 지나야만 결과를 알 수 있는, 보다 파급력 있는 변화가 필요하다는 사실을 더 쉽게 받아들일 것이다.

필자들은 서비스 질 향상과는 별개로 기부자 로열티를 높일 수 있는 여러 가지 새로운 모금 프로그램을 제안했다. 모금상품과 월정기부 프로그램은 고려해볼 만하다. 그러한 프로그램을 개발하려면 기관의 모금 과정을 바꿔야 할 수도 있고, 초기 수익성 기대를 조금은 낮춰야 할 것이다.

프로그램에서 얻을 수 있는 혜택은 2년, 그리고 이후가 되어야만 분명해질 것이다. 더군다나 이러한 상품과 프로그램은 하룻밤 안에 계획할 수 없다. 기존 그리고 잠재적 기부자가 프로그램을 통한 요구충족을 어떻게 평가하는지 이야기해보고, 3장에서 언급한 많은 문제를 고려해야 한다. 대체로 제 12장에서 제시한 유지 계획은 기부자 로열티를 높이려는 모금전문가에게 유익하다. 이는 책의 다른 내용에서 제시했던 많은 문제를 논의하고 요약하는 것이기도 하다.

지금까지 모금전문가의 관점에서 기부자 유지 계획을 면밀하게 살펴보았고, 기부자 로열티를 높임으로서 비영리기관이 얻게 될 혜택과 이점을 집중적으로 검토해보았다. 이와는 다른 관점도 있다. 기부자들이 즐거운 마음으로 기부를 하고 후원하는 기관과 맺는 관계를 즐겼으면 하는 바람이다. 기부를 통해 얻을 수 있는 즐거움과 개인적 성취감은 직접적인 참여활동과 단체와의 오래된 관계맺음으로 더욱 높아진다는 것을 알기 때문이다. 기부자들이 기관의 미션을 이해하고 발전시키기 위해 함께 노력하며, 대의를 따르고 지지하도록 하는 것은 조직의 재정을 위해 무척 중요하다. 이러한 관계야말로 기부자들이 원하는 것이다.

Adler, A. B., Wright, B. A., and Ulicny, G. R. "Fundraising Portrayals of People with Disabilities: Donations and Attitudes." *Rehabilitation Psychology*, 1991, 36(4), 231~240.

American Association of Fundraising Counsel(AAFRC) Trust. *Giving USA.* Indianapolis, In.: AAFRC Trust for Philanthropy, 2003.

Auten, G. E., Sieg, H., and Clotfelter, C. T. "Charitable Giving, Income and Taxes: An Analysis of Panel Data." *American Economic Review*, 2002, 92(1), 371~382.

Batson, C. D. "How Social an Animal? The Human Capacity for Caring." *American Psychologist*, 1990, 45, 336~346.

Bendapudi, N., and Singh, S. N. "Enhancing Helping Behavior: An Integrative Framework for Promotion Planning." *Journal of Marketing*, 1996, 60(3), 33~54.

Bitran, G., and Mondschein, S. "A Comparative Analysis of Decision Making Procedures in the Catalog Sales Industry." *European Management Journal*, 1997, 15(2), 105~116.

Braus, P. "Will Boomers Give Generously?" American Demographics, 1994, 16(7), 48~52, 57.

Brehm, J. W. *A Theory of Psychological Reactance.* Orlando, Fla.: Academic Press, 1966.

Brolley, D. Y., and Anderson, S. C. "Advertising and Attitudes." *Rehabilitation Digest*, 1986, 17, 15~17.

Burnett, K. Relationship Fundraising. San Francisco: Jossey-Bass, 2002.

Carpenter, P. "Customer Lifetime Value: Do the Math." *Marketing Computers*, Jan. 1995, pp. 18~19.

Chierco, S., Rosa, C., and Kayson, W. A. "Effects of Location Appearance and Monetary Value on Altruistic Behaviour." *Psychological Reports*, 1982, 51, 199~202.

Chisnall, P. M. *Marketing Research.* New York: McGraw-Hill, 1996.

Churchill, G. A. *Basic Marketing Research.* New York: Thomson Learning, 2000.

Clark, R. D., and Word, L. E. "Why Don't Bystanders Help? Because of Ambiguity?" *Journal of Personality and Social Psychology*, 1972, 24, 392~400.

Clary, E. G., and Snyder, M. "A Functional Analysis of Altruism and Prosocial Behaviour: The Case of Volunteerism." In *Review of Personality and Social Psychology*, Vol. 12. Thousand Oaks, Calif.: Sage, 1991.

Clotfelter, C. T. *Federal Tax Policy and Charitable Giving*. Chicago, Chicago University Press, 1985.

Darby, M. R., and Karni, E. "Free Competition and the Optimal Amount of Fraud." *Journal of Law and Economics*, Apr. 1973, pp. 67~86.

Davis, M. H., Hull, J. G., Young, R. D., and Warren, G. G. "Emotional Reactions to Dramatic Film Stimuli: The Influence of Cognitive and Emotional Empathy." *Journal of Personality and Social Psychology*, 1987, 52(1), 126~133.

Dowd, J. J. *Stratification of the Aged.* Pacific Grove, Calif.: Brooks/Cole, 1975.

Eayrs, C. B., and Ellis, N. "Charity Advertising: For or Against People with a Mental Handicap?" *British Journal of Social Psychology*, 1990, 29, 349~360.

Eisenberg, N., and Miller, P. A. "The Relation of Empathy to Prosocial and Related Behaviours." *Psychological Bulletin*, 1987, 101, 91~119.

Elliot, T. R., and Byrd, E. K. "Media and Disability." *Rehabilitation Literature*, 1982, 43, 348~355.

Feinman, S. "When Does Sex Affect Altruistic Behaviour?" *Psychological Reports*, 1978, 43, 12~18.

Feldman, D., and Feldman, B. "The Effect of a Telethon on Attitudes Toward Disabled People and Financial Contributions." *Journal of*

Rehabilitation, 1985, 51, 42~45.

Festinger, L. "A Theory of Social Comparison Processes." *Human Relations*, 1954, 7, 117~140.

Fultz, J. C., and others. "Social Evaluation and the Empathy Altruism Hypothesis." *Journal of Personality and Social Psychology*, 1986, 50, 761~769.

Geer, J. H., and Jermecky, L. "The Effect of Being Responsible for Reducing Others' Pain on Subjects' Response and Arousal." *Journal of Personality and Social Psychology*, 1973, 27, 100~108.

Glaser, J. S. *The United Way Scandal—An Insider's Account of What Went Wrong and Why*. New York: Wiley, 1994.

Gruder, C. L., and Cook, T. D. "Sex, Dependency and Helping." *Journal of Personality and Social Psychology*, 1971, 19, 290~294.

Harris, R. M. "The Effect of Perspective Taking, Similarity and Dependency on Raising Funds for Persons with Disabilities." Unpublished master's thesis, University of Kansas, 1975.

Harvey, J. W., and McCrohan, K. F. "Fundraising Costs—Societal Implications for Philanthropies and Their Supporters." *Business and Society*, 1988, 27(1), 15~22.

Harvey, T. "Service Quality: The Culprit and the Cure." *Bank Marketing*, June 1995, pp. 24~28.

Hogg, M. A., and Abrams, D. *Special Identification: A Social Psychology of Intergroup Relations and Group Processes*. New York: Routledge, 1988.

Jay, E. "The Rise (and Fall?) of Face to Face Fundraising in the United Kingdom." *New Directions for Philanthropic Fundraising*, 2002, 33(Fall), 83~94.

Jones, T. O., and Sasser, W. E. "Why Satisfied Customers Defect." *Harvard Business Review*, Nov./Dec. 1995, pp. 88~89.

Kotler, P. *Marketing Management: Analysis, Planning, Implementation and Control*. (8th ed.) Upper Saddle River, N. J.: Prentice Hall, 1991.

Kotler, P., and Andreasen, A. *Strategic Marketing for Nonprofit Organizations*. Upper Saddle River, N. J.: Prentice Hall, 1996.

Latane, B., and Nida, S. "Ten Years of Research on Group Size and

Helping." *Psychological Bulletin*, 1981, 89(2), 308~324.

Levitt, T. "Marketing Intangible Products and Product Intangibles." *Harvard Business Review*, May~June 1981, 94~102.

Lewis, B. "Quality in the Service Sector: A Review." *International Journal of Bank Marketing*, 1989, 7(5), 4~12.

Lindahl, W. E., and Winship, C. "Predictive Models for Annual Fund-raising and Major Gift Fundraising." *Nonprofit Management and Leadership*, 1992, 3(1), 43~64.

Marx, J. D. "Women and Human Services Giving." *Social Work*, 2000, 45(1), 22~34.

McKinnon, H. *Hidden Gold: How Monthly Giving Will Build Donor Loyalty, Boost Your Organization's Income, and Increase Financial Stability*. Chicago: Bonus Books, 1999.

Miller, D. T. "Altruism and Threat to a Belief in a Just World." *Journal of Experimental Psychology*, 1977, 13, 113~124.

Mount, J., and Quirion, F. "A Study of Donors to a University Campaign." *The Philanthropist*, 1988, 8(1), 56~64.

Nelson, P. "Advertising as Information." *Journal of Political Economy*, 1974, 81, 729~754.

Ovretveit, J. A. "Towards Market Focused Measures of Customer/ Purchaser Perceptions of Service." *Quality Forum*, 1992, 18(1), 21~24.

Parasuraman, A., Zeithaml, V. A., and Berry, L. L. "SERVQUAL: A Multiple Item Scale for Measuring Customer Perceptions of Service Quality." *Journal of Retailing*, 1988, 64(1), 12~40.

Peppers, D., and Rogers, M. "A New Marketing Paradigm: Share of Customer, Not Market Share." *Managing Service Quality*, 1995, 5(3), 48~51.

Peters, T. J. *Thriving on Chaos: Handbook for a Management Revolution*. New York: HarperCollins, 1987.

Pharoah, C., and Tanner, S. "Trends in Charitable Giving." *Fiscal Studies*, 1997, 18(4), 427~443.

Piliavin, I. M., Piliavin, J. A., and Rodin, J. "Costs of Diffusion and the Stigmatised Victim." *Journal of Personality and Social Psychology*, 1975,

32, 429~438.

Reichheld, F. F. *The Loyalty Effect.* Boston: Harvard Business School Press, 1994.

Reichheld, F. F. *The Loyalty Effect*: The Hidden Force Behind Growth, Profits and Lasting Value. Boston: Harvard Business School Press, 2000.

Reichheld, F. F., and Sasser, W. E. "Zero Defections: Quality Comes to Services." *Harvard Business Review*, Sept. ~Oct. 1990, pp. 105~111.

Reingen, P. H. "On Inducing Compliance with Requests." *Journal of Consumer Research*, 1987, 5, 96~102.

Sargeant, A. "Donor Lifetime Value: An Empirical Analysis." *Journal of Nonprofit and Voluntary Sector Marketing*, 1998, 3(4), 283~297.

Sargeant, A. "Charity Giving: Towards a Model of Donor Behaviour." *Journal of Marketing Management*, 1999, 15, 215~238.

Sargeant, A. "How to Keep Donors Loyal." Presentation to the National Society of Fundraising Executives annual conference, New Orleans, Mar. 2000.

Sargeant, A. "Relationship Fundraising: How to Keep Donors Loyal." *Nonprofit Management and Leadership*, 2001, 12(2), 177~192.

Sargeant, A. *Marketing Management for Nonprofit Organizations.* (2nd ed.) Oxford: Oxford University Press, 2004.

Sargeant, A., and Lee, S. "Benchmarking the Performance of UK Charities." Benchmarking Conference, Horwarth Clark Whitehill, London, June 2003.

Sargeant, A., and McKenzie, J. *A Lifetime of Giving: An Analysis of Donor Lifetime Value.* West Malling, U.K.: Charities Aid Foundation, 1998.

Sargeant, A., and West, D. *Direct and Interactive Marketing.* Oxford: Oxford University Press, 2001.

Sargeant, A., and Wymer, W. "Understanding Giving: a New Framework for Conceptualizing Donor Behaviour." Working paper, February 2004, University of the West of England.

Schervish, P. G., and Havens, J. J. "Social Participation and Charitable Giving: A Multivariate Analysis." *Voluntas*, 1997, 8(3), 235~260.

Schwartz, B. "The Social Psychology of the Gift." *American Journal of Sociology*, 1967, 73(1), 1~11.

Shelton, M. L., and Rogers, R. W. "Fear Arousing and Empathy Arousing Appeals to Help: The Pathos of Persuasion." *Journal of Applied Psychology*, 1981, 11(4), 366~378.

Shurka, E., Siller, J., and Dvonch, P. "Coping Behaviour and Personal Responsibility as Factors in the Perception of Disabled Persons by the Non Disabled." *Rehabilitation Psychology*, 1982, 27, 225~233.

Thompson, G. "Charities Disappoint." Third Sector, May 1998, p. 4.

Tybout, A. M., and Yalch, R. F. "The Effect of Experience: A Matter of Salience?" *Journal of Consumer Research*, 1980, 6, 406~413.

Wagner, C., and Wheeler, L. "Model Need and Cost Effects in Helping Behaviour." *Journal of Personality and Social Psychology*, 1969, 12, 111~116.

Warwick, M. *Raising Money by Mail: Strategies for Growth and Financial Stability*. Berkeley, Calif.: Strathmoor Press, 1994.

Wilson, R. M. S., Gilligan, C., and Pearson, D. J. *Strategic Marketing Management*. Oxford, U.K.: Butterworth-Heinemann, 1992.

Zeithaml, V. A., and Bitner, M. J. *Services Marketing*. New York: McGraw-Hill, 1996.

• 저자 약력 •

애드리언 사전트 Adrian Sargeant

애드리언 사전트는 웨스트 잉글랜드 대학교(University of the West of England)의 브리스톨 경영대학원(Bristol Business School)의 비영리 마케팅 교수이자, 인디애나 대학교 기부연구센터의 부교수로 재직 중이다. 〈국제 비영리 · 자원 부문 마케팅 저널〉(*International Journal of Nonprofit and Voluntary Sector Marketing*)의 편집자이자, 옥스퍼드 출판사에서 발행한 《비영리기관을 위한 마케팅 경영》(*Marketing Management for Nonprofit Organisations*)의 저자이기도 하다.

일레인 제이 Elaine Jay

일레인 제이는 14년 동안 모금전문가로 일했다. 영국 왕립동물학대방지협회(Royal Society for the Prevention of Cruelty to Animals)에서 6년 동안 개인 모금전문가 대표였으며, 다수의 자선단체에서도 활동했다. 뿐만 아니라 Amherst Direct Marketing, WWAV Rapp Collins, Personal Fundraising Partnership에서 수차례 대리인으로 활동했다. 현재 Sargeant Associates Ltd.의 컨설턴트 대표이다.

나남사회복지학총서 ②

주) 나남 나남의 책은 쉽게 팔리지 않고 오래 팔립니다 2011

48 사회복지 윤리와 철학
김상균(서울대), 오정수(충남대), 유채영(연세대) 공저
• 신국판 / 378쪽 / 15,000원

52 수화의 이해와 실제: 초급과정(개정2판)
이준우(강남대) 저
• 4×6배판 / 224쪽 / 18,000원

53 아동청소년복지론(개정판)
표갑수(청주대) 저
• 신국판 / 688쪽 / 24,000원

54 현대 불교사회복지론
권경임(종교사회복지회) 저
• 신국판 / 450쪽 / 17,000원

56 고령화 사회의 도전(개정증보판)
임춘식(한남대) 저
• 신국판 / 359쪽 / 14,000원

57 사회복지개론
표갑수(청주대) 저
• 신국판 / 576쪽 / 25,000원

59 수화의 이해와 실제: 중급과정
이준우(강남대) 저
• 4×6배판 / 260쪽 / 15,000원

60 지역사회복지론
표갑수(청주대) 저
• 신국판 / 411쪽 / 16,000원

61 장애인복지실천론
김미옥(전북대) 저
• 신국판 / 504쪽 / 22,000원

63 가족복지론
김연옥(서울시립대), 유채영(충남대), 이인정(덕성여대), 최해경(충남대) 공저
• 신국판 / 560쪽 / 28,000원

64 자원봉사론
남기철(동덕여대) 저
• 신국판 / 472쪽 / 25,000원

65 학교와 사회복지실천
한인영(이화여대), 홍순혜(서울여대), 김혜란(서울대) 공저
• 신국판 / 328쪽 / 15,000원

66 지역사회복지론
감정기(경남대), 백종만(전북대), 김찬우(가톨릭대) 공저
• 신국판 / 456쪽 / 22,000원

68 청소년복지론
이소희(숙명여대), 도미향(남서울대), 정익중(덕성여대), 김민정(한남대), 변미희(천안대) 공저
• 신국판 / 624쪽 / 27,000원

70 현대복지국가의 변화와 대응
김태성(서울대), 류진석(충남대), 안상훈(서울대) 공저
• 신국판 / 328쪽 / 15,000원

72 사회복지연구조사방법론
김환준(계명대) 저
• 4×6배판 / 304쪽 / 18,000원

73 사회복지조사방법론
최성재(서울대) 저
• 4×6배판 / 664쪽 / 28,000원

74 수화의 이해와 실제: 고급과정
이준우(강남대), 남기현(나사렛대) 공저
• 4×6배판 / 216쪽 / 15,000원

75 사회복지실천이론의 이해와 적용
F. 터너 / 연세사회복지실천연구회 역
• 4×6배판 / 800쪽 / 38,000원

76 사회복지자료분석론
최성재(서울대) 저
• 4×6배판 / 576쪽 / 29,000원

77 욕구조사의 이론과 실제
서인해(한림대), 공계순(호서대) 공저
• 신국판 / 224쪽 / 12,000원

78 사회복지정책론
이태복(사) 인간의 대지 이사장), 심복자(사) 인간의 대지 이사) 공저
• 신국판 / 408쪽 / 20,000원

79 사회문제와 사회복지
표갑수(청주대) 저
• 신국판 / 600쪽 / 30,000원

81 21세기 새로운 복지국가
에스핑앤더슨 · 갈리 · 헤머릭 · 마일즈 / 유태균(숭실대) 외 공역
• 신국판 / 368쪽 / 15,000원

83 임파워먼트와 사회복지실천
로버트 애덤스 / 최명민(백석대) 역
• 신국판 / 288쪽 / 12,000원

84 한국의 복지정책 결정과정: 역사와 자료
양재진(연세대) 외 공저
• 크라운판 / 464쪽 / 24,000원

85 여성복지 실천과 정책
김인숙(가톨릭대), 정재훈(서울여대) 공저
• 신국판 / 448쪽 / 22,000원

86 보건복지정책론
문창진(포천중문의과대) 저
• 신국판 / 328쪽 / 17,000원

87 다문화사회, 한국
김은미 · 양옥경 · 이해영(이화여대) 공저
• 신국판 / 400쪽 / 18,000원

88 기초생활보장제도 현장보고서
홍경준(성균관대), 이태진(한국보건사회연구원) 공편
• 신국판 / 456쪽 / 20,000원

89 자원봉사론
표갑수(청주대) 저
• 신국판 / 440쪽 / 20,000원

90 사회복지정책론
구인회(서울대) · 손병돈(평택대) · 안상훈(서울대) 공저
• 신국판 / 528쪽 / 20,000원

91 한국수화회화 첫걸음
이준우 · 김연신 · 송재순 · 한기열 · 홍유미 공저
• 4×6배판 / 296쪽 / 18,000원

92 인간행동과 사회환경
강상경(서울대)
• 신국판 / 408쪽 / 18,000원

93 의료사회복지실천론
윤현숙(한림대), 김연옥(서울시립대), 황숙연(덕성여대) 공저
• 신국판 / 576쪽 / 28,000원

94 장애인소득보장론
박은수(국회의원)
• 신국판 / 248쪽 / 14,000원